광군방보廣群芳譜

- 매죽梅竹 편 -

역자 약력

신방방申芳芳, 중국 허난【河南】성 린잉【臨穎】현에서 태어났고, 현재 중국 항주의 절강미디어대학교【浙江傳媒學院】 교수로 있다. 한국 광주의 전남대학교 대학원 한국어교육과에서 석사학위를, 한문고전번역학과에서 문학박사 학위를 취득하였다. 화훼에 관심을 가지고 한중 식물문화를 비교하면서, 한국어와 한국문화를 강의하고 있으며, 중한 우호 교류에도 힘쓰고 있다.

광군방보廣群芳譜
- 매죽梅竹 편 -

인　쇄　2022년 9월 15일
발　행　2022년 9월 20일

편　찬　청淸, 왕호汪灝 등
번　역　신방방申芳芳
발행인　정성택
발행처　전남대학교출판문화원
등　록　1981. 5. 21. 제53호
주　소　61186 광주광역시 북구 용봉로 77
전　화　(062) 530-0571～2
영업부　(062) 530-0573
팩　스　(062) 530-0579
홈페이지　http://www.cnup.co.kr
이메일　cnup0571@hanmail.net

값 22,000 원

ISBN 978-89-6849-914-2 (93820)

廣群芳譜

광군방보

– 매죽梅竹 편 –

청淸, 왕호汪灝 등 편찬
신방방申芳芳 번역

전남대학교출판문화원

이 책은 나의 박사학위 논문의 일부이다. 박사과정은 한국 광주에 있는 전남대학교 한문고전번역학과에서 수학하였다. 학위논문은 2019년 1월에 완성되어 2월에 최종 학위를 받게 되었다. 그 당시 오랜 외국생활이 주마등처럼 스쳐 지나간다.

지도교수인 김대현 교수는 주로 동아시아 한시에 대하여, 특히 주제별 한시선을 편찬하면서 연구를 하셨다. 아울러 호남의 지방문헌에 대하여 매우 관심이 많을 뿐 아니라, 한국에서 『사군자 한시선』을 처음으로 만드는 등 화훼에 대한 관심도 아주 많다.

나는 대학원 수업 과정을 다 마칠 무렵, 연구 방향을 정할 때에 김 교수님과 깊은 대화를 나누었다. 교수님은 “동아시아에서 아주 중요한 사군자에 대하여 한국에서는 관련된 저작물이 부족하여 아쉬웠는데, 중국 측의 고전 문헌을 찾아 사군자와 관련된 인문학적인 연구를 해 보자고 제안하셨다.” 나는 관련된 문헌자료부터 찾기로 하였다. 그러나 중국문화의 고전적이 큰 바다처럼 넓어 마음에 드는 문헌을 찾는 것은 그리 쉬운 일은 아니었다. 그러던 중, 이 책 『광군방보廣群芳譜』에 주목을 하게 되었다.

『광군방보』의 본명은 『어정패문재광군방보御定佩文斋廣群芳譜』라고 하는데, 청대 강희 연간에 왕호汪灝 등이 황제의 명을 받아 명나라 왕상진王象晋의 『군방보群芳譜』를 바탕으로 첨삭하여 편찬한 실용적인 식물학 대작이다. 나중에 『사고전서총목四庫全書總目』의 『보록류录錄類』에 수록되었다. 『광군방보』는 총 100권으로, 먼저 천시보天時譜이고, 그 다음은 곡보穀譜, 상마보桑麻譜, 소보蔬譜, 다보茶譜, 죽보竹譜, 화보花譜, 과보果譜, 목보木譜, 훼보卉譜, 약보藥譜 등 11가지 보譜가 들어 있다. 대략 당시 국내외 기이한 품종까지 1,667가지 식물을 수록하였다. 식물마다 자세하게 고증하였고 사실을 근거로 식물의 이름, 형상形狀에 대한 설명이 있을 뿐만 아니라 재배 방법 및 옛 사람들이 저술한 각종 체제의 설도 실려 있다.

이 책은 조선 후기 한국의 문인들이 연경(지금의 베이징)에 가서 많은 관심을 보였던 책이다. 후대의 문인들은 이 책의 내용을 어느 정도 알고 있었지만, 한글로 번역은 시도되지 못하였다. 이 『광군방보』의 내용은 워낙 방대하여, 나의 박사논문에서도 매보, 난보, 국보, 죽보의 일부만을 선택하여 역주하였다.

아시다시피 고대의 문장은 모두 비교적 짧고 정련되어, 몇몇 간단한 글자 속에도 한두 가지 전고를 포함하기도 한다. 따라서 관련된 자료를 조사하지 않으면, 그 속에서 참된 뜻을 얻는 것은 거의 불가능하다. 또한 화훼 식물학적인 용어들은 고유의 이름들이 워낙 많아서, 한국의 문자인 한글로 옮기기에 힘든 점이 많았다.

그래서 박사 논문은 매보 부분에서 매화 품종 20개, 매화와 관련된 서문序文, 설說, 문文, 전傳, 기記 등을 선정하였고, 난보 부분에서는 난혜 품종 60개, 난혜와 관련된 제발題跋, 변辨, 전傳 등을 골랐고, 국보 부분에서는 국화 품종 314개, 국화와 관련된 서書, 전傳, 제발題跋, 잡저雜著 등을 담고 있고, 죽보 부분에는 112개의 대나무 품종을 비롯해 대나무와 관련된 전傳, 기記, 발跋, 잡저雜著 등을 선택하여 번역하게 되었다.

이번에 이 가운데서 매보와 죽보 가운데 내용을 먼저 출간하기로 하였다. 이후 다음에 난보와 국보 가운데 번역한 내용을 정리하여 출판하려고 한다. 이 책은 한국에서 매난국죽 사군자를 좋아하는 분들에게 조금이라도 도움이 된다면 좋겠다.

이 책을 출간하면서 먼저 감사해야 할 사람은 지도교수인 김대현 교수님이시다. 한국에서 유학한 몇 년 동안 일상생활이나, 학업에 가장 큰 도움을 주셨기에 늘 감사한 마음을 지니고 있다. 그리고 최한선 교수님, 장춘석 교수님, 오만종 교수님 등은 모두 중국 관련 해박한 지식과 말씀으로 많은 도움을 주셨다. 또 장테칭張鐵青 박사님도 많은 도움을 주셨다. 내가 한국에서 박사 과정을 할 때, 늘 곁에서 응원하여 주었던 전남대학교 한문고전번역학과의 여러 선후배님들에게도 큰 감사를 드린다.

그리고 한국의 사군자 그림을 전문적으로 연구하시는 미술사학자 이선옥 의재 미술관장님에게 큰 감사를 드리고 싶다. 관장님은 제 학업에 큰 도움을 주셨을 뿐만 아니라, 제가 타국의 병원에서 아이를 낳았을 때도 한국어를 전혀 모르시는 우리 어머니 곁에서 많은 위로를 주시기도 하였다. 또한 이번의 책도 활자만 있어서 내용이 단조로웠는데, 매화와 대나무 관련 그림에 대하여 조언하여 주셨다. 나는 항상 이 분들에게 고마운 마음을 가지고 앞으로의 연구 생활을 하려고 한다. 마지막으로 학교 일이 바쁜 나를 늘 도와주는 우리 가족에게 감사한다. 가족의 격려와 성원에 힘입어, 나의 연구 생활을 이루어나갈 수 있었다.

아울러 전남대학교 한문고전번역학과의 여러 선후배님들을 대신하여 축하의 글을 써 주신 나천수 선생님에게도 큰 감사를 드린다. 그리고 이 책에서는 중국 미술가인 위환명魏煥明, 오초광吳楚光,

양건도楊建濤 등의 허락을 받고 세 미술가의 여러 매·죽 수묵화 작품을 게재하여 독자 여러분들의 요구에 부응하기로 한다. 진심으로 큰 감사를 드린다! 마지막으로는 절강미디어대학교(浙江傳媒學院) 및 절강미디어대학교(浙江傳媒學院) 국제문화커뮤니케이션 학부(國際文化傳播學院)의 출판비용 지원으로 이 책이 출간됐다. 진심으로 감사를 드린다. 관련된 자료의 수집과 발굴이 부족하여, 이 책 속에 아쉬운 점이 많을 것이다. 전문가와 독자 여러분께서 지적하여 주시기를 부탁드린다.

2022년 9월

중국 항주杭州에서 申芳芳

꽃과 나무 등 식물에 관련된 저술은 특히 중국 측에서 매우 활발하게 정리되고 있었다. 중국에서는 송대 이후 각종 식물보植物譜, 화보花譜가 만들어지고 있었다. 그러한 책들이 집대성된 총서가 바로 청나라 때 왕호汪灝 등에 의하여 편찬되었던 『광군방보廣群芳譜』이다. 이 책은 명대明代에 왕상진王象晉이 편찬한 『군방보群芳譜』를 증보하여 편찬하였다. 동아시아 인문 식물학의 관점에서 보아도, 매우 소중한 저작이라고 할 것이다.

이 책은 다 알다시피 편찬된 지 얼마 안 되어서 청나라에 갔던 한국의 여러 문인들에 의하여 그 존재가 확인되고 있었다. 그 가운데 노가재 김창업은 연행을 가서 이 책 『광군방보』를 빌려서 읽어 보았다는 기록을 남기고 있으니, 한국인이 관심을 보인 최초의 기록으로 여겨진다.

이 후에 이덕무는 연행에 의하여, 이 『광군방보』를 서점에서 보았다고 다시 기록하여 두었다. 이 책이 언제 들어온 것인지 확실하지는 않지만, 현재 한국의 주요 도서관 10여 군데에 중국의 목판본이나 석인본 등이 소장되어 있다.

한국의 호남 지방은 꽃과 나무의 고향이다. 산천에는 사시사철 여러 꽃나무가 자라고 있다. 특히 동아시아 문화를 상징하는 사군자四君子는 들판이나 언덕에 가득 자라고 있다. 이러한 문화를 인문학적으로 계승하는 일이 매우 필요하다고 생각하고 있었다. 어느 날 중국인 연구자 신방방이 찾아 왔고, 여러 이야기를 나누던 중에, 그런 중국 식물보의 소개와 번역 문제에까지 이르게 되었다. 그는 박사학위 논문으로 『광군방보』의 사군자 편을 번역하고자 하였다.

예로부터 식물들은 여러 명칭들도 서로 달라, 번역이 쉬운 일이 아니었을 것이다. 이번에 출판하려는 책은 그 가운데 매화와 대나무에 관한 내용들이다. 그가 현재 살면서 연구하는 있는 중국의 항주 지방도 매화와 대나무의 고향이다. 저 옛날 양국 문인들의 오랜 교류의 역사가 있듯이, 다시 함께 이러한 연구를 통하여 두 나라 학자들의 학문과 우의가 깊어지기를 바라는 마음으로 축하의 글을 몇 자 적는다.

2022년 9월

한국의 무등산 아래에서 김대현

『광군방보廣群芳譜』는 청나라 강희 연간에 왕호汪灝 등이 황제의 명을 받아서 명나라 왕상진王象晉의 『군방보群芳譜』를 바탕으로 첨삭하여 편찬한 실용적인 식물학 책이다.

이덕무의 문집 권67 잡저의 「입연기入燕記」에 의하면, 1778년(정조 2) 사은겸진주사謝恩兼陳奏使 서장관書狀官으로 청의 연경燕京에 갔을 때, 이덕무는 연경의 책방 12곳을 방문하여 총 135책을 보았다고 적어 두었다. 그 가운데 『광군방보』는 연경의 영화당英華堂이란 책방에서 보고 기록한 것이라고 되어 있다.

아무튼 『광군방보』가 그 즈음 조선에 들어왔다면 벌써 200년이 훨씬 넘는다. 전남대학교에 유학을 왔던 중국인 연구자 신방방申芳芳이 한문고전번역학을 전공하고, 『역주 광군방보廣群芳譜 : 매보梅譜·난보蘭譜·국보菊譜·죽보竹譜를 중심으로』라는 박사학위 논문을 받게 되었다. 한국에서는 맨 처음으로 한글번역이 된 것이다.

이덕무를 비롯한 당시의 한국 학자들은 청나라의 실용적인 희귀본들을 많이 열람하였고, 일부는 들여온 것 같다. 아직도 대부분의 책들은 한글 번역이 이루어지지 못하였다. 한국과 중국의 관련 연구에 열중하고 있는 신방방 연구자가 이번에 큰 학문적 관심으로 번역본을 출간하게 되었다.

그는 대학원 시절에 많은 동학들을 즐겁게 만들어주었던 기억이 있다. 한문고전번역학과에 처음으로 중국인 연구자가 들어왔던 것이다. 그의 긍정적인 힘이 주변사람들을 늘 기쁘게 하였다. 이번에 대학원에서 함께 공부하였던 여러 선후배들을 대신하여, 축하의 말을 적으면서, 그의 앞날에 무궁한 행운이 있기를 기원한다.

2022년 9월

호남학관서실에서 나주목향토문화연구회장

문학박사 나천수

제1장 매보(梅譜)

제2장 죽보(梅譜)

제1장 매보(梅譜)

1. 옛 매화 품종
2. 매화 휘고(彙考)
3. 매화 집조(集藻)

제1장 매보(梅譜)

매실은 과보(果譜)에 별도로 나타내었다.

【梅實別見果譜】

1. 옛 매화 품종

【원본原本】

그림 1. 오초광吳楚光, 종이에 수묵담채

매화는 뭇 나무들보다 앞서서 꽃이 피며, 꽃은 살구와 비슷한데 매우 향기롭다. 살구꽃은 그 향기가 크게 미치지 못한다.

늙은 줄기는 살구와 같고 어린 가지는 녹색을 띠며, 잎은 살구와 비슷한데 끝이 길고 뾰족하다. 매화나무는 가장 오래 살 수 있고, 성질이 깨끗하고 햇볕을 좋아하며 봇물을 대어주면 무성해지고, 기름진 물을 꺼린다. 종류가 다양하다.

【梅先衆木花, 花似杏甚香, 杏遠不及。老幹如杏, 嫩條綠色, 葉似

杏, 有長尖。樹最耐久, 性潔喜曬, 澆以塘水則茂, 忌肥水。種類不一。】

그림 2. 녹악매綠萼梅

흰색을 띤 것들 중에 녹악매(綠萼梅)가 있다. <무릇 매화는 꽃받침이 다 적갈색인데 오직 이것만 순수한 녹색이고 가지와 줄기도 푸른 색이다. 특히 맑고 고상하니 호사가는 구의(九嶷) 신선에 비유한다. 꽃받침이 녹색인 매화는 오(吳)지역에서 또 한 종류가 있는데 꽃받침도 약간 녹색을 띠고 네 변으로 갈수록 점차 엷어지니 이 또한 얻기 어렵다.>

【白者有綠萼梅〈凡梅花跗蒂皆絳紫色, 惟此純綠, 枝梗亦青。特爲清高, 好事者比之九嶷仙人。萼綠華吳下又有一種, 萼亦微綠, 四邊猶淺絳, 亦自難得。〉】

중엽매(重葉梅) <꽃 머리가 매우 풍성하고 잎은 여러 겹으로 겹치며, 피어나면 작은 백련과 같아서 매화 중에 기이한 품종이다.>

【重葉梅〈花頭甚豐, 葉重數層, 盛開如小白蓮, 梅中奇品也。〉】

소매(消梅) <꽃은 강매(江梅), 관성매(官城梅)와 비슷하다.>

【消梅〈花與江梅、官城梅相似。〉】

옥접매(玉蝶梅) <꽃 머리가 크고 약간 붉은색을 띠며, 빛깔이 매우 아름다우니 사랑스럽다.>

【玉蝶梅〈花頭大而微紅, 色甚姸可愛。〉】

시매(時梅), 동매(冬梅) 등이 있다. 기이한 품종에는 묵매(墨梅) <꽃이 검은 빛이어서 먹과 같다. 혹은 멀구슬나무로 접목한 것이라고 한다.>가 있으며 기타는 후매(侯梅), 자매(紫梅), 동심매(同心梅), 자체매(紫蒂梅)가 일찍이 많았지만 중엽매(重葉梅), 녹악매(綠萼梅), 옥접매(玉蝶梅)는 지금 사람들이 숭상하는 바이다.

그림 3. 옥접매玉蝶梅

【時梅, 冬梅。異品有墨梅〈花黑如墨。或云以苦楝樹接者。〉, 他如侯梅、紫梅、同心梅、紫蒂梅尙多, 而重葉、綠萼、玉蝶, 尤今人所尙也。】

【증보增補】

범성대(范成大)[1] ≪매보(梅譜)≫에는 강매(江梅) <버려진 씨가 야외에서 자라며 심고 접붙이지 않는 것으로 또한 직각매(直脚梅)나 야매(野梅)라고도 부른다. 무릇 산골짜기나 물가의 황량하고 차갑고 맑고 절묘한 정취는 모두 이 종류이다. 꽃은 작으나 성기고 말라서 운

그림 4. 강매江梅

1) 범성대(范成大) : 중국 남송의 정치가이자 문인이다. 자는 치능(致能)이고 호는 석호(石湖)이며 시호는 문목공(文穆公)이다. ≪범촌매보(范村梅譜)≫와 ≪국보(菊譜)≫를 저술하였다.

치가 있으며, 향기가 가장 맑다.>

【范成大 ≪梅譜≫ 江梅 〈遺核野生不經栽接者, 又名直脚梅, 或謂之野梅。凡山間水濱荒寒清絶之趣, 皆此本也。花稍小而疎瘦有韻, 香最清。〉】

그림 5. 조매早梅

조매(早梅) <꽃이 직각매보다 뛰어나다. 오(吳) 지역에서 늦은 봄 2월에 활짝 피기 시작하는데 오직 이 품종만 동지(冬至) 전에 벌써 피어 있어서 조(早)라는 이름을 얻었다. 전당호(錢塘湖, 즉 서호) 위에는 또한 한 종류가 있어 개화시기가 특히 빠르며 내가 일찍이 중양절에 직접 꺾어 "옆으로 난 가지가 국화를 마주하면서 피어난다."라는 절구를 지었다.>

【早梅 〈花勝直脚梅。吳中春晩二月始爛熳, 獨此品于冬至前已開, 故得早名。錢塘湖上亦有一種, 開尤早, 余嘗重陽日親折之, 有"橫枝對菊開"之句。〉】

관성매(官城梅) <오(吳)지역에서 꽃밭을 가꾸는 사람들이 직각매에 꽃이 두터운 다른 매화 가지를 택하여 접목하면 꽃은 두루 번무하고 풍만하다. 당나라 사람들이 이른바 관매(官梅)는 관청의 뜰 안에 있다는 것에 그치니, 이 관성매(官城梅)가 아니다.>

【官城梅 〈吳下圃人以直脚梅擇他本花肥者接之, 花遂敷腴。唐人所稱官梅, 止謂在官府園圃中, 非此官城梅也。〉】

백엽상매(百葉緗梅) <황향매(黃香梅)나 천엽향매(千葉香梅)라고도 부른다. 꽃잎이 20여 개가 되고 꽃술의 빛깔은 조금 노란색을 띠며 꽃 머리가 약간 작고 빽빽하다. 또 한 가지가 있는데 꽃향기가 일반적인 매화보다 특히 짙고 아름다우며 열매를 맺지 않는다.>

【百葉緗梅 〈亦名黃香梅, 亦名千葉香梅。花葉至二十餘瓣, 心色微黃, 花頭差小而繁密。別有一種, 芳香比常梅尤穠美, 不結實。〉】

≪화경(花鏡)≫에는 조수매(照水梅) <꽃이 모두 아래로 피어나고 향기가 매우 진하니 기이한 품종이다.>

【≪花鏡≫ 照水梅 〈花開皆向下, 而香甚濃, 奇品也。〉】

그림 6. 조수매照水梅

품자매(品字梅) <한 꽃에 열매 세 개가 열린다.>

【品字梅 〈一花三實。〉】

여지매(麗枝梅) <꽃이 많이 피고 꽃받침이 자주색이다.>

【麗枝梅 〈花繁而蒂紫。〉】

구영매(九英梅) <이 꽃은 두보(杜甫, 자미子美는 그의 자)와 백거이(白居易, 낙천樂天은 그의 자)가 숭상하고 감상한 바이다.>

【九英梅 〈此花爲杜子美、白樂天所賞鑒。〉】

그림 7. 구영매九英梅

그림 8. 대각매臺閣梅

대각매(臺閣梅) <꽃이 핀 후에 꽃술 가운데에서 다시 꽃술 하나가 나온다.>
【臺閣梅 〈花開後, 心中復有一蕊心放出。〉】

【원본原本】

가사협(賈思勰, 533~544)이 말하기를: "매화꽃은 이르게 피나 흰색을 띠며, 살구꽃은 늦게 피나 붉은색을 띠니 비로소 천하의 아름다움을 겸해서 다 가질 수 없는 것을 알게 되었다. 매화꽃이 향기로움에 뛰어나고 복숭아꽃이 빛깔에 뛰어나서 마치 여지에 좋은 꽃이 없고 모란에 아름다운 과실이 없는 것과 같다."고 하였다.
【賈思勰曰: "梅花早而白, 杏花晩而紅, 乃知天下之美有不得兼者。梅花優於香, 桃花優於色, 若荔枝無好花, 牡丹無美實, 亦其類也。"】

2. 매화 휘고(彙考)[2]

【증보增補】

≪시경·조풍(詩經·曹風)≫

뻐꾸기가 뽕나무에 앉아 있는데 鳲鳩在桑
그 새끼들은 매화나무에 있네. 其子在梅

【≪詩經·曹風≫ 鳲鳩在桑, 其子在梅】

≪시경·소아·사월(詩經·小雅·四月)≫

산에 아름다운 초목이 있으니 山有嘉卉
밤나무와 매화나무로다. 侯栗侯梅

【≪小雅≫ 山有嘉卉, 侯栗侯梅。】

그림 9. 오초광吳楚光, 종이에 수묵담채

2) 휘고: 여러 옛 사람의 저술을 모아 상고한다는 뜻이다.

≪송사은일전(宋史隱逸傳)≫에 「임포(林逋)가 서호(西湖) 고산(孤山)에 집을 지었으며, 장가를 가지 않아 자식이 없고, 매화나무를 많이 심고 학을 키웠으므로 매화를 아내로, 학을 자식으로 삼았다 한다.」라 하였다.

【≪宋史隱逸傳≫ 林逋結廬西湖 孤山, 不娶無子, 多植梅畜鶴, 因謂 "妻梅子鶴"。】

≪설원(說苑)≫[3]에 「월(越)나라 사신이 매화 한 가지를 들고 양왕(梁王)에게 바쳤는데, 한자(韓子)라는 양왕의 신하는 좌우를 돌아보며 말하기를: "어찌하여 매화 한 가지를 열국의 임금에게 바쳤는가?" 고 하였다.」라 하였다.

【≪說苑≫ 越使執一枝梅遺梁王, 梁王之臣曰韓子, 顧左右曰 : "惡有一枝梅乃遺列國之君乎 ?"】

≪산해경(山海經)≫에 「영산(靈山)에 나무들이 있어 대부분 매화나무이다.」라 하였다.

【≪山海經≫ 靈山有木多梅。】

그림 10. 오초광吳楚光, 종이에 수묵화

3) ≪설원(說苑)≫ : 또한 ≪신원(新苑)≫이라 하고 홍가(鴻嘉) 4년(기원전 17년)에 만들어진 고대 정시(正史) 외의 역사서로 유향(劉向)이 지은 것이다.

【원본原本】

≪서경잡기(西京雜記)≫[4]에 「한나라 상림원(上林苑)[5]에 후매(侯梅), 자화매(紫花梅), 동심매(同心梅), 자체매(紫蒂梅), 여우매(麗友梅)가 있다.」라 하였다.

【≪西京雜記≫ 漢上林苑有侯梅, 紫花梅, 同心梅, 紫蒂梅, 麗友梅。】

≪형주기(荊州記)≫[6]에 「육개(陸凱)[7]는 범엽(范曄)[8]과 서로 좋게 지냈는데 강남에서 장안에 있는 범엽에게 매화 한 가지를 보내며 이에 시를 지었다.

매화를 꺾다가 역사(驛使)를 만나	折梅逢驛使
용두(隴頭) 사람에게 부치오니	寄與隴頭人
강남에서 가진 것이 없어서	江南無所有
애오라지 한 가지 봄을 보내노라.	聊贈一枝春

하였다.

【≪荊州記≫ 陸覬與范曄相善, 自江南寄梅花一枝, 詣長安與曄, 因贈以詩。折梅逢驛使, 寄與隴頭人。江南無所有, 聊贈一枝春。】

---

4) ≪서경잡기(西京雜記)≫ : 한(漢)나라 유흠(劉歆)이 지었고 진(晉)나라 갈홍(葛洪)이 모은 것으로 전형적인 잡록식의 필기저작이고 총 132조의 고사로 이루어져 있다.

5) 상림원(上林苑) : 한나라 때 무제가 만든 황실 정원이다.

6) ≪형주기(荊州記)≫ : 지방지로 원서가 이미 산실되었다. 남조 송의 성홍지(盛弘之)가 지은 것으로 당, 송시기의 지리 전적 중에서 특히 많이 인용되었다.

7) 육개(陸凱) : ?~약 504. 남북조 정치가로서 자는 지군(智君)이고 북위 시기의 한 마을(지금의 장가구張家口 탁록현涿鹿縣 산간구山澗口)에서 태어났다.

8) 범엽(范曄) : 398~445. 남조 송의 역사가이자 문학가로서 자는 위종(蔚宗)이며 순양(順陽, 지금의 하남성河南省 석천淅川현)에서 태어났다.

그림 11. 그림 속의 매화장梅花粧

≪금릉지(金陵志)≫[9]에 「송무제(宋武帝)[10]의 딸인 수양(壽陽) 공주는 음력 정월 초이렛날[11] 함장전(含章殿) 처마 아래에 누워 있다가 매화가 그의 이마에 떨어져 다섯 꽃잎 모양이 생겼는데 그것을 닦으나 지워지지 않으니 매화장(梅花妝)이라 불렀다. 궁인들이 모두 그 대를 따라하였다.」라 하였다.

【≪金陵志≫ 宋武帝女壽陽公主, 人日臥于含章殿簷下, 梅花落于額上, 成五出花, 拂之不去, 號梅花妝。宮人皆效之。】

【증보增補】

≪강릉기(江陵記)≫[12]에 「홍정(洪亭)이란 마을 아래에 매회(梅廻)란 마을이 있는데 옛 말에는 매화나무와 회화나무가 합하여 생겨난 나무라서 이름을 지었다고 한다. 지금 발음이 와전(訛傳)되어 매회(梅廻)라 부른다.」라 하였다.

【≪江陵記≫ 洪亭村下有梅廻村, 舊云是梅槐合生成樹, 是以名之。今音訛, 謂之梅廻。】

---

9) ≪금릉지(金陵志)≫ : 남경의 지방지이다. 금릉은 지금의 남경(南京)을 가리킨다.

10) 송무제(宋武帝) : 363~422. 남조 유송(劉宋) 개국 황제로서 유유(劉裕, 재위기간, 420~422)는 자가 덕여(德輿)이며 진릉군(晉陵郡) 단도현(丹徒縣 지금의 강소성 江蘇省 서남쪽)에서 태어났다.

11) 음력 정월 초이렛날 : 원문은 인일(人日)이다.

12) ≪강릉기(江陵記)≫ : 형주(荊州)의 지방지이다. 강릉은 지금의 호북성(湖北省) 형주를 가리킨다.

【원본原本】

≪두보시주(杜甫詩注)≫[13]에 「하손(何遜)[14]이 양주(揚州)에서 법조(法曹)를 맡았을 때에 관청에 매화 한 그루가 있어 늘 그 아래에서 시를 읊었다. 나중에 낙양(洛陽)에서 거주하면서 매화가 생각나기에 거듭 그것을 따르러 돌아가기를 청하였다. 양주에 도착했을 때 꽃이 바야흐로 무성하게 피어 있으니 꽃을 보면서 하루 종일 방황하였다.」라 하였다.

【≪杜甫詩注≫ 何遜爲揚州法曹[15], 廨舍有梅樹一株, 時吟詠其下。後居洛思梅, 請再往從之。抵揚, 花方盛開, 對花傍偟終日。】

【증보增補】

≪매비전(梅妃傳)≫[16]에 「매비(梅妃)의 성은 강(江) 씨이고, 이름은 채빈(采蘋)이다. 개원(開元, 713~741) 년간에 명황(明皇, 당나라 현종)을 섬겨서 은총을 크게 입었다. 성품이 매화를 좋아해서 거처의 난간에 여러 그루 매화를 심었는데 임금이 매정(梅亭)이라 써서 붙였다.

---

13) ≪두보시주(杜甫詩注)≫ : 당나라 시인 두보가 쓴 시를 해석한 책이다. 전 책은 23권으로 나눠 두보 시가를 해석하고 집록하였다.

14) 하손(何遜) : 472~519. 남조(南朝) 양(梁)의 시인으로서 자는 중언(仲言)이며 동해담(東海郯, 지금 산동성山東省 난릉현蘭陵縣 장성진長城鎮)에서 태어났다. 하손이 양주 법조를 맡았을 때 〈양주법조매화성개(揚州法曹梅花盛開)〉라는 시를 지었다.

15) 법조(法曹) : 고대 사법 기관이나 사법 관원의 호칭이다.

16) ≪매비전(梅妃傳)≫ : 총 1권으로 송나라 시기의 한족 문언 전기소설이며 작자는 미상이다.

매화가 피면 부(賦)를 지어 감상하였는데 한 밤중에 이르기까지 매화꽃 아래에서 애틋하게 그리워하며 떠나지 못하였다. 임금은 그녀가 좋아하는 것으로써 희롱삼아 "매비(梅妃)"라 이름을 지었다. 매비가 <매화부(梅花賦)>를 지었다.」라 하였다.

【≪梅妃傳≫ 梅妃姓江氏, 名采蘋。開元中侍明皇大見寵幸。性喜梅, 所居欄檻, 悉植數株, 上榜曰梅亭。梅開賦賞, 至夜分尙顧戀花下不能去。上以其所好, 戱名曰梅妃。妃有〈梅花賦〉。】

≪운선잡기(雲仙雜記)≫[17]에 「이백(李白)이 자은사(慈恩寺)에서 유람했을 때에 절의 스님이 이백에게 시를 청했더니 이백이 글짓기를 마치자 스님은 녹영매(綠英梅, 즉 녹악매綠萼梅), 단향필격(檀香筆格)[18], 난겸고(蘭縑袴)[19], 자경상(紫瓊霜)[20]을 바쳤다.」라 하였다.

【≪雲仙雜記≫ 李白遊慈恩寺, 寺僧乞詩, 白爲題訖, 僧獻綠英梅, 檀香筆格, 蘭縑袴, 紫瓊霜。】

【원본原本】

≪용성록(龍城錄)≫[21]에 「수(隋)나라 개황(開皇)[22] 연간에 조사웅

---

17) ≪운선잡기(雲仙雜記)≫ : 당나라 풍지(馮贄, 생몰년 미상)가 지은 것으로 오대(五代) 기이한 일을 기록한 고대 소설집이다.

18) 단향필격(檀香筆格) : 단향목으로 만든 것으로 붓을 걸어 놓는 기구이다.

19) 난겸고(蘭縑袴) : 난초를 수놓은 비단 바지이다.

20) 자경상(紫瓊霜) : 자줏빛 옥가루이다.

21) ≪용성록(龍城錄)≫ : 중국 당나라 전기(傳奇)소설로, ≪하동선생용성록(河東先生龍城錄)≫ 이라고도 하고, 주로 수당(隋唐) 시기 제왕과 관리, 문인사자, 민간 인물들의 일화를 기록한 것이다.

22) 개횡(開皇) : 즉, 수나라의 개국 황제인 양견(楊堅)이다. 541~604. 재위 기간,

(趙師雄)이 나부(羅浮)에 갔다. 어느 날 날씨가 춥고 해가 질 무렵에 소나무 숲 사이에 있는 주막에서 미인을 보았는데 옅은 화장을 하고 흰 옷을 입고 맞이하러 나왔다. 당시 이미 어둡고 캄캄하니 잔설(殘雪)이 아직 녹지 않고 달빛이 약간 밝았다. 사웅은 그와 말을 해보니 말이 극히 맑고 곱고 꽃다운 향기가 사람을 엄습하며 이에 그와 함께 주막 문을 두드려서 술잔을 같이 나눴다. 이윽고 녹색 옷을 입은 한 동자(童子)가 웃으면서 노래하고 춤을 추니 사웅은 취해서 잠이 들었으나 차가운 바람이 엄습함을 느꼈다. 오래 지나 동쪽 하늘이 이미 밝아졌는데 일어나서 보니 큰 매화나무 위에 비취색 새가 지저귀고 있고, 돌아보니 달이 지고 삼성(參星)[23]이 기울어져서 슬퍼할 뿐이었다.」라 하였다.

그림 12. 오초광吳楚光, 종이에 수묵담채

【≪龍城錄≫ 隋開皇中趙師雄遷羅浮, 一日天寒日暮, 于松林間酒肆傍舍, 見美人淡妝素服出迎。時已昏黑, 殘雪未消, 月色微明。師雄與語言極清麗, 芳香襲人, 因與扣酒家門共飮。少頃一綠衣童子笑歌戲舞, 師雄醉寐, 但覺風寒相襲。久之東方已白, 起視大梅花樹上,

581~600.

23) 삼성(參星): 이십팔수二十八宿 제 이십일수二十一 별자리의 별이다.

有翠羽刺嘈, 相顧月落參橫, 惆悵而已。】

≪상조록(常朝錄)≫에 「원진(元稹)[24]은 한림승지(翰林承旨)[25]를 맡았으며 아침에 퇴청하여 행랑에 이를 때에 막 떠오르는 해는 구영매(九英梅, 납매 중의 한 가지)에 비치고 빛살이 틈새로 원진을 비추니 왕성한 기운을 드러냈다.

문무백관이 그를 바라보며 말하기를: "어찌 위장에 있는 문장도 햇빛을 받아 빛나면 드러날 수 있는가?"라고 하였다.」라 하였다.

【≪常朝錄≫ 元稹爲翰林承旨, 朝退行至廊下時, 初日映九英梅, 隙光射稹, 有氣勃勃然。百僚望之曰 : "豈腸胃文章映日可見乎 ?"】

≪백첩(白帖)≫[26]에 「대유령(大庾嶺)[27]의 매화는 남쪽 가지의 꽃들이 벌써 떨어지고 바야흐로 북쪽 가지의 꽃들이 핀다.」라 하였다.

【≪白帖≫ 大庾嶺上梅花, 南枝已落, 北枝方開。】

---

24) 원진(元稹) : 779~831. 당나라의 저명한 시인이자 문학가, 재상으로서 자는 미지(微之)이며 하남부(河南府) 동쪽 도성인 낙양(洛陽, 지금의 하남성河南省 낙양洛陽)에서 태어났다.

25) 한림승지(翰林承旨) : 당나라 때 관직 명칭이다.

26) ≪백첩(白帖)≫ : 책 이름인 백공육첩(白孔六貼)의 줄인 말로, 이것은 당나라 백거이의 육첩(六貼) 30권과 송나라 공전(孔傳)의 속육첩(續六貼) 30권을 합해 놓은 것을 말한다.

27) 대유령(大庾嶺) : 중국의 오령(五嶺, 또는 매령梅嶺) 가운데 하나로, 한나라 무제(漢武) 때 유승(庾勝) 장군이 이곳에 성을 쌓았으므로 유령(庾嶺)이란 이름이 지어졌다. 지금의 강서성(江西省) 대여(大餘)와 광동성(廣東省) 남웅(南雄)의 사이에 있으며, 영남(嶺南)과 영북(嶺北)의 교통 요충지이다.

【증보增補】

≪권유록(倦遊錄)≫에 「대유령(大庾嶺) 위에 불탑묘(佛塔廟)가 있었는데 어떤 부인이 다음과 같은 글을 지었다. "첩은 어린 시절에 영주(英州)에서 사구(司寇)를 지낸 아버지를 곁에서 모셨는데 관직을 교체하고 돌아왔을 때에 아버지께서는 대유령이 원래 매령(梅嶺)이라는 이름을 가지고 있었으나 오히려 매화가 없다고 하셨으며 도로 오른 쪽에 매화 30그루를 심었고 인하여 불탑묘(佛塔廟) 벽에 시를 지었다.

지금 단계(端溪)로 부임하는 남편을 따라 다시 이 절에 이르렀는데 옛 시문이 이미 더럽혀지고 흩어졌기에 재차 썼다."고 하였다.

금일 영강(英江)에서 형(刑)을 관장하다 돌아오면서	英江今日掌刑回
매산에 올라가 보니 매화가 안 보이네.	上得梅山不見梅
가던 길을 멈추고 녹봉으로 서른 그루 사오니	輟俸買將三十本
맑은 향기가 남아 눈 속에서 피네.	清香留與雪中開

호사가들은 이로 인해 길거리 양쪽에 매화를 심었다.」라 하였다.

그림 13. 눈 속에 핀 매화

【≪倦遊錄≫ 大庾嶺上有佛塔廟, 有婦人題云, "妾幼年侍父任英州司寇, 旣代歸, 父以大庾本有梅嶺之名, 而反無梅, 遂植三十株於道之右, 因題詩於壁。今隨夫之任端溪, 復至此寺, 前

詩已汚漫矣，因再書之"云。英江今日掌刑回，上得梅山不見梅。輟俸買將三十本，淸香留與雪中開。好事者因以夾道植梅矣。】

≪담원(談苑)≫[28]에 「왕증(王曾)[29]은 서민이었을 때 매화시를 가지고 여몽정(呂蒙正)[30]에게 바치며 말하기를：

"그러나 금일에 국 맛을 내는 일을 묻지 않고	而今未問和羹事
뭇 꽃보다 먼저 피는 것을 바라보네."	且向百花頭上開

고 하니 몽정이 말하기를："이 선비는 장원(狀元)을 하고 재상이 될 것이 마련되었다."」라 하였다.

【≪談苑≫ 王曾布衣時，以梅花詩獻呂蒙正云，"而今未問和羹事[31]，且向百花頭上開。" 蒙正曰："此生已安排狀元宰相也。"】

≪정씨유서(程氏遺書)≫[32]에 「조매(早梅)가 동지 전에 벌써 피어 있

28) ≪담원(談苑)≫ : 총 4권으로 ≪공씨담원(孔氏談苑)≫이라고도 한다. 송나라 공평중(孔平仲)이란 사람이 지은 것으로 알려져 있지만 현대 학자들의 고증에 따라 후인이 ≪패설(稗說)≫, ≪잡설(雜說)≫ 및 다른 서적에서 취하여 만든 것이라는 주장도 있다. 이 책은 주로 북송 및 이전 조정의 정사 법령, 인물 일화를 기록한 사료 필기로 동시에 사회 풍속과 동식물 지식까지 언급하여 송나라 때 필기 소설 중의 비교적 유명한 책이다.

29) 왕증(王曾 978~1038) : 북송 인종(仁宗) 때 저명한 재상(宰相)으로서 자는 효선(孝先)이며 청주(青州) 익도(益都, 지금의 산동성山東省 청주青州시) 사람이다.

30) 여몽정(呂蒙正) : 944~1011. 북송 초년의 재상으로서 자는 성공(聖功)이며 시호는 문목(文穆)이다. 하남(河南) 낙양(洛陽) 사람이다.

31) 화갱사(和羹事) : 매실을 최초로 조미료로 언급한 ≪상서(尙書)·열명(說命)≫ 중에 원문은 "만약 국에 맛을 내려면, 오직 소금과 매실이 있어야만 한다.【若作和羹，爾唯鹽梅】"라고 되어 있다.

32) ≪정씨유서(程氏遺書)≫ : ≪이정유서(二程遺書)≫ 라고도 한다. 이 책은 북송

그림 14. 매실

으며 바야흐로 일양(一陽)이 생기지 않았는데[33] 벌써 핀 것은 어째서인가? 그 무성하고 시듦은 만물에 있어서 하나의 음이나 양이 오르내리는 큰 절차이다. 그러나 가지마다 각자 하나의 무성함과 시듦이 있고 (목숨이 있는) 한도가 달라서 동일하지 않으며, 이는 각자 건(乾)과 곤(坤)이 있어서 각자가 사라지고 자라니 오직 하나의 변화일 뿐이다.

오직 이러한 변화는 다함이 없으니 소나무·잣나무로 말하면 또한 시들지 않는 것이 아니라 단지 늦게 시들 뿐이다. 시들어도 느끼지 못하고, 변화가 적을 뿐이다. 바야흐로 여름에 생장할 때 도리어 여름에 시드는 것이 있다. 그러니 겨울 추위 즈음에 꽃이 피고 자라는 것이 어찌 괴이하다고 하겠는가?」라 하였다.

【≪程氏遺書≫ 早梅冬至己前發, 方一陽未生, 然則發生者何也? 其

이학가인 정호(程顥, 1032~1085)와 정이(程頤, 1033~1107)의 제자들이 두 사람의 평소 언행을 기록한 내용이다.

33) 일양(一陽)이 생기지 않았는데 : 원문 일양미생(一陽未生)은 동지 때에는 양기(陽氣)가 생기기 시작하기 때문에 동지 전이므로 일양미생이라 한 것이다. ≪주역≫에서 동지(冬至) 지뢰복괘(地雷複卦)의 괘상(卦象)은 "地雷複, 六陰至, 一陽生." 이라고 한다. 위는 곤괘(坤卦), 아래는 진괘(震卦)로 이루어진 육효【六爻, 易의 卦를 이룬 가로획. '⚊'는 양효(陽爻)이고, '⚋'는 음효(陰爻)임】 괘상 가운데 양효(陽爻)는 딱 맨 밑의 하나뿐이고 나머지는 다 음효(陰爻)이다. 그러나 유일한 양효(陽爻)도 원래 6개 음효(陰爻) 중 "음의 지극함에 이르니 양으로 변한다.【陰極變陽】"로 생겨난 것이기 때문에 "6 음효가 이르니 양효 하나가 생기기 시작한다.【六陰至,一陽生.】"라고 한다.

榮其枯, 此萬物一個陰陽升降大節也。然逐枝自有一個榮枯, 分限不齊, 此各有一乾坤也, 各自有個消長, 只是個消息。惟其消息, 此所以不窮, 至如松柏亦不是不凋, 只是後凋。凋得不覺怎, 少得消息。方夏生長時, 卻有夏枯者。則冬寒之際, 有發生之物, 何足怪也？】

≪담찬(談撰)≫[34]에 「풀과 나무는 대개 봄기운을 느끼며 자라는데 오직 매화만 겨울에 핀다. 대개 동방(東方)[35]에서 바람으로 움직이고 바람은 나무를 생기게 하므로 굽고 곧게 해서 신 맛을 낸다. 신 맛이 나무의 본질인데, 오직 매실의 맛이 가장 시어서 비로소 얻은 기운이 바르다. 북방에서는 물이 그 모체가 되니, 물로써 매화를 생기게 하면 쉽게 감응이 되기 때문에 매화는 뭇 나무들보다 앞서서 꽃이 핀다.」라 하였다.

【≪談撰≫ 卉木皆感春氣而生, 獨梅開以冬。蓋東方動以風, 風生木, 故曲直作酸。則酸者木之性, 惟梅之味最酸, 乃得氣之正。北方水爲之母, 以生之則易感, 故梅先衆木而華。】

≪소씨문견록(邵氏聞見錄)≫[36]에 「여몽정(呂蒙正, 문목文穆은 그의 자임)의 대은장(大隱莊)에 있는 매화는 대개 조매(早梅)이고 향기가

34) ≪담찬(談撰)≫ : 원나라 우유(虞裕)가 지은 것으로 일화를 기록한 문언 소설이다.

35) 동방(東方) : ≪주역≫ 에서 동방은 양기가 움직이기 시작하는 곳이며, 만물이 생장하기 시작한 곳이라고 한다. 오행설에 따르면 목(木)은 동방에, 화(火)는 남방에, 토(土)는 오행의 중심인 중앙에, 금(金)은 서방에, 수(水)는 북방에 거처한다고 한다.

36) ≪소씨문견록(邵氏聞見錄)≫ : 소백온(邵伯溫, 1037～1134)이 지은 것으로 총 20권으로 되어 있고 왕안석(王安石) 변법에 대한 내용 및 북송 초년 조정 규장 제도와 일화를 기록하였다. 저자인 소백온은 북송 학자로서 자는 자문(子文)이며 낙양(洛陽, 지금의 하남성河南省 낙양洛陽) 사람이다.

매우 강하고 진하며 대유령(大庾嶺)에서 뿌리를 옮겨 여기로 심었다고 한다.」라 하였다.

【≪邵氏聞見錄≫ 呂文穆 大隱莊梅, 蓋早梅也, 香甚烈而大, 云從大庾嶺移其本至此。】

그림 15. 오초광吳楚光, 종이에 수묵담채

≪계신잡지(癸辛雜識)≫[37]에「매화는 꽃이 위로 피는 것이 없으니 대개 스스로 눈바람을 교묘하게 피할 수 있게 하기 위함이다. 검증해 보니 믿게 되었다.

- 의흥(宜興, 지금 강소성江蘇省 무석無錫) 서쪽, 지명이 석정(石庭)이란 곳의 10여 리 안 곳곳에 고매(古梅)가 심어져 있는데 이끼가 우거지고 푸르니 규룡(虯龍)[38]과 같으며 모두 수백 년을 살았다. 작은 매화나무가 있어 오직 반치 정도 밖에 안 되고 이끼 사이

37) ≪계신잡지(癸辛雜識)≫ : 원나라 초기의 학자인 주밀(周密, 1232~1298)이란 사람이 편찬한 사료 필기로 4집 6권 총 481조로 되어 있다. 이 책의 내용은 광범위하고 주로 송나라 말기 원나라 초기의 잡일과 일화, 조정 규장 제도, 도성 명성고적 등을 기록하였다.

38) 규룡(虯龍) : 양쪽 뿔이 있는 어린용이다.

에서 떼를 지어 자라며 꽃이 피는 시기가 매우 늦다.」라 하였다.

【≪癸辛雜識≫ 梅花無仰開者, 蓋亦自能巧避風雪耳。 驗之信然。

• 宜興西, 地名石庭, 十餘里皆古梅, 苔蘚蒼翠, 宛如虬龍, 皆數百年物也。 有小梅僅半寸許, 叢生苔間, 著花極晩。】

≪조수화양궁기(祖秀華陽宮記)≫[39]에 「정화(政和, 1111～1117) 초년에 간악(艮嶽)[40]을 궁궐 동쪽에 지었는데 못을 파고 계곡을 만들었으며 남은 흙으로 쌓아서 산을 만들어 비래봉(飛來峯)이라 하였다. 중턱의 백 척이 되는 데에 매화 수만 그루를 심고 매령(梅嶺)이라 불렀다.」라 하였다.

【≪祖秀華陽宮記≫ 政和初, 作艮嶽于禁城之東, 鑿池爲溪澗, 因其餘土, 積而爲山, 曰飛來峯。 腰徑百尺, 植梅萬本, 曰梅嶺。】

【원본原本】

장자(張鎡) ≪매품(梅品)≫[41]에 「매화에 걸맞은 것은 26가지이다. 엷은 구름, 새벽에 뜨는 해, 가벼운 추위, 보슬비, 가벼운 연기, 아름다운 달, 석양, 사락거린 눈, 노을, 진귀한 짐승, 고독한 학, 맑은 시

39) ≪조수화양궁기(祖秀華陽宮記)≫ : 북송 시기 촉나라의 조수(祖秀, 자는 紫芝임)가 편찬한 책이다.

40) 간악(艮嶽) : 중국 고전 정원 건축물 중의 하나로 송휘종(宋徽宗)이 정화 7년(1117)에 짓기 시작하였고 선화 4년(1122)에 준공되었다. 화양궁(華陽宮)이라고도 부른다.

41) ≪장자매품(張鎡梅品)≫ : 남송 장자(張鎡)가 1194년에 지은 것이며 ≪옥조당매품(玉照堂梅品)≫이라고도 한다. 세상에서 첫 번째로 주로 매화 감상 기준을 기록한 책으로 알려져 있다.

냇물, 작은 다리, 대나무 숲 옆, 소나무 아래, 밝은 창, 성긴 울타리, 푸른 언덕, 푸른 이끼, 구리 병, 종이로 만든 장막, 숲 사이에서 피리를 부는 것, 무릎에 거문고를 가로놓는 것, 돌 바둑판에 바둑을 두는 것, 눈을 쓸고 차를 달이는 것, 미인이 담백하게 화장하고 비녀를 꽂는 모양이다.」라 하였다.

【張鎡 ≪梅品≫ 花宜稱二十六條：爲淡雲, 爲曉日, 爲薄寒, 爲細雨, 爲輕煙, 爲佳月, 爲夕陽, 爲微雪, 爲晩霞, 爲珍禽, 爲孤鶴, 爲清溪, 爲小橋, 爲竹邊, 爲松下, 爲明窗, 爲疎籬, 爲蒼厓, 爲綠苔, 爲銅瓶, 爲紙帳, 爲林間吹笛, 爲膝上橫琴, 爲石枰下碁, 爲掃雪煎茶, 爲美人澹妝篸戴。】

【증보增補】

장자(張鎡) ≪매품(梅品)≫에 「매화가 사랑을 받는 것은 여섯 가지이다. 연기나 먼지에 물들지 않은 것, 방울 단 밧줄로 지키는 것, 땅을 청소하여 길이 깨끗해지고 꽃잎이 떨어져도 검게 물들지 않는 것, 임금과 제후들이 아침이나 저녁에 머물러 관람하는 것, 시인이 붓을 내려놓고 품평하여 헤아리는 것, 아름다운 기생이 옅게 화장하고 우아하게 노래하는 것이다.」라 하였다.

【張鎡 〈梅品〉 花榮寵六條：爲煙塵不染, 爲鈴索護持, 爲除地徑淨, 落瓣不淄, 爲王公旦夕留盼, 爲詩人閣筆評量, 爲妙妓淡妝雅歌。】

<12월 연유차서(十二月燕遊次序)>에 「정월에는 옥조당(玉照堂)에서 매화를 감상하고 호산(湖山)에 가서 매화를 찾으며, 2월에는 옥

그림 16. 오초광吳楚光 종이에 수묵담채

조당 서쪽의 상매(緗梅), 대청 동쪽에 있는 홍매(紅梅)를 감상하며, 12월에는 호산(湖山)에 매화를 찾으러 가고, 옥조당에서 조매(早梅)를 본다.」라 하였다.

【〈十二月燕遊次序〉 正月玉照堂賞梅, 湖山尋梅。二月玉照堂西緗梅, 堂東紅梅。十二月湖山探梅, 玉照堂看早梅。】

≪만화곡(萬花谷)≫에 「증단백(曾端伯)은 매화를 맑은 벗으로 삼는다.」라 하였다.

【≪萬花谷≫ 曾端伯以梅花爲清友。】

≪금성기(金城記)≫에 「여거(黎擧)는 늘 말하기를: "매화로 해당화를 맞아들이고자 하나, 때가 다른 것이 단지 한스러울 뿐이다."고 하였다.」라 하였다.

【≪金城記≫ 黎擧常云 : "以梅聘海棠, 但恨時不同耳。"】

≪검남시주(劍南詩注)≫[42]에 「성도(成都) 합강원(合江園)이 대개 옛 촉(蜀)나라의 동산이었는데 매화가 가장 무성하다. 꽃이 처음 필 때부터 감관(監官)이 날마다 관청에 알리며, 소식이 이르러 꽃이 절반 정도 피며 부주(府主)[43]가 와서 잔치하고, 유람자도 다투어 모여든다.」라 하였다.

---

42) ≪검남시주(劍南詩注)≫ : 남송 애국 시인 육유(陸遊)가 지은 것이다.
43) 부주(府主) : 도읍(都邑) 정사를 맡은 관원이다.

그림 17. <겹홍매> 전남대학교 교정에 있는 용봉매(대명매)

【≪劍南詩注≫ 成都 合江園, 蓋故蜀別苑, 梅最盛。自初開, 監官日報府, 報至開五分, 則府主來宴, 遊人亦競集。】

≪곡유구문(曲洧舊聞)≫[44]에 「허경(許京, 지금 하남성 허창許昌)과 낙경(洛京, 지금 하남성 낙양洛陽) 사이에 강매(江梅), 초악매(椒萼梅), 녹악매(綠萼梅), 천엽황향매(千葉黃香梅) 네 가지가 있다.」라 하였다.

【≪曲洧舊聞≫ 許、洛[45]中, 有江梅、椒萼梅、綠萼梅、千葉黃香梅四種。】

---

44) ≪곡유구문(曲洧舊聞)≫ : 총 10권으로 남송 주변(朱弁)이 편찬한 문언 소설집이다. 이 책은 저자가 금나라에 구속되어 있을 때, 북송 및 남송 초기 조야 사적(事跡), 사회풍토와 사대부 일화 등을 기록하였다.

45) 허(許), 낙(洛) : 허경(지금 하남성 허창許昌)과 낙경(지금 하남성 낙양洛陽)을 가리킨다.

【원본原本】

범성대(范成大)의 ≪매보(梅譜)≫에 「고매(古梅)가 회계(會稽)에 가장 많고 사명(四明)[46] 오흥(吳興, 지금 절강성 호주湖州시)에도 간혹 있으니 그 가지가 구불구불해서 수많은 자태를 드러낸다. 푸른 이끼가 비늘이 터진 것처럼 몸에 잔뜩 피어 있다. 또한 이끼 수염이 있어 가지 사이에 늘어져 있고, 혹은 길이가 몇 치나 되어서 바람이 불어오면 초록 실처럼 휘날려서 구경할 만하다.

처음에는 고목이 오랫동안 자라다 보니 바람과 햇빛 때문에 그렇다고 말하였다. 회계에서 나온 바를 자세히 고증해 봤는데 비록 작은 매화나무이지만 또한 이끼의 흔적이 있으므로 대개 다른 품종이고 반드시 고목인 것은 아니다. 내가 일찍이 회계에서 고매 10그루를 옮겨 심었는데 1년 후에 비록 꽃이 무성하게 피었지만 이끼는 모두 떨어져 없어졌다. 그 가운데에 호주(湖州)의 무강(武康)에서 얻은 것만 곧 변하지 않았으니, 이는 풍토가 서로 적합하지 않기 때문이다. 회계와 거기는 사이에 강물 하나를 두고 호주와 소주(蘇州)는 거기와 접양하므로 흙이 적합하거나 혹은 서로 같지 않기 때문이다.

무릇 고매는 이끼가 많은 경우 꽃잎의 눈을 단단히 봉하니 오직 벌어진 사이에서만 비로소 꽃이 필 수 있어 꽃이 비록 드물지만 기운이 모여서 풍만하고 절묘하다. 이끼가 벗겨진 것은 꽃이 많이 피니 보통 매화와 비슷하다.

• 성도(成都)에서 20리 떨어진 곳에 와매(臥梅)나무가 있는데 성대

46) 사명(四明): 산의 이름이다. 절강성浙江省 영파寧波 서남쪽에 있다.

해서 10여 장(丈)이다. 전설에는 당나라 물건이었고 매룡(梅龍)이라 하였다. 호사자들은 항상 술을 싣고 놀러 갔다.

- 청강(淸江) 주막에 큰 매화나무가 있는데 수 칸 집과 같고 곁가지가 사방으로 늘어져 있고 주위에는 사람 수십 명이 둘러앉을 수 있다. 임자엄(任子嚴) 운사(運使)가 사서 얻었고 능풍각(凌風閣)을 세워 그것을 향하며 큰 밭을 만들어 반원(盤園)이라 불렀다. 내가 평생 동안 봤던 기이하고 오래된 매화 중에 오직 이 두 군데가 가장 으뜸이었다.

그림 18. 500년 된 전남대학교 용봉매의 늙은 줄기

- 낙도(洛都, 즉 낙양洛陽)에서 꽃을 파는 자는 기이하게 만드는 것을 다투었다. 초겨울에 꽃이 피지 않는 가지를 꺾어 욕실에 놓아두고 증기로 데워서 꽃망울이 펴지게 하며 억지로 조매(早梅)라 불렀다. 결국 꽃이 자질구레하고 향기롭지 않다. 내가 잠시 계림(桂林)에서 지방 장관을 지냈을 때 입춘이 되면 매화꽃이 이미 지

고 대보름이 되면 푸른 매실을 맛볼 수 있는데 풍토가 바르지 않기 때문이다. 두보(杜甫)가 시에 말하였다.

매화 꽃술이 섣달 전에 터지더니 　梅蕊臘前破
매화꽃은 새해가 되자 많아졌네. 　梅花年後多
오로지 겨울과 봄이 교차하는 시기에 　惟冬春之交
곧 한창 꽃이 피는 시절이라. 　正是花時耳

• 항리(項里, 지명, 절강성 안에 있음)에서 고매가 나왔는데 늙은 줄기가 기이하고 이끼가 가지를 감싸고 있다. 성긴 꽃이 점을 찍은 것처럼 여기저기 피니 아름답고 교태가 있어 마치 그림과 같아서 유달리 사람으로 하여금 사랑하고 희롱하고 차마 버리지 못하게 한다.」라 하였다.

【范成大 ≪梅譜≫ 古梅 會稽最多, 四明、吳興亦間有之, 其枝樛曲萬狀。蒼蘚鱗皴, 封滿花身。又有苔鬚垂于枝間, 或長數寸, 風至綠絲飄飄可翫。初謂古木歷久, 風日致然。詳考會稽所產, 雖小株亦有苔痕, 蓋別是一種, 非必古木。余嘗從會稽移植十本, 一年後花雖盛發, 苔皆剝落殆盡。其自湖之武康得者, 即不變移。風土不相宜。會稽隔一江, 湖、蘇接壤, 故土宜或異同也。凡古梅多苔者, 封固花葉之眼, 惟罅隙間, 始能發花, 花雖稀, 而氣之所鍾, 豐腴妙絶。苔剝落者, 則花發仍多, 與常梅同。

• 去成都二十里, 有臥梅, 偃蹇十餘丈。相傳唐物也, 謂之梅龍。好事者載酒往遊。

• 清江酒家有大梅, 如數間屋, 傍枝四垂, 周遭可羅坐數十人。任子嚴運使買得, 作凌風閣臨之, 因遂築大圃, 謂之盤園。余生平所見梅之奇古者, 惟此兩處爲冠。

• 洛都賣花者爭先爲奇。初冬折未開枝, 置浴室中, 薰蒸令坼, 强名早梅。終瑣碎無香。余頃守桂林, 立春梅已過, 元夕則嘗青子, 皆非風土之正。杜子美詩云, "梅蕊臘前破,梅花年後多。惟冬春之交, 正是花時耳。"

• 項里出古梅, 老幹奇怪, 苔蘚封枝。疎花點綴, 夭矯如畫, 殊令人愛翫不忍捨。】

【증보增補】

≪성재강호집시주(誠齋江湖集詩註)≫에 「내가 임장(臨漳, 지금 하북성 임장현臨漳縣)에서 대장기(大將旗)를 얻었으니 조정 대신들이 나를 위해 송별연을 열어 서호 상쇠사(上釗寺)에서 성대한 모임을 하게 되었다. 온 골짜기에 다 매화가 있어 바라보니 끝이 없고 산의 맨 꼭대기에 정자가 있는데 현판에 금병(錦屏)이라 써져 있다. 내가 홀로 한 그루에 기대고 많이 취해서 매화꽃을 따서 씹어 먹었다. 같이 근무하는 장(張) 감부(監簿)는 촉나라 사람으로 이름은 광(珖)이고 자는 군옥(君玉)이니 서로 돌아보며 말하기를: "참으로 맑고 뛰어나서 이와 같으니 귀양 온 신선이 아니라고 할 수 있겠는가?"고 하였다.」라 하였다.

【≪誠齋江湖集詩註≫ 余旣得麾臨漳, 朝士餞余, 高會于西湖 上釗寺。滿谷皆梅花, 一望無際, 絶有亭, 牓曰錦屛。余獨倚一株, 醉極摘梅花嚼之。同舍張監簿蜀人名珖字君玉, 相顧, "清勝如許, 謂非謫仙可乎?"】

≪철경록(輟耕錄)≫[47]에 「소흥(紹興)의 행궁에 옥질정(玉質亭)이라는 정자가 있어 매화가 둘려 있다.

그림 19. 오초광吳楚光 종이에 수묵담채

- 역이당(繹已堂)을 경유하여 금연랑(錦臙廊)을 지나가 180개 기둥을 거쳐 어전행랑 밖으로 바로 통하니 즉 후원(後苑)이며 매화나무 수천 그루가 있어 매강정(梅崗亭)이나 빙매정(冰梅亭)이라 부른다.
- 도사(道士)인 장우(張雨)의 자는 백우(伯雨)이고 호는 구곡외사(句曲外史)이니 일찍이 왕계월(王溪月) 진인(眞人)[48]을 따라 도성으로 올라갔다. 처음에 연(燕)나라 지역에는 매화가 없었는데 종사(宗師)인 오한한(吳閒閒)이 온전한 줄기를 처음으로 강남에서 옮겨 심고 천막으로[49] 보호해주며 현판에 수방정(漱芳亭)이라고 썼다.

백우는 우연히 그의 처소를 방문하였으니 황홀하여 마치 서호에 있는 옛 벗을 만나는 것과 같으며 오랫동안 배회하다가 자기도 모르

47) ≪철경록(輟耕錄)≫ : 원나라 사료에 관한 찰기이다. 일명 ≪남촌철경록(南村輟耕錄)≫ 이라고도 하는데 총 30권이 있다. 원나라 말기 명나라 초기 사람인 도종의(陶宗儀, 1321~1407)가 지은 것이다.

48) 진인(眞人) : 도교(道敎)의 깊은 진의(眞義)를 닦은 사람이다.

49) 천막으로 : 원문은 궁려(穹廬)이다. 궁려는 천막을 둥글게 둘러쳐 사람이 거처할 수 있게 만든 집으로, 이동이 잦은 북방의 유목 민족들이 생활하는 집이다.

게 그 속에서 깊이 잠들었다. 백우가 깨어나자 해가 이미 저물었다. 한한은 웃으면서 말하기를 : "백우가 본디 시로 이름나니 마땅히 시를 지어 잘못을 갚아야 하죠!"라고 하였다. 백우가 그리하여 시를 지었다.

모래바람을 무릅쓰고 오천 리를 오니 風沙不憚五千里
몸이 신선의 항아리로 뛰어들려 하네. 將身跳入仙人壺

한한(閒閒)이 크게 기뻐해서 한림(翰林)[50]과 집현(集賢)[51]에 일찍이 왕래하던 자에게 보냈으니 학사(學士) 원백장(袁伯長), 박사(博士) 사경덕(謝敬德), 어사(禦史) 마백용(馬伯庸), 조교(助教) 오양호(吳養浩), 수찬(修撰) 우백생(虞伯生) 등이 모두 그 시에 화답하였다.」라 하였다.

그림 20. 베이징 고궁에 피어 있는 매화꽃

【≪輟耕錄≫ 紹興行宮中有玉質亭, 梅繞之。

• 由繹己堂過錦臙廊, 百八十楹, 直通御前廊外, 即後苑, 梅花千樹, 曰梅崗亭, 曰冰梅亭。

---

50) 한림(翰林) : 당(唐) 이후 역대로 설치한 관직의 하나이다. 황제의 문학 시종을 맡거나, 조정의 문서를 저술하거나, 국사를 편찬하고 황제의 언행을 기록하는 일을 하였다.

51) 집현(集賢) : 즉, 집현원(集賢院)으로 당(唐) 이후 역대로 설치한 관직의 하나이다. 왕조에 따라 맡은 일은 다르고 원나라 때에는 주로 학교를 관리하고, 유명 인사를 소집하며 도교, 음양, 제사, 점복 등 일을 하였다.

• 道士張雨字伯雨，號句曲外史，嘗從王溪月眞人入京。初燕地未有梅花，吳閒閒宗師全節新從江南移至，護以穹廬，扁曰漱芳亭。伯雨偶造其所，恍若與西湖故人遇，徘徊旣久，不覺熟寢于中。伯雨覺日已暮矣，閒閒笑曰："伯雨素有詩名，宜作詩以贖過。" 雨遂賦詩，有"風沙不憚五千里，將身跳入仙人壺"之句。閒閒大喜，送翰林集賢嘗所往來者，袁學士伯長，謝博士敬德，馬御史伯庸，吳助教養浩，虞修撰伯生，俱和之。】

≪광객담(廣客談)≫[52]에 용광한(龍廣寒)은 강호(江湖)의 기이한 사람으로 어머니를 섬기는 데 효도를 지극히 하였다. 6월 1일이 그의 어머니 생신이었으니 바야흐로 북쪽 창문을 열어 축수한 잔을 들려던 참에 갑자기 매화 한 가지가 창문으로 들어왔다. 향기와 빛깔이 더없이 훌륭하고 좋아서 사람들이 그것을 효매(孝梅)라 불렀다. 사대부들 중에 시를 지어 보낸 자가 많았으니 특히 장존국(張存菊)의 것이 가장 뛰어나서 사람들의 입에 오르내렸다. 그의 시에 이르기를:

"남풍이 남쪽 가지에 불더니	南風吹南枝
흰 매화꽃 하나 온 푸른 숲을 비추네.	一白照萬綠
세한의 마음을 누가 알라만	歲寒誰知心
나무 아래 맹종[53], 죽순이 나네."	孟宗林下竹

52) ≪광객담(廣客談)≫ : 명나라 시기의 필기 소설이다. 작자는 미상이다.

53) 맹종(孟宗) : 218~271. 효행과 인자로 알려져 있는 사람으로 후에 삼국시기 손오(孫吳) 마지막 황제의 자휘(字諱)를 피하려고 맹인(孟仁)으로 개명하였다. 자는 공무(恭武)이다. 二十四孝 이야기 중의 하나로 "대나무를 향해 울다가 죽순이 난다.【哭竹生筍】"라는 것은 바로 맹인(孟仁)이 어머니에게 죽순을 구해 주었다는 이야기이다.

고 하였다.

그 이후 효매가 105년을 살았는데 여전히 어린 나무의 푸른 잎과 같으므로 사람들은 효도에 감동을 받아서 그런 것이라 여겼다.」라 하였다.

【≪廣客談≫ 龍廣寒江湖異人也, 事母至孝。六月一日其母壽旦, 方啓北牖擧壽觴, 忽梅花一枝入牖, 香色絶佳, 人遂以孝梅稱之。士大夫贈詩者甚多, 惟張存菊一絶, 最爲人膾炙。其詩曰, "南風吹南枝, 一白照萬綠, 歲寒誰知心, 孟宗林下竹。" 厥後孝梅年百有五歲, 猶童顔綠髮, 人以爲孝感所致。】

그림 21. 위환명魏煥明 종이에 수묵담채

≪운부(韻府)≫[54]에 「장경수(張景修)는 매화를 맑은 손님[55]으로 여겼다.」라 하였다.

【≪韻府≫ 張景修以梅花爲清客。】

54) ≪운부(韻府)≫ : 중국 고대 대형 도구 서적으로 청나라 조정에서 편찬한 사조(詞藻)와 전고 사전이다. 전문적으로 문인들이 시를 지을 때 사조와 전고를 취하여 압운과 대구를 만들도록 제공해준다. ≪패문운부(佩文韻府)≫라고도 부르는데 패문(佩文)은 청나라 강희(康熙) 황제의 서재 이름이다. 수록된 시문과 전고는 선진(先秦)부터 명나라 때까지 약 140만 가지가 있다.

55) 청객(清客) : 매화의 별명이다. 송나라 요관(姚寬)의 ≪西溪叢語≫ 상권에서 : "내 큰 형인 백성(伯聲)이 일찍이 손님 30명을 얻었는데 모란은 귀한 손님이시고, 매화는 맑은 손님이시고, 난은 그윽한 손님이시고 ...... 팥배나무는 귀신과 같은 손님이시다.【予長兄伯聲, 嘗得三十客 : 牡丹爲貴客, 梅爲清客, 蘭爲幽客……棠梨爲鬼客。】"라고 한다.

【원본原本】

≪옥호빙(玉壺冰)≫에 「왕면(王冕)[56]은 구리산(九里山)에서 은거하면서 매화나무 천 그루를 심고, 복숭아나무와 버드나무는 그 반만 차지하며 오두막집 세 칸을 짓고 스스로 매화옥(梅花屋)이라 이름을 붙였다.」라 하였다.

【≪玉壺冰≫ 王冕隱九里山, 樹梅花千株, 桃柳居其半, 結茅廬三間, 自題爲梅花屋。】

≪학포여소(學圃餘疏)≫에 「수도의 허천호(許千戶) 집에서 화분 중에 꽃받침이 녹색인 옥접매(玉蝶梅) 하나를 봤는데 매화 중의 극상품으로 어디서 옮겨 심었는지 몰랐다. 곧 물어보고 찾아가려고 했더니 다른 풀이 더부룩한 정원 안에서 녹악매(綠萼梅) 하나는 가지가 아래로 드리워지고 어지럽게 흩어져 있으며 아래에서 수십 명이 앉을 수 있다. 지금 높은 누각을 지어 감상하는 것을 기다릴 테니 자손들이 마땅히 뜻을 더하여 북돋아야 한다.」라 하였다.

【≪學圃餘疏≫ 京師許千戶家, 見盆中一綠萼玉蝶梅, 梅之極品, 不知種在何處。當詢而覓之, 余蒼園中一綠萼梅, 偃蓋婆娑, 下可坐數十人。今待作高樓賞之, 子孫當加意培壅。】

---

56) 왕면(王冕) : 1287～1359. 묵매화(墨梅花)를 잘 그렸던 중국 원나라 때의 화가 겸 시인이다. 먹의 농담을 변화시켜 각자 다른 모습으로 피어 있는 매화를 표현하는 데 뛰어나다. 주요 작품에는 ≪묵매도(墨梅圖)≫, ≪매화도(梅花圖)≫ 등이 있다.

【증보增補】

≪사사류기(事詞類奇)≫에 「물과 육지에 있는 초목들의 꽃은 향기롭고 사랑스러운 것이 매우 많지만 매화나무는 홀로 세상에서 가장 앞서서 꽃이 피어 봄을 알리므로 가장 먼저 그것을 언급한다.」라 하였다.

【≪事詞類奇≫ 水陸草木之花, 香而可愛者甚衆, 梅獨先天下而春, 故首及之。】

그림 22. 맑은 매화꽃

≪잠확류서(潛確類書)≫57)에 「매화나무는 네 가지 덕(德)을 갖추는데, 처음에 나온 꽃술은 원(元)이라 하고, 꽃이 핀 것은 형(亨)이라 하고, 열매를 맺는 것은 이(利)라 하고, 익는 것은 정(貞)이라 한다. 매화나무는 네 가지 귀함을 가지고 있는데 꽃이 드문드문 핀 것을 귀히 여기고 번잡하게 핀 것은 귀히 여기지 않으며, 나무는 늙은 것을 귀히 여기고 여린 것은 귀히 여기지 않는다. 가지는 마른 것을 귀히 여기고 살진 것을 귀히 여기지 않으며, 꽃망울을 머금고 있는 것을

57) ≪잠확류서(潛確類書)≫ : ≪잠확거류서(潛確居類書)≫라고도 부른다. 명나라 진인석(陳仁錫)이 지은 것으로 종합적인 서적이다. 위로는 선진(先秦) 시기부터 아래로는 명나라 때까지 각 시대 2700가지 넘게 경사 백가, 시문 별집이 수록되어 있다. 현상(玄象), 세시(歲時), 구우(區宇), 인륜(人倫), 방외(方外), 예습(藝習), 품수(稟受), 조우(遭遇), 교여(交與), 복어(服禦), 음담(飮啖), 예식(藝植), 비약(飛躍) 등 13분야로 나뉜다.

귀히 여기고 활짝 핀 것은 귀히 여기지 않는다.」라 하였다.

【≪潛確類書≫ 梅具四德, 初生蕊爲元, 開花爲亨, 結子爲利, 成熟爲貞。梅有四貴, 貴稀不貴繁, 貴老不貴嫩。貴瘦不貴肥, 貴含不貴開。】

원굉도(袁宏道) ≪오군제산기(吳郡諸山記)≫에 「광복(光福)[58]은 일명 등위(鄧尉)라고도 하고 원묘(元墓)산, 동갱(銅坑)산 등 여러 산과 서로 잇닿아 있다. 산 속에 매화나무가 가장 무성하니 꽃이 피면 향기로운 눈 30리와 같다.」라 하였다.

【袁宏道 ≪吳郡諸山記≫ 光福一名鄧尉, 與元墓、銅坑諸山相連屬。山中梅最盛, 花時香雪三十里。】

≪구구지(具區志)≫에 「매화꽃은 동정산(洞庭山) 뒤에 있는 보하진(堡下鎭)보다 더 무성한 데가 없다. 산 동쪽 장기(長圻)와 풍기(豐圻)에서 배나 수레를 타고 술잔을 들고 찾아온 사람들이 연이어져 끊이지 않는다.」라 하였다.

【≪具區志≫ 梅花莫盛於洞庭山之後堡下鎭。東山之長圻、豐圻, 舟輿壺觴, 纍纍不絕。】

≪서호지(西湖志)≫[59]에 「영흥(永興) 사원 앞에 녹악(綠萼)매화나무

58) 광복(光福) : 지금 소주(蘇州) 서쪽과 28리 떨어진 등위(鄧尉) 산기슭에 있다. 매년 2월이 되면 광복, 등위의 산 일대는 매화 꽃술이 피어나면서 눈의 바다와 같아서 향설해(香雪海)라고 부른다.

59) ≪서호지(西湖志)≫ : 서호와 서호 문화역사 관련된 진귀한 유일본으로 옹정(雍正) 9년(1731)에 절강성 총독【청나라 한 개 혹은 두서너 개의 성의 군정(軍政)을 관장하던 수장(首長)】인 이위(李衛) 등이 편찬한 지방지이다. 총 48권 수리(水利),

두 그루가 있어 늙은 줄기가 무성하니 하저(河渚)[60], 서계(西溪)[61]의 우두머리가 되었다.

그림 23. 서호 고산에 있는 매화꽃

- 서계(西溪)에 사는 사람이 수백 집이 있으니 모여서 촌시가 이루어졌다. 요안(姚安)이 봄날에 서계(西溪)를 유람하며 시를 읊었다. *이 시는 송나라 顧禧가 지은 <同人看梅>임.

매화꽃이 나를 이끌어 서계 깊은 곳으로 들어가니　梅花引我入溪深
반은 청송이 둘러싸고 반은 푸른 숲이네.　半繞青松半翠林
세한을 견뎌내서 좋은 벗이 되었으니　已耐歲寒成好友
또한 장차 봄경치가 그윽한 산봉우리와 짝하네.　還將春色伴幽岑
푸른 안개를 밟았으나 신발 흔적 없고　蒼煙踏破鞋無跡
밝은 달을 잡으려니 지팡이에 마음이 쓰이네.　明月挑來杖有心
맑음이 넘쳐 향기가 객(客) 소매에 가득 차니　贏得清芬盈客袖
돌아가는 길에 저물녘의 구름이 엄습하는 것 근심하지 마소.　莫愁歸路暮雲侵

라 하였다.

명승(名勝), 산수(山水), 제당(堤塘), 교량(橋梁), 원정(園亭), 사관(寺觀), 사우(祠宇), 고적(古跡), 명현(名賢), 방외(方外), 물산(物産), 총묘(塚墓), 비갈(碑碣), 찬술(撰述), 서화(書畫), 예문(藝文), 시화(詩話), 지여(志餘), 외기(外紀) 등 20조목으로 나뉜다.

60) 하저(河渚): 항주 서계(西溪) 습지에 있는 한 곳의 옛 지명이었다.

61) 서계(西溪): 지금 절강성 항주에 있다.

【≪西湖志≫ 永興寺庭前有綠萼二樹, 古榦扶踈, 爲河渚、 西溪之冠。

• 西溪居民數百家, 聚爲村市。姚安 <春日遊西溪> 詩, "梅花引我入溪深, 半繞青松半翠林。已耐歲寒成好友, 還將春色伴幽岑。蒼煙踏破鞋無跡, 明月挑來杖有心。贏得清芬盈客袖, 莫愁歸路暮雲侵。"】

≪서호지여(西湖志餘)≫에 「순희(淳熙) 5년(1178) 음력 2월 1일에 효종(孝宗)은 덕수궁(德壽宮)을 지나가 태상황에게 안부를 드렸으며 냉천당(冷泉堂)에 머물러 앉아 있다가 석교정(石橋亭)에 고매(古梅)를 보러 갔다. 태상황이 말하기를 : "태매(苔梅)는 두 가지가 있는데 하나는 장공동(張公洞)에서 나온 것으로 이끼가 매우 두껍고 꽃이 극히 향기롭다. 하나는 월상(越上)에서 나온 것으로 이끼가 푸른 실과 같고 길이가 1여 척이다. 올해에 두 가지는 동시에 꽃이 피었으니 여기서 잠깐 머물러 감상하자."고 하며 다시 내사(內史)에게 명을 내려 사호(史浩)를 불러오라고 하여 자리를 내주며 궁녀들에게 음악을 연주하고 술을 권하게 하니 군신들이 모두 술에 취해서 물러났다.

• 순희(淳熙) 8년(1181) 정월 2일에 효종(孝宗)은 태자를 보내서 이전(二殿)을 공손히 맞이하게 하여 남내(南內)[62]에 이르렀다. 처음에 능허각(凌虛閣)에 나아가 연회를 벌이다가 세 잔을 마신 후에 악록화당(萼綠華堂)에 이르러 매화꽃을 구경하였다. 이 날에 눈이 크게 내리니 태상황은 매우 기뻐해서 즐거움을 다 한 후에야 끝마쳤다.

---

62) 남내(南內) : 남송 때 황제들이 거주한 곳이다.

그림 24. 위환명魏煥明, 종이에 수묵담채

• 고산(孤山) 매화는 화정(和靖)[63]으로 알려져 있지만 백거이(白居易)[64]가 (항주) 관아를 떠나면서 다시 항주 매화가 생각나 옛일을 이야기하면서 소협율(蕭協律)에게 시를 보내며 말하기를 :

"항주에 있는 삼년 동안 참으로 답답하였는데 三年悶悶在餘杭
일찍이 매화와 함께 몇 번이나 취했던가 曾與梅花醉幾場
오자서(伍子胥) 사당 주변이 흡사 눈 휘날리듯 번화한데 伍相廟邊繁似雪
고산 정원 안은 화장한 것 같이 아름답네." 孤山園裏麗如妝

라고 하였다. 당나라 때부터 유명한 사대부들에게 감상 및 품평을 받았다.

---

63) 화정(和靖) : 즉, 임화정(林和靖)이다. 967~1028. 본명은 임포(林逋)로 송대 전당(錢塘) 출신이다. 자는 군복(軍復)이며 시호가 화정(和靖)이다. 평생 동안 장가를 안 갔다. 매화나무를 심고 학을 길러 사람들이 매처학자(梅妻鶴子)라고 불렀다.

64) 백락천(白樂天) : 즉, 백거이(白居易)이다. 772~864. 중국 당나라 중기의 시인으로 자는 낙천(樂天)이며 호는 향산거사(香山居士)이다.

【≪西湖志餘≫ 淳熙五年二月初一日, 孝宗過德壽宮起居太上, 留坐冷泉堂, 至石橋亭子看古梅。太上曰, "苔梅有二種, 一種出張公洞者, 苔蘚甚厚, 花極香 ; 一種出越上, 苔如綠絲, 長尺餘。今歲二種同時著花, 留此少觀。" 復命內史宣史浩至賜坐, 用內人動樂進酒, 君臣皆沾醉而退。

- 淳熙八年正月二日, 孝宗遣太子恭迎二殿至南內。初就淩虛閣排當, 三盞後, 至萼綠華堂看梅。是日大雪, 太上大喜, 盡歡而罷。
- 孤山梅花以和靖著名, 然白樂天去郡, 有憶杭州梅花, 因敍舊寄蕭協律詩 "三年悶悶在餘杭, 曾與梅花醉幾場。伍相廟邊繁似雪, 孤山園裏麗如妝。" 云云。則自唐時已賞鑒于名公矣。】

【원본原本】

≪계림지(桂林志)≫에 「원풍(袁豐) 집 뒤편에 매화나무 6그루가 있어 꽃이 필 때에 일찍이 옆방의 연기에 그을렸으므로 원풍은 흙을 둥글게 뭉쳐서 굴뚝을 채우고 장막을 펴서 바람을 막았다. 얼마 후에 그 방을 허물며 말하기를: "얼음 같은 모양과 옥 같은 골격이니 세간에 없는 아름다운 사람이니 다만 성을 기울게 하는 미소가 없는 것이 한스러울 뿐이다."고 하였다.」

【≪桂林志≫ 袁豐宅後有六株梅, 開時曾爲鄰屋煙氣所爍, 乃團泥塞竈, 張幕蔽風。久而又析其屋, 曰, "冰姿玉骨, 世外佳人, 但恨無傾城笑耳。"】

≪화사(花史)≫[65]에 「당나라 매선(梅仙) 사조(師祖)가 백운산(白雲

山)에서 도를 배우면서 행실을 매우 경계하였다. 여름에 매화나무와 마주하고 앉아 있다가 그 아래에서 죽었으며 몇 리 안에 매화 향기가 맡아지고 열흘 지나가도 그치지 않으니 먼 데나 가까운 데에 있는 사람들이 그것을 기이하게 여겼다.

- 송헌(宋憲) 성후(聖後)는 자라는 채소를 다스릴 때마다 반드시 매화나무 아래에 떨어진 꽃잎을 취하여 섞었다.

- 송나라 조필련(趙必連)은 독서에 심혈을 기울였고 개경(開慶) 연간에 문장 음사(蔭仕)[66]로 보관(補官)을 맡게 되었지만 거절하고 취임하지 않았다. 말년에 매화나무 수 백 그루를 심고 그의 거처를 매화장(梅花莊)이라 명명하였으며 동생인 약예(若槸)와 함께 매일 그 속에서 시를 읊었다.

- 철각(鐵脚) 도인(道人)은 항상 맨발로 눈 속에서 걷는 것을 좋아하였다. 흥취가 일어나면 남화추수(南華秋水)[67] 편을 낭송하면서 한 입 가득 매화꽃을 씹고 눈을 섞어서 삼키며 말하기를 :

그림 25. 고결한 매화꽃

---

65) ≪화사(花史)≫ : 숭정(崇禎, 1628~1644)년간에 오언광(吳彥匡)이 지은 것으로 총 10권으로 나뉜다. 권1,2는 신품(神品), 권3은 묘품(妙品), 권4,5는 가품(佳品), 권6,7은 능품(能品), 권8은 구품(具品), 권9는 일품(逸品), 권10은 백화의 총체라는 제목으로 달고 옛 사람들의 일화와 꽃을 읊은 시가를 덧붙였다.

66) 음사(蔭仕) : 조상의 공덕으로 나아가 맡은 벼슬이다.

67) 남화추수(南華秋水) : 장자의 〈외편·추수〉편을 가리킨다.

"나는 차가운 향기를 마음속에 깊이 스며들게 하고자 한다."고 하였다.

• 진영(陳英)이 강남(江南)에 은거하면서 매화나무 천 그루를 심었다. 꽃이 피어 꽃잎이 우수수 떨어지니 황홀해서 쌓여 있는 눈과 같다.

• 광서(廣西) 계림부(桂林府)의 온 산 곳곳에 매화나무가 있어 꽃이 피면 매화 장기(瘴氣)를 내뿜어서 사람에게 쉽게 전염된다.」라 하였다.

【≪花史≫ 唐梅仙祖師學道於白雲山,篤戒行。夏月偶坐, 化於梅下, 數里聞梅花香, 經旬不息, 遠近異之。

• 宋憲聖后每治生菜, 必於梅下取落花雜之。

• 宋趙必連刻苦讀書, 開慶間, 以文蔭當補官, 辭不就。晚植梅數百株, 名其居曰梅花莊, 與弟若槸, 日吟詠其中。

• 鐵脚道人常愛赤脚走雪中。興發則朗誦 <南華秋水> 篇,嚼梅花滿口, 和雪嚥之, 曰, "吾欲寒香沁入肺腑。"

• 陳英隱居江南, 種梅千株。花時落英繽紛, 恍如積雪。

• 廣西 桂林府滿山皆梅, 開時作梅瘴易染人。】

【증보增補】

≪화사(花史)≫에 「가어(嘉魚, 지금 호북성 함녕鹹寧) 사람 진종룡(陳從龍)은 어려서부터 학문을 좋아하였는데 매일 새벽까지 독서를

하고 시를 잘하다. 거처를 둘러서 매화나무를 심어 나무에 기대어 누웠다.

• 고산(孤山) 방학정(放鶴亭)은 임포가 여기서 은거하면서 학 두 마리를 길렀다. 매번 호수 가운데에 배를 띄우다가 손님이 오면 동자(童子)가 학을 풀어 날게 하여 알리고 곧바로 돌아왔다. 후대 사람이 시를 지어 이르기를: "매화를 심은 곳에서 임포를 동반한다."고 하였다.」라 하였다.

【≪花史≫ 嘉魚人陳從龍, 少嗜學, 每夜讀書至曙, 能詩。環居栽梅, 倚樹而臥。

• 孤山 放鶴亭, 林逋隱此, 蓄二鶴。每泛舟湖中, 客至, 童子縱鶴飛報即歸。後人題句云, "種梅花處伴林逋。"】

≪서호지(西湖志)≫에 「지원(至元, 1264~1294) 년간에 유학 제거(提擧)인 여겸(余謙)은 다시 매화나무 수백 그루를 보충하여 산에 심었으며, 그 산 밑에 매정(梅亭)이라는 정자를 지었다.」라 하였다.

【≪西湖志≫ 至元間, 儒學提擧余謙復補植梅數百本於山, 構梅亭于其下。】

≪호주부지(湖州府志)≫에 「연하오(煙霞塢)는 무강(武康) 유영사(劉穎士)의 별장으로 골짜기 입구에 매화나무가 10여 리나 된다.

• 자매계(紫梅溪)는 귀안현(歸安縣) 동북쪽 30리 떨어진 곳에 있으며 위에 매화나무가 많이 자라고 있고 해마다 혹은 자색 꽃 한 가지가 피기에 이름을 붙인 것이다.」라 하였다.

【≪湖州府志≫ 烟霞塢 武康 劉穎士別業, 谷口梅花十餘里。

•紫梅溪在歸安縣東北三十里, 上多生梅, 每歲或開紫花一枝, 故名。】

≪개봉부지(開封府志)≫에 「매화당(梅花堂)은 허주(許州) 도읍 북쪽에 있고 소식(蘇軾)이 지은 것이다.」라 하였다.

【≪開封府志≫ 梅花堂在許州治北, 蘇軾建。】

≪요주부지(饒州府志)≫에 「여간현(餘干縣) 장산(藏山) 에서 조여우(趙汝愚)가 일찍이 독서를 하였는데 남송 이종(理宗, 1205~1264)이 매암(梅巖)이라는 두 글자를 써서 붙였다.」라 하였다.

【≪饒州府志≫ 餘干縣 藏山上, 趙汝愚嘗讀書于此, 理宗爲題梅巖二字。】

그림 26. 위환명魏煥明 종이에 수묵화

≪황주부지(黃州府志)≫에 「춘풍령(春風嶺)에는 매화꽃이 많다.」라 하였다.

【≪黃州府志≫ 春風嶺多梅花。】

≪성도부지(成都府志)≫에 「성도부(成都府) 동쪽 누각은 즉 두보(杜甫)가 배적(裴迪)을 초빙하여 동쪽 정자에 올라 매화를 감상한 곳이다.」라 하였다.

【≪成都府志≫ 成都府東閣, 即杜甫招裴迪登東亭觀梅處。】

≪천주부지(泉州府志)≫에 「남안현(南安縣) 매화산(梅花山) 아래에 매화나무가 많다.」라 하였다.

【≪泉州府志≫ 南安縣 梅花山下多梅樹。】

≪건녕부지(建寧府志)≫에 「숭안현(崇安縣) 매정(梅亭)은 조변(趙抃)이 영(令)[68]을 맡았을 때에 손수 후원에 매화나무를 심고 이름을 지은 것이었다.」라 하였다.

【≪建寧府志≫ 崇安縣 梅亭, 趙抃作令時, 手植梅于後圃, 因名。】

≪흥화부지(興化府志)≫에 「성 동남쪽 곡성산(縠城山)에 옛날에 매은(梅隱), 송은(松隱), 죽은(竹隱)이라는 정사(精舍)[69] 세 개가 있었다.」라 하였다.

【≪興化府志≫ 城東南縠城山, 舊有梅隱 松隱 竹隱三精舍。】

68) 영(令) : 벼슬이다. 관아에 나가서 나랏일을 맡아 다스린 자리나 또는 그런 일이다.

69) 정사(精舍) : 유생, 도사, 스님, 현사(玄士) 수행자들이 수행하거나 생활하는 구역이다.

≪남웅부지(南雄府志)≫에 「대유령(大庾嶺)은 오령(五嶺)[70] 중의 하나이다. 한무제(漢武帝)가 남월(南粤)을 공격하고자 하니 양복(楊僕)은 부장(部將)인 유승(庾勝)을 파견해서 병사들이 여기에 주둔하게 하므로 대유(大庾)라 명명하였다. 산세가 높고 험하여 처음에 걸어다닌 자들이 고생을 많이 하였다. 장구령(張九齡)이 개척하여 뚫은 후로부터 차마가 통하기 시작하였고, 위에 매화나무가 많이 심어졌으니 매령(梅嶺)이라고도 하였다.」라 하였다.

【≪南雄府志≫ 大庾嶺即五嶺之一。漢武帝擊南粤, 楊僕遣部將庾勝屯兵于此, 因名大庾。其初險峻, 行者苦之。自張九齡開鑿, 始可通車馬, 其上多植梅, 又名梅嶺。】

≪혜주부지(惠州府志)≫에 「매화촌(梅花村)은 나부산(羅浮山) 비운봉(飛雲峰) 옆에 있고, 조사옹(趙師雄)이 미인을 만났던 곳이 바로 여기다.」라 하였다.

【≪惠州府志≫ 梅花村 羅浮 飛雲峯側, 趙師雄遇美人即此。】

≪평락부지(平樂府志)≫에 「성 동쪽에 있는 매화원(梅花園)은 송나라 추호(鄒浩)가 기록한 것이다.」라 하였다.

【≪平樂府志≫ 城東梅花園, 宋鄒浩記。】

≪나부산지(羅浮山志)≫에 「충허관(沖虛觀) 전각(殿閣)의 섬돌에 있

---

70) 오령(五嶺) : 후난(湖南)성·장시(江西)성 남부와 광시(廣西)성·광둥(廣東)성 북부 접경지에 있는'월성(越城)·도방(都龐)·맹저(萌渚)·기전(騎田)·대유(大庾)'의 다섯 개 영(嶺)이다.

는 고매(古梅)는 갈홍(葛洪)이 직접 심은 것으로 전해졌다. 향기가 강해서 보통 매화꽃과 다르며, 쇠와 같은 줄기, 규룡과 같은 가지가 굳세고 말라서 깎아진 것과 같으니 참으로 천여 년의 물건이다. 영남(嶺南)에서 아름다운 나무는 오직 이것 밖에 없고 지약(智藥)[71]이 심은 가자 나무(訶子樹)와 함께 전해져 내려온다.」라 하였다.

【≪羅浮山志≫ 沖虛觀殿階古梅, 傳是葛洪手種。芳烈異于凡梅, 鐵幹虬枝, 堅瘦如削, 眞千餘年物也。嶺南嘉樹惟此, 與智藥所植訶子樹並傳。】

【원본原本】

그림 27. 남경 화엄사에 핀 매화꽃

장간(長干, 지금 남경南京) 남쪽 7여 리 떨어져 있는 곳에는 화엄사(華嚴寺)라 부르는 절이 있다. 사원의 스님이 꽃을 재배하는 것을 업으로 삼는데 매화나무가 특히 많다. 하얀색 매화와 빨간색 매화를 서로 비슷하게 심었으나 오직 녹색 꽃받침이 있는 옥접매(玉蝶梅)를 두 배로 심었다. 일일이 가는 실로 가지를 휘감아 얽어매니 구불구불해서 사랑스럽다.

---

71) 지약(智藥) : 인도 사람으로 남조(南朝) 양(梁)나라의 고승(高僧)이다. 천감(天監) 원년(502)에 바다를 거쳐 광주(廣州)로 와서 나부월화사(羅浮月華寺)를 건립하였다.

복숭아나무는 3,4년 자라면 문득 어지러운 모양으로 되니 잘 얽매지 않으면 가지가 뻗고 펴지며, 오히려 얽매지 않는 것보다 못하므로 수장하기가 어렵다. 해마다 꽃이 필 때에 오직 20그루만 취하며 떨어지면 그것을 모였다. 또한 영곡(靈穀, 지명)의 왼쪽은 매화오(梅花塢)라 부르고 약 50여 그루가 있고 수많은 소나무가 서쪽에 있으며 매화꽃이 향기로운 눈처럼 숲에 꽉 차 있어서 가장 기이하고 색다르다.

【長干之南七里許, 曰華嚴寺。寺僧蒔花爲業, 而梅尤富。白與紅植相若, 惟綠蕚玉蝶植倍之。率以絲縛虬枝, 盤曲可愛。桃本者三四年輒膠矣, 不善縛則抽條蔓引, 不如不縛者爲佳, 以故收藏難。每歲開時, 但取二十本, 落後則歸之。又靈谷之左偏, 曰梅花塢, 約五十餘株, 萬松在西, 香雪滿林, 最爲奇絶。】

3. 매화 집조(集藻)

| 서序 |

【원본原本】

그림 28. 위환명魏煥明, 종이에 수묵담채

송(宋) 양만리(楊萬里)[72]의 <화매시서(和梅詩序)>에 「매(梅)가 염제(炎帝)[73]의 경서에서 시작하여 ≪상서尙書·설명說命≫과 <시경詩經·소남召南>에 드러난다. 그러나 형상 아닌 맛, 꽃 아닌 열매로 나타나니 어찌 옛사람들이 다 질박하여 그 꽃을 숭상하지 않았는가? 그러나 화려한 복숭아, 살구와 같은 것들, 빛깔이 무궁화[74] 같은 것들은 꽃을 숭상하지 않았던가? 오로지 매화의 꽃만 빠뜨렸으니 왜 그런가?

초나라의 소인(騷人)[75]에게 이르러 꽃(이슬)을 마시고 향초를

---

72) 양만리(楊萬里) : 중국 남송의 시인으로 자는 정수(廷秀)이며 호는 성재(誠齋)이다. 길수(吉水, 지금 강서성에 있음)에서 출생하였다. 각지의 지방장관을 역임하면서 관직을 전전할 때마다 시집 한 권씩을 엮었다.

73) 염제(炎帝) : 중국 옛날 전설에서 염제(炎帝) 신농씨(神農氏)이다.

74) 무궁화 : 원문은 순화(舜華)이다. ≪시경·정풍(鄭風)·유녀동차(有女同車)≫에 "함께 수레를 탄 여인이 있어 얼굴은 어여쁜 무궁화와 같네.【有女同車, 顔如舜華】"라는 말이 있다.

먹고, 향낭을 차고 마름꽃을 먹었으며 천하의 향초와 아름다운 나무를 다 모아서 온 몸을 향기롭게 만들었다. 글을 금옥 같이 만드느라 대개 멀리는 강리(江蘺)나 두약(杜若)에서 취하나 가까이 있는 매화꽃을 내버려두었으니 어찌 우연히 그것을 빠뜨린 것인가? 아니면 매화꽃을 아직 만나지 못한 것인가?

남북의 각 제자(諸子)들, 예를 들면 음갱(陰鏗, 약 511~563), 하손(何遜, 472~519), 소자경(蘇子卿, B.C.140~B.C.60)에 이르러 시인의 풍류를 다하였다. 매(梅)는 이때부터로 꽃으로 천하에 알려지기 시작하였다. 당나라 이백(李白)과 두보(杜甫), 송나라의 소식(蘇軾)과 황정견(黃庭堅)에게 이르러 천년 후에 우뚝 솟아 천년의 세월을 거슬러 올라갔다. 마침내 바람, 달과 화초의 맹세[76]를 주관하면서 그 가운데에 매화꽃은 도리(桃李), 난혜보다 뛰어나기 시작하여 객(客)의 좌측 즉 윗자리를 차지하기 시작하였다. 대개 매화꽃의 조우가 이때보다 더 성한 것이 없었다. 그러나 빛깔이 드러날수록 용도는 더욱 감춰지고 꽃이 이로울수록 열매의 효용은 더욱 무뎌진다. 매화꽃의 첫 모습이 단정해서 이렇게 된 것인가? 옛사람이 빠뜨린 것이어서 지금 사람이 만난 것이니 그렇다고 믿는가? 내 벗인 조호(洮湖, 지금의 강소성 금단현金壇縣) 진희안(陳晞顔)은 대개 급한 상황에도 반드시 매화로 인한 것이며 넘어질 때에도 반드시 매화로 인한 것이다.[77] 매화꽃을 귀히 여겨 사랑하는 것이 부족해서

---

75) 소인(騷人) : 즉, 굴원(屈原)이다.

76) 바람, 달과 화초의 맹세 : 하맹(夏盟)은 춘추전국 시대 각 제후 나라 간의 맹세이다.

77) 대개 급한 상황에도 반드시 매화로 인한 것이며 넘어질 때에도 반드시 매화로 인한 것이다 : 원문은 ≪논어·이인(里仁)≫ 중의 "군자는 밥을 먹는 동안이라도 인을 어김이 없으니, 황급한 상황에도 반드시 이에서 하며 넘어질 때에도

읊게 되고, 읊는 것도 부족해서 옛 사람들이 지은 매화 작품을 다 취하고 이어서 화답했으며 한 편을 나에게 보내주며 말하기를: "예로부터 이러한 시는 이미 800편이 되었는데 천 편을 안 채우면 내가 그치지 않겠다."고 하였다.

그림 29. 향기 가득한 매화꽃

내가 그것을 읽어보고 나서 놀라 말하기를: "또한 어찌 성대하지 않은가? 풍성하나 기이하지 않으면 또한 범상한 것이 될 것이니 또한 어찌 기이하지 않은가?"고 하였다. 내가 일찍이 음갱(陰鏗)의 시에서 말한 것을 좋아하였다. "꽃이 피었으나 눈 아직 나부끼고 햇볕 비쳐도 다 녹지 않네. 【花舒雪尚飄 照日不俱銷】"[78]라고 하였다. 소자경(蘇子卿)이 말하기를: "다만 꽃을 눈이라고 말하나 향기 온 것을 깨닫지 못하네. 【祇言花是雪 不悟有香來】"[79]라고 하였다. 당나라 사람 최도융(崔道融)의 시에서 말하기를: "향기 속에 별다른 운치가 있어 극히 맑아서 추운 줄도 몰랐네. 【香中別有韻 淸極不知寒】"[80]라고 하였

반드시 이에서 한다. 【君子無終食之間違仁, 造次必於是, 顚沛必於是.】"라는 구절에 나온다.

78) 음갱이 지은 이 시의 전체 내용은 다음과 같다. 〈雪里梅花詩〉 春近寒雖轉, 梅舒雪尚飄。從風還共落, 照日不俱銷。葉開隨足影, 花多助重條。今來漸異昨, 向晩判勝朝。

79) 소자경이 지은 이 시의 전체 내용은 다음과 같다. 〈梅花落〉 中庭一樹梅, 寒多葉未開。祇言花是雪, 不悟有香來。上郡春恒晩, 高樓年易催。織書偏有意, 敎逐錦文回。

다. 이 세 사람은 어찌 성긴 그림자와 그윽한 향기라는 구절을 두려워하겠는가?

희안(晞顔)의 시에서 말하기를: "매화와 맑지만 매화나무 앞에 있어야 맑네. 매화와 있어 향기롭지만 매화나무 뒤에 있어야 향기롭네.【同梅而清 清在梅前 同梅而馨 馨在梅後】"고 하였다. 이 시구는 세 사람과 비교하면 이른바 "천리의 땅을 갖고도 남을 두려워했다는 것을 들어본 적이 없습니다."[81]」고 말하는 경우에 해당된다.

【**宋·楊萬里〈和梅詩序〉** 梅肇於炎帝之經, 著於 < 說命 > 之《書》, 召南之《詩》。然以滋不以象, 以實不以華也, 豈古之人皆質, 而不尚其華歟? 然華如桃李, 顏如舜華, 不尚華哉? 而獨遺梅之華, 何也? 至楚之騷人, 飲芳而食菲, 佩芳馨而食葩藻, 盡掇天下之香草嘉木, 以苾芬其四體。而金玉其言語文章, 盡遠取江蘺、杜若, 而近捨梅, 豈偶遺之歟? 抑梅之未遭歟? 南北諸子, 如陰鏗、何遜、蘇子卿, 詩人之風流, 至此極矣。梅于是時始以花聞天下。及唐之李、杜, 本朝之蘇、黃, 崛起千載之下, 而躪藉千載之上, 遂主風月花草之夏盟, 而於其間始出桃李蘭蕙而居客之左。蓋梅之有遭, 未有盛于此時者也。然色彌章用彌晦, 花彌利實彌鈍也。梅之初服, 豈其端使之然哉! 前之遺今之遭信然歟? 余友洮湖 陳晞顏, 蓋造次必於梅顛沛必於梅者也。嘉愛之不足, 而吟咏之, 吟咏之不足, 則盡取古人賦梅之作而賡和之, 寄一編以遺予曰, "從古此詩已八百篇矣, 不盈千篇, 吾未止也。" 予讀之而驚曰, "抑何豐耶? 豐而不奇, 則亦常耳, 抑何奇耶!"

---

80) 최도융이 지은 이 시의 전체 내용은 다음과 같다. 〈梅花〉 數萼初含雪, 孤標畫本難。香中別有韻, 清極不知寒。橫笛和愁聽, 斜枝倚病看。朔風如解意, 容易莫摧殘。

81) 원문 "未聞以千里畏人者也"는 ≪맹자·양혜왕하(梁惠王下)≫에서 나온 말이다.

余嘗愛陰鏗詩云, "花舒雪尚飄, 照日不俱銷。" 蘇子卿云, "祗言花是雪, 不悟有香來。"唐人崔道融詩云, "香中別有韻, 清極不知寒。" 是三家者, 豈畏 "疎影暗香" 之句哉! 晞顔之詩, "同梅而清, 清在梅前。同梅而馨, 馨在梅後。" 其於三家, 所謂未聞以千里畏人者也。】

【증보增補】

장자(張鎡)[82]의 <매품서(梅品序)>에 「매화꽃은 천하에 신묘하고 기이하게 여겨지는 데 특히 시인들이 몹시 좋아한다. 순희(淳熙) 1149년에 나는 남호(南湖) 물가에 있는 조(曹) 씨의 거친 남새밭을 얻었으며 고매(古梅) 수십 그루가 있어 이에 땅 10묘를 취하여 옮겨 심고 행렬을 이루었다.

그림 30. 위환명魏煥明 종이에 수묵화

서호(西湖) 북쪽 산의 다른 밭에 있는 홍매(紅梅)를 더 가졌다 와서 총 300여 그루가 되었으니 그 곁에 대청 몇 칸을 지었다. 또한 방 두 칸을 들였으며 동쪽에는 천엽상매(千葉緗梅)를 심고, 서쪽에는 홍매(紅梅)를 심었으니 각자 일이십 그루 정도였다.

앞에 마루의 기둥을 두니 대청 몇 칸과 같으며 꽃이 필 때 그 가운데에서 머물러 숙박하니 옥과 같아 고결하고 빛이 나서 밤에는 마

82) 장자(張鎡) : 남송 성기(成紀) 사인(詞人)으로 자는 공보(功甫)이며 호는 약재(約齋)이다. 임안(臨安, 지금의 절강성 항주)에 거주하였다. 저서에 『남호집(南湖集)』 10권과 『사학규범(仕學規範)』 40권이 있다.

치 달을 마주하는 것과 같으므로 옥조(玉照)라 불렀다. 다시 시냇물을 개척하여 두르게 하고 작은 배로 가고 오니 일찍이 반달 동안 안에서 떠나간 적이 없었다. 이로부터 객(客) 중에 계은(桂隱)을 유람하는 자가 있다면 꼭 구경하러 가는 것을 구하겠다. 근자에 태보(太保) 주병균(周秉鈞) 익공(益公)은 내가 일찍이 지은 동쪽 누각에 앉아 있다가 나를 돌아보며 말하기를:

"노 한 번만 저으면 꽃길 10리를 바로 가니　　一棹徑穿花十里
온 성 가득 이처럼 좋은 풍광은 없네."　　滿城無此好風光

고 하였다. 대개 내 옛 시문 중의 결구이니 많은 객들이 서로 기뻐하고 아름답게 여겼으며 인하여 옥조(玉照)를 유람하는 자가 있다면 반드시 이것을 구경하러 가는 것을 구하겠다. 몹시 추운 봄에 꽃을 머무르게 하고 맹월(孟月)[83]이 지나서 성하기 시작하며 유명한 사람이나 재능이 있는 선비들이 끊임없이 제영하니 역시 이 꽃을 저버리지 않는다고 말할 수 있다.

그러나 꽃이 곱고 빼어나나 기후로 맑고 아름답게 만든 것이 아니라면 감상하기 마땅하지 않다. 또한 운치를 드러내면서 외롭고 독특해서 굴원(屈原)이나 백이(伯夷)와 숙제(叔齊)[84]와 같으니 차

---

83) 맹월(孟月) : 한 해는 봄, 여름, 가을, 겨울 4개 계절로 나뉘어 있고, 매 계절의 첫 번째 달은 즉 맹월이다. 맹삭(孟朔), 맹춘(孟春), 맹하(孟夏), 맹추(孟秋), 맹동(孟冬)을 포함한다.

84) 굴원(屈原)이나 백이(伯夷)와 숙제(叔齊) : 원문은 "三閭首陽二子"이다. 삼려(三閭) : 초(楚)나라의 관직명이다. 왕족의 삼성(三姓)을 통솔하는 직책으로 굴원이 관직에 있어서 여기서 굴원을 지칭한 말이다. 수양(首陽) : 산의 이름이다. 전해오기로는 백이, 숙제가 은거한 곳이다. ≪논어·계씨(季氏)≫ 중에 "백이, 숙제가 수양산

라리 산이나 강물에 말라 죽어도 기꺼이 머리를 숙이고 숨을 죽여서 세속에 물들려고 하지 않는다. 간혹 몸으로 가까이하고 자태가 사랑스러우면서도 이 마음이 냉담해서 깨닫지 못하는 경우가 있고, 심지어 주위를 더럽히면서도 스스로 헤아리지 못하는 자도 있다. 비록 꽃이 객(客)을 사모하지만 우리 마음속이 공하하다면 거의 꽃이 부르짖는 것이 원망함에나 맞을 뿐이니, 다만 깊이 개탄할 뿐만이 아니다.

그러므로 그 성질과 본성을 살피면서 권면하고 보호하는 대책으로 삼을 바를 생각하는데 무릇 몇 달을 거쳐서 얻게 될 것이다. 지금 꽃에 걸맞은 것, 꽃이 미워하는 것, 꽃이 영총(榮寵)을 받는 것, 꽃이 모욕(侮辱)을 받는 것, 네 가지 일로 나누어서 총 58항목을 지어 대청에 걸어놓으며 온 자로 하여금 다소 경계하게 하고, 또 사람들에게 매화꽃의 귀함만 알고 사랑하고 공경하지 못하는 사람에게 보여주고자 한다. 가령 내 말은 널리 사람의 입에 오르내릴 만큼 퍼뜨린다면 또한 장차 부끄러운 기색이 있을 것이다.」라 하였다.

그림 31. 눈 속에 피어 있는 매화꽃

【張鎡〈梅品序〉梅花爲天下神奇, 而詩人尤所酷好。淳熙歲乙巳, 予得曹氏荒圃於南湖之濱, 有古梅數十, 爰輟地十畝, 移種成列。增取西湖北山別圃紅梅, 合三百餘本, 築堂數間以臨之。又夾以兩室, 東

에서 굶어죽었고 백성들이 오늘까지 그들을 칭송하고 있다.【伯夷、叔齊, 餓於首陽之下, 民到於今稱之。】"라고 한다.

植千葉緗梅, 西植紅梅, 各一二十章。前爲軒楹, 如堂之數, 花時居宿其中, 環潔輝映, 夜如對月, 因名曰玉照。復開澗環繞, 小舟往來, 未始半月捨去。自是客有遊桂隱者, 必求觀焉。頃者太保 周益公 秉鈞, 予嘗造東閣, 坐定, 首顧予曰, "一棹徑穿花十里, 滿城無此好風光。" 蓋予舊詩尾句, 衆客相與歆豔, 于是游玉照者, 又必求觀焉。

值春凝寒, 又能留花過孟月始盛, 名人才士, 題詠層委, 亦可謂不負此花矣。但花豔並秀, 非天時清美, 不宜。又標韻孤特, 若三閭、首陽二子。寧槁山澤, 終不肎頫首屛氣, 受世俗湔拂。間有身親貌悅, 而此心落落不相領會, 甚至于污褻附近略不自揆者。花雖眷客, 然我輩胸中空洞, 幾爲花呼叫稱寃, 不特三歎而足也。因審其性情, 思所以爲獎護之策, 凡數月乃得之。今疏花宜稱, 憎嫉, 榮寵, 屈辱四事, 總五十八條, 揭之堂上, 使來者有所警省, 且示人徒知梅花之貴而不能愛敬也。使與予之言傳布流誦, 亦將有愧色云。】

범성대(范成大)의 <매보·전서(梅譜·前序)>에「매화가 천하에 으뜸가는 꽃이라는 것에 대해서는 지혜로운 사람이나 어리석은 사람, 어진 사람이나 어질지 못한 사람을 불문하고 다 이의가 없다. 원예를 배우는 선비들이 꼭 매화를 먼저 심고 또한 매화가 많은 것을 좋아한다. 다른 꽃이 있는지, 얼마나 있는지 조금이라도 중요하게 여겨지지 않는다.

나는 석호(石湖) 옥설파(玉雪坡)에 매화 몇 백 그루를 가지고 있으니 근년에 집 남쪽에 왕 씨가 세낸 70칸을 사서 다 허물어뜨리고 다스려서 범촌(范村)으로 만들면서 그 3분의 1의 땅에 매화를 심었다. 오하(吳下)[85]에서는 매화를 재배하는 것이 특히 성해서 그 품종이 다양하다. 지금 비로소 모든 품종을 다 얻었으며 얻은 바를 따라 보(譜)로 만들어 호사자에게 남기고자 한다.」라 하였다.

【**范成大 〈梅譜·前序〉** 梅天下之尤物。無問智愚賢不肖，莫敢有異議。學圃之士，必先種梅，且不厭多。他花有無多少，皆不係重輕。余于石湖 玉雪坡旣有梅數百本，比年又於舍南買王氏僦舍七十楹，盡拆除之，治爲范村，以其地三分之一與梅。吳下栽梅特盛，其品不一。今始盡得之，隨所得爲之譜，以遺好事者。】

범성대(范成大)의 <매보·후서(梅譜·後序)>에 「매화는 운치가 뛰어나고 격조가 높으므로 옆으로 비스듬하고 성기고 마르고 늙은 가지의 기이한 것을 귀하게 여긴다. 그 새롭게 접목한 어린 나무는 한 해 안에 여린 가지를 뽑아 위로 곧게 자라나며, 혹은 3, 4척 정도 돼서 도미(酴醾)[86]나 장미와 비슷하니 소주 지역에서는 기조(氣條)[87]라 부른다. 이는 실용과 이익을 꾀하는 것일 뿐이고 이른 바 운치와 격조가 없다. 또 한 다른 한 품종은 나뭇가지에 짧은 곁가지가 나며 모양이 가시나무와 같고 꽃이

그림 32. 위환명魏煥明, 종이에 수묵담채

85) 오하(吳下) : 소주 지역을 가리킨다.

86) 도미(酴醾) : 꽃 이름으로 빛깔이 술과 비슷해서 유(酉) 변방(偏旁)을 따라 써서 지어진 이름이다. 섬서성(陝西省) 진령 산맥 남쪽 언덕 및 호북성(湖北省), 사천성(四川省), 귀주성(貴州省), 운남성(雲南省)에서 나온다.

87) 기조(氣條) : 원예학에서는 '줄기만 자란다.【徒長枝】'라고 하며, 식물이 줄기만 자라고 꽃이 피지 않거나 열매를 맺지 않는 것을 가리킨다.

빽빽하게 나 있어 뛰어난 품종이 아니다.

근세에 묵매를 그리기 시작하면서 강서(江西)에 양보지(楊補之)[88] 라는 사람이 특히 이름난데 그의 제자들 중에 그를 본받은 자가 참으로 많다. 양 씨의 그림을 관찰하면 대략 다 기조(氣條)일 뿐이며 비록 필법이 기이하고 거칠지만 매화와는 실제로 멀다. 오직 염선중(廉宣仲)[89]이 그린 것은 약간 풍격과 운치가 있으나 세상에 품평한 자가 드물어서 내가 이에 보(譜) 뒤에 붙여서 말한다.」라 하였다.

【**范成大〈梅譜·後序〉** 梅以韻勝, 以格高, 故以斜橫疎瘦與老枝怪奇者爲貴。其新接穉木, 一歲抽嫩枝直上, 或三四尺如酴醿薔薇輩者, 吳下謂之氣條。此直宜取實規利, 無所謂韻與格矣。又有一種, 於條上茁短橫枝, 狀如棘針, 花密綴之, 亦非高品。近世始畫墨梅, 江西有楊補之者, 尤有名, 其徒倣之者實繁。觀楊氏畫, 大畧皆氣條耳, 雖筆法奇峭, 去梅實遠。唯廉宣仲所作, 差有風致, 世鮮而有評之者, 余故拊之譜後云。】

【원본原本】

명(明) 장내(張鼐)의 <고산종매서(孤山種梅序)>에 「대저 사람이 특출하면 물건도 진귀해지니 물건은 사람에 의하여 영기를 드러낸다. 예전부터 지금까지 풍광은 끝이 없고 경치가 변하였으나 사람은 변

---

88) 양보지(楊補之) : 즉, 양무구(楊無咎)이다. 1097~1171. 자는 보지(補之)이며 임강(臨江) 청강(淸江, 지금의 강서성 장수樟樹)사람이다. 송나라 사인이자 서화가이며, 특히 묵매(墨梅)에 뛰어났다.

89) 염선중(廉宣仲) : 즉, 염포(廉布)이다. 1092~?. 자는 선중(宣仲)이며 초주(楚州) 산양(山陽, 지금의 강소성 회안淮安)사람이다. 송나라 화가이며 산수화를 좋아하였고 특히 고목(枯木)·총죽(叢竹)과 기석(奇石)·송백(松柏)에 뛰어났다.

하지 않는다. 감흥이 모이면 항상 새롭게 바뀌니 앎이 보완되어야 완벽하게 될 수 있다. 모자람이 없어도 만족하지 않으니 누가 대자연의 것이 아닌가?

그림 33. 고산에 핀 매화꽃

물빛과 산 빛이 눈앞에 스친다. 다만 저 사람들의 공로로 눈, 달, 바람, 꽃이 이 땅에 머무르게 되었다. 옛날에 고산에 숨어 사는 늙은이가 일찍이 영서(瀛嶼)에 매화를 심었으니 낮게 엎드려 수많은 가지가 한가하게 찬 산바람이 부는 달 아래에 흔들리고 있으며, 몇 매화나무가 우뚝 솟아 있어 야외 시냇물 연기 속에 계속 머물렀다. 학이 떠난 후로부터 사람이 돌아오지 않았으니 산이 비어 있고 매화 품종도 적어졌다.

유령(庾嶺)의 봄이 오랫동안 고요하면서 나부(羅浮)의 꿈[90]에도 오지 않았다. 비록 말을 달리고 수레를 몰아서 앞 둑에 있는 경치를 어지럽혔지만 어찌 은은한 향기와 성긴 그림자가 이 밤의 맑은 달빛을 저버릴 수 있겠는가? 이에 같은 모임에 있는 여러 군자는 얼음 같은 매화꽃을 점철하고 옥 같은 매화나무를 꾸미며, 해외에서 옮겨 심은 품종이 아니라도 좋은 경치가 이미 산에 모여 있다.

---

90) 나부(羅浮)의 꿈: 앞에 번역문 중에 당나라 유종원(柳宗元)의 ≪용성록(龍城錄)≫에 기록한 것으로 조사웅(趙師雄)이 나부산(羅浮山)에 가다가 소나무 숲 사이에 있는 주막에서 옅게 화장한 미인을 만나는데 함께 술집에 들어가서 술을 마시면서 이야기를 나눴다. 조사웅이 술에 취해서 잠이 들었고 동쪽 하늘이 밝아져 일어나서 보니 큰 매화나무 아래서 누워 있는 것을 알게 되었다. 좋은 날이 오래 가지 않는다는 뜻이다. 혹은 인생은 꿈과 같다는 뜻이다. 후에 매화를 대신 지칭하기도 한다.

그림 34. 오초광吳楚光, 종이에 수묵담채

바위틈에 물을 대서 옥 같은 용이 생겼으니 산산이 흩어져 있고 굽어보고 쳐다보며, 산골짜기 물가 작은 흙무더기에 흰 봉새가 깃들어 가로 비낌을 넓게 늘어놓는다. 그윽한 마음으로 여윈 골격에 고운 나무를 부축하니 쓸쓸한 풍취와 심어진 찬 나뭇가지가 함께 아득하게 보인다.

서령(西泠) 다리 근처에 다시 현포(玄圃)[91]를 개척하여 맑은 강물에 비추며 육일(六一, 즉 구양수歐陽脩) 샘물터에 화려한 궁전을 세워서 밝은 달을 맞이한다. 오직 바람과 서리가 동반하는 것만 빌려서 언덕에 있는 꽃, 강가에 있는 버드나무와 함께 풍광을 다투는 것이 아니다. 또한 장차 산과 못의 수척함을 남겨서 시냇물을 마시고 산속에 은거하는 것은 활기가 생기게 하겠다.

만일 고인(高人)은 지팡이를 붙들고 돌을 쓸면서 딱 ≪역경(易經)≫ ≪설(說)≫ ≪시경(詩經)≫을 읽으려던 참이며, 만약 운치 있는 선비가 술을 싣고 술잔을 주고받는다면 또한 바람을 읊고 달을 감상할

---

91) 현포(玄圃) : 전설에는 중국 곤륜산(崑崙山) 위에 선인이 있는 곳이라고 한다.

만하다. 천고의 뛰어난 곳에 적막을 넘치지 않게 하고 여섯 둑 가경(佳境)을 다하여 포함시켰는데 어찌 오로지 은거한 선비의 공로인가? 또한 파선(坡仙)[92]의 뛰어난 벗이라고 한다. 나는 호수 위에서 뜻대로 유람하면서 외로운 자취를 추억하는데 달 아래의 당나귀를 채찍질하고 산속에 누가 주인이냐고 물어보려하니 (내가) 구름 사이에 있는 학을 가리킨다. 정자 옆에 있는 꽃가지 몇 개를 보러 왔으니 이에 즐겁게 그 아름다운 그림을 서술하고, 이 일을 좋아하는 자들에게도 남기고자 할 뿐이다.」라 하였다.

【**明·張鼐〈孤山種梅序〉** 夫人標物異, 物借人靈。古往而今自來, 風光無盡, 景遷而人不改。興會常新, 是知有補斯完。無虧不滿, 誰非造化？轉水光山色于眼前。緊彼人功, 留雪月風花于本地。維昔孤山逸老, 曾于瀛嶼栽梅, 偃伏千枝, 淡蕩寒嵐之月, 崚嶒數樹, 留連野水之烟。自鶴去而人不還, 乃山空而種亦少。庾嶺之春久寂, 羅浮之夢不來。雖走馬征輿, 鬧前堤之景色, 奈暗香疎影, 辜此夜之清光？是以同社諸君子, 點綴冰花, 補苴玉樹, 種不移於海外, 勝已集乎山中。灌巖隙而長玉龍, 紛披偃仰, 疊澗湄而棲白鳳, 布置橫斜。幽心扶瘦骨同妍, 冷趣植寒枝共遠。西泠橋畔, 重開玄圃印清波, 六一泉邊, 載起瓊樓邀皓月。非惟借風霜之伴, 與岸花江柳鬬風光。亦將留山澤之臞, 令溪飲巖居生氣色。倘高人扶笻掃石, 正堪讀《易》、《說》、《詩》, 若韻士載酒飛觥, 亦足吟風弄月。使千古勝場, 不渝寂寞, 將六堤佳境, 盡入包羅, 豈獨處士之功臣？抑亦坡仙之勝

92) 파선(坡仙) : 소식(蘇軾)을 가리킨다. 북송의 시인·산문작가·예술가·정치가로서 자는 자첨(子瞻)이고 호는 동파거사이다. 흠모하는 사람들이 그를 파선(坡仙)이라고 부른다.

友。余薄遊湖上，緬想孤踪，策月下之驢，爲問山中誰是主，指雲間之鶴。來看亭畔幾枝花，爰快述其良圖，用同貽于好事云爾。】

| 설說 |

【원본原本】

그림 35. 위환명魏煥明, 종이에 수묵담채

송(宋) 양동산(楊東山)의 <매화설(梅花說)>에 「≪역경≫에서 이르기를 : "건(乾)은 하늘이다."고 한다. 선배들은 건과 하늘이 다르다고 논하였는데 하늘이란 게 건의 형체이고, 건이란 게 하늘의 성정(性情)이라고 하였다. 나는 하나를 보고 생각해보니 건과 하늘만 다른 것이 아니고 사물마다 형체와 성정이 없는 것이 없다.

임포가 매화를 읊기를 : "성긴 그림자 비스듬히 누웠고 물은 맑고 얇네."라고 한 두 구절은 매화 외형을 묘사한 것으로 매화의 형체이다. "눈 온 후 원림에 매화나무가 반만 피네."라는 두 구절은 매화를 묘사하는 데 매화의 진수(眞髓)를 전한 구절로 매화의 성정이다. 매화의 형체를 묘사하는 것은 실물의 모양을 있는 그대로 그려낸다고 할 수 있고, 매화의 성정을 전하는 것은 진수(眞髓)를 전한 것이다.」라 하였다.

【宋·楊東山〈梅花說〉≪易≫ 曰, "乾爲天。"前輩論乾與天異, 謂天者乾之形體, 乾者天之性情。某因觸類而思之, 不但乾與天異而已, 事事物物, 莫不皆有形體性情。林和靖咏梅, "疎影橫斜水淸淺"二句, 此爲梅寫眞之句也, 梅之形體也。"雪後園林纔半樹"二句, 此爲梅傳神之句也, 梅之性情也。寫梅形體, 是謂寫眞, 傳梅性情, 是爲傳神。】

| 문文 |

【원본原本】

남송 주지한(周之翰)의 <열매문(爇梅文)>에

추워서 구리 병을 안으며 매화가지 얼어 피지 않으니 寒勒銅甁凍未開
남쪽 가지 봄에 끊겨서 돌아오지 않겠네. 南枝春斷不歸來
이번에는 이운몽(梨雲夢)[93] 속에 들어가지 마시게 這回勿入梨雲夢
도리어 꽃다운 마음을 사그라진 재로 만들었다. 却把芳心作死灰
삼가 지로(地爐) 속에 계신 처사인 매(梅)선생님은 恭惟地爐中處士梅先生
나부(羅浮)에서 나왔고 生自羅浮
유령(庾嶺)에는 갈라졌으며 派分庾嶺
외형이 마른 나무 같으니 形如枯木
위엄해서 여윈 산천과 같네. 稜稜山澤之臞

93) 이운몽(梨雲夢) : 허황한 꿈 세계이다. 당나라 왕건(王建)이 꿈에서 구름이나 눈과 같은 배꽃(梨花雲)을 봤다는 전고에서 나온 것이다.

살갗이 엉겨진 기름 같으니　膚若凝脂

늠름해서 얼음서리의 지조와 같네.　凜凜冰霜之操

봄에는 우두머리로 백화 위에 있으며　春魁占百花頭上

추운 겨울에는 삼우도 속에 자리를 잡는다.　歲寒居三友圖中

옥당(玉堂)이든 모사(茅舍)든 본디 마음이 없으나　玉堂茆舍本無心

금정[94]이나 상갱[95]이나 열매를 맺는 것만 바랬다.　金鼎商羹期結果

뜻밖에 도인(道人)에게 붙잡혔더니　不料道人見挽

색깔 있는 뿌리를 떠나게 되었다.[96]　便離有色之根

쯧쯧, 어찌 얼음과 서로 업신여겼는가?　夫何冰氏相凌

갑작스럽게 화서지국(華胥之國)[97]으로 돌아가 버렸다.　遽返華胥之國

옥 같은 골격으로 화로를 안고 쬐게 해도 깨어나지 않으며

玉骨擁爐烘不醒

깊은 영혼이니 조기(弔旗)로[98] 불러오기가 어렵다.　深魂剪紙竟難招

---

94) 금정(金鼎) : 즉, 구정(九鼎)이다. 전설에 의하여 하나라(夏) 때 구정(九鼎)을 만들어 국가 보물로 받들었다. 후에 국정을 보좌하는 대신을 비유하여 이르는 말이다.

95) 상갱(商羹) : 상나라(商) 재상인 이윤(伊尹)이 금정(金鼎)으로 국을 냈다는 전고로 치국하는 것을 비유하여 이르는 말이다. 이윤(伊尹)은 공상(空桑) 사람으로 이름은 이(伊), 혹은 지(摯)이다. 하(夏)나라 말기 상(商)나라 초기의 정치가이자 군사가, 사상가, 요리사이다. 윤(尹)은 우상(右相)의 벼슬을 뜻한다.

96) 색깔 있는 뿌리를 떠나게 되었다: 여기서 사람들이 숭상하는 것은 실물 매화에서 묵매로 바뀐다는 뜻이다.

97) 화서지국(華胥之國) : 먼 옛날 중국 최초의 성천자(聖天子)로 알려진 황제(黃帝, 즉, 공손헌원公孫軒轅, B.C.2717~B.C.2599)가 낮잠을 자다가 꿈에 화서(華胥)라는 나라의 선정(善政)을 보았다는 고사에서 유래한 것으로 아름다운 꿈을 비유하여 이르는 말이다. ≪열자(列子)·황제편(黃帝篇)≫에서 나온다.

98) 깊은 영혼이니 조기(弔旗)로 : 원문은 "深魂剪紙竟難招"이다. 종이를 오리고 조기(弔旗)를 만들어 죽은 자의 영혼을 불러오는 것을 이르는 말이다.

종이 장막 안에 밤이 길다했더니	紙帳夜長
여전히 향기를 찾는 꿈을 꾸었다.	猶作尋香之夢
대나무 창문 밖에 달이 맑고	筠窗月淡
또한 매화 그림자가 드리울 때에	尙疑弄影之時
돌이나 쇠처럼 굳은 마음을 가진 송광평[99]이라도	雖宋廣平鐵石心腸
정을 잊었으면 얻지 못하겠네.	忘情未得
화광(華光)[100]의 늙은 단청 솜씨를 빌리고	使華光老丹青手段
본떠 해도 진함을 못 찾겠다.	摸索未眞
시들어 떨어진 한 가지의 꽃을 원망하느니	卻怨零落一枝春
차라리 화로에 집어던져[101] 삼매화[102] 되어 더 좋겠네.	好與茶毗三昧火
꽃을 아끼는 군자는	惜花君子
아직 이 조그만 향혼[103]이	還道這一點香魂

99) 송광평(宋廣平) : 즉, 당나라 송경(宋璟)이다. 663~737. 당나라 때 5개 왕조를 섬겼고 문장력이 뛰어났고 강직한 정치가이자 명재상으로 이름을 남겼다. 그는 「매화부(梅花賦)」를 지은데 당나라 피일휴(皮日休, ?~880)에 의해 「매화부병서(梅花賦并序)」에서 송경의 돌처럼 단단하고 쇠처럼 굳은 마음을 표현한 "철장석심(鐵腸石心)"이란 용어가 최초로 송경과 연관 지어 사용되었다.

100) 화광(華光) : 북송 화가이자 고승(高僧)인 중인(仲仁)이다. 회계(會稽, 지금 절강성浙江省 소흥紹興) 사람으로 형주(衡州, 지금 호북성湖北省 형양衡陽) 화광산(華光山)에서 거주했고 호는 화광장노(華光長老)이다. 매화를 잘 그렸는데 수묵을 써서 묵매를 처음으로 시작했으며 ≪화광매보(華光梅譜)≫를 지었다.

101) 원문은 다비(茶毗)로 나온다. 다비(茶毗), 범어(梵語)Thapita의 음역(音譯)으로서 화장(火葬) 또는 사망을 뜻한다.

102) 삼매화(三昧火) : 삼매란 범어 '사마디(Samadhi)'의 역어로서 '고정되다', '정해지다'의 뜻을 가지고 있다. 보통 한 가지에 집중하여 흩어짐이 없는 정신상태를 가리킨다. 삼매화란 삼매의 수양을 쌓은 사람의 몸 안에서 돌고 있는 기운이며 진화(眞火)라고 부르기도 한다.

103) 향혼 : 꽃의 정기(精氣).

지금 어디 있다고 물어보네. 今在何處
아, 밝게 빛나면서 동쪽 바람 뒤쫓아 흩어지지 않고 咦, 烱然不逐東風散
고산(孤山) 물과 달 속에만 있구나. 只在孤山水月中

라 하였다.

【**周之翰〈爇梅文〉**寒勒銅缾凍未開, 南枝春斷不歸來, 這回勿入梨雲夢, 却把芳心作死灰。恭惟地壚中處士梅先生, 生自羅浮, 派分庾嶺, 形如枯木, 稜稜山澤之臞, 膚若凝脂, 凜凜冰霜之操, 春魁百花頭上, 歲寒居三友圖中, 玉堂茆舍本無心, 金鼎商羹期結果, 不料道人見挽, 便離有色之根, 夫何冰氏相凌, 遽返華胥之國, 玉骨擁爐烘不醒, 深魂剪紙竟難招, 紙帳夜長, 猶作尋香之夢, 筠窗月淡, 尚疑弄影之時, 雖宋廣平鐵石心腸, 忘情未得, 使華光老丹青手段, 摸索未眞, 却怨零落一枝春, 好與茶毗三昧火, 惜花君子, 還道這一點香魂, 今在何處, 咦, 烱然不逐東風散, 只在孤山水月中。】

그림 36. 얼음 속에 피어 있는 매화꽃

그림 37. 오초광吳楚光, 종이에 수묵담채

| 전傳 |

【원본原本】

원(元) 왕면(王冕)의 <매화전(梅華傳)>에「선생님의 성씨는 매(梅)이고 이름은 화(華)이고 자는 괴(魁)이니 어디 사람인지 모르겠지만 혹은 염제(炎帝)[104] 때에 나왔다고 한다. 그 조상이 맛으로 상나라(商)에 청하였는데 고종(高宗)[105]은 곧 불러서 함께 이야기해 보며 크게 기뻐서 말하기를: "만약 국 맛을 내려면 오직 소금과 매실뿐이다."고 하였다. 그래서 매(梅)에게 식채(食采)[106]를 주었고 성씨를 하사하였다. 매는 성씨가 있는 것은 여기로부터 시작되었다.

은(殷)나라 주왕(紂王)에 이르러 매백(梅伯)[107]이 직언(直言)으로써 달기(妲己)[108]를 간하므로 해(醢)[109]를 당했으며 종족들은 마침내 숨었다. 주(周)나라에 들어와서 표유(摽有)[110]라는 자가 벼슬을

104) 염제(炎帝) : 전설에서 상고시대(上古時代) 강(薑)씨 부족 수장의 존칭으로부터 나온 것이라고 말한다.

105) 고종(高宗) : 즉 무정(武丁)이다. 재위기간, B.C.1250~B.C.1192. 상(또는 은)나라의 왕으로 훗날 묘호(廟號)를 고종(高宗)이라 한다. 성은 자(子)이고 이름은 소(昭)이다.

106) 식채(食采) : 제왕이 봉해 준 토지 혹은 도성이다.

107) 매백(梅伯) : 상(商)나라 주(紂)임금 때의 사람으로 제후(諸侯)로 있었다. 사람됨이 정직하여 여러 차례 간언(諫言)을 올려 주임금의 과오를 지적했는데, 화가 난 주(紂)임금에게 살해당하였다.

108) 달기(妲己) : 은나라 주왕(紂王)의 총비(寵妃)이다. 주왕이 유소(有巢)씨를 정벌하려 하자 유소씨가 달기라는 여자를 바쳤는데 미색이 뛰어나 그녀의 말이라면 다 들어주었다. 기(己)는 성씨이며 이름은 달(妲)이다.

109) 해(醢) : 옛날 가혹한 형벌의 하나로 사람을 죽인 후 잘게 저며 썰어 젓갈을 담는다.

하여 관직에 나아가기 시작하면서 그 행실이 ≪시경≫에 나타나 30여 세대를 이었다.

한나라 성제(成帝)[111] 때에 매복(梅福)[112]은 문학으로써 남창위(南昌尉)를 맡았는데 글을 올려 조정의 일을 건의했으나 받아들이지 않으므로 또한 떠나 숨었으며 이름을 바꿔 오시(吳市)에 있는 문졸(門卒)[113]이 되었다고 한다. 이로부터 자손들이 흩어져 살면서 많이 드러나지 않았다.

서한(西漢) 말기에 녹림(綠林) 비적(匪賊)들이 일어나자 대림(大林)에 피하게 되었으며 대장군인 조조(曹操)가 군대를 데리고 행진하다가 길을 잃었고 군사들이 심히 목말라서 매(梅)씨를 만나고자 하였다.

매(梅)는 친족들을 모아서 의논하며 말하기를 : "노만(老瞞)[114]이

---

110) 표유(摽有) : 매화 열매가 떨어진다는 뜻이다. 여자의 혼기(婚期)가 지나가 버린다는 뜻이다. <시경(詩經)·소남(召南)·표유매(摽有梅)>에서 나온 것이다. "떨어지는 매실 남은 것은 일곱 개, 나를 바라는 도련님은 어서 이 좋은 때에"【摽有梅 其實七兮 求我庶士 迨其吉兮】라고 한다.

111) 성제(成帝) : 유오(劉驁). 기원전 52~기원전 7. 전한의 제11대 황제이다. 자는 태손(太孫)이며 원제(元帝)의 맏아들이다. 즉위한 뒤 주색(酒色)에 빠져 가희(歌姬) 조비연(趙飛燕)을 총애하고 황후로 삼았다.

112) 매복(梅福) : 자는 자진(子眞)이며 구강군(九江郡) 수춘(壽春, 지금 안휘성安徽省 수현壽懸) 사람이다. 서한(西漢) 말년에 외척인 왕씨가 정권을 장악하고 한나라 성제(成帝) 영시(永始) 원년(B.C. 16) 황태후의 조카인 왕망(王莽)이 신도후(新都侯)에 봉해지며 조정은 부패하고 백성으로부터의 원성이 각지에 일어났다. 국가와 백성을 근심하던 매복(梅福)은 일개 현위(縣尉)의 말단 관직임에도 불구하고 여러 차례 조정에 정사가 잘못되고 있음과 왕씨의 전횡을 풍자하는 상소를 올렸다. 그러나 오히려 살해당할 뻔해서 관직을 그만두고 떠났다.

113) 문졸(門卒): 대궐(大闕)이나 성의 문을 지키던 병졸(兵卒)이다.

114) 노만(老瞞) : 삼국 위(魏)나라 조조(曹操)의 아명은 아만(阿瞞)이며 후에 노만(老

한(漢)나라의 황위[115]에 침을 흘리니 사람들은 그가 바르지 않다고 여기며, 우리 집안은 대대로 청백하니 삼가 그와 말을 하지 마시오."라고 하였다. 결국 숨어서 나오지 않았다.

그림 38. 오초광吳楚光, 종이에 수묵담채

그 이후로 잇달아 잎이 났고 잎에서 꽃받침이 났고 꽃받침에서 꽃술이 났고 꽃술에서 꽃이 나니 곧 선생님이시다. 선생님은 사람됨이 뛰어나고 깨끗하며, 겉으로는 아름답고 속으로는 투명하며, 옥처럼 풍진(風塵)에 솟아 있는 모습이 표연해서 진정한 신선 무리에 있는 사람과 같다. 거주한 곳이 둘러싸인 담이든 대나무 울타리와 초가집이든 똑같이 깨끗하니 그 거처를 지나간 자가 꼭 배회하면서 거기를 가리키며 말하기를: "여기가 매 선생님의 거처이니 자르지 말고 베지 마십시오."라고 하였다. 시냇물, 산, 바람과 달은 그와 함께 있다.

선생님은 고인(高人)이나 운치 있는 선비와의 교유를 즐기니 조래(徂徠)[116]에 있는 소나무[117], 산음(山陰)에 있는 대나무가 그

瞞)이라 불렀다.

115) 한(漢)나라의 황위: 원문 한정(漢鼎)이다.

116) 조래(徂徠): 산의 이름이다. 후에 ≪시경·노송(魯頌)·비궁(閟宮)≫에 "조래의 소나무【徂徠之松】"라고 한다. 동량지재(棟梁之材)가 자라는 큰 산을 비유하여 이르는 말이다.

117) 소나무: 원문은 십팔공(十八公)이다. '송(松)'자를 파자(破字)하여 하는 말이다. <삼국오지(三國吳志)>에서 나온다.

의 무리로 모두 추운 겨울의 벗이다. 하손(何遜)이 양주(楊州)에서 법조연(法曹掾)으로 재임했을 때 동쪽 다락을 비워서 선생님을 기다리고 있었으니 선생님은 그를 만났고 매우 친해져서 오랫동안 서로 마주하다가 시 몇 편을 남겨 놓고 돌아갔다. 선생님은 남쪽과 북쪽 두 갈래가 있어 세상에 전해진 것으로 남쪽은 따뜻하고 북쪽은 춥다 해서 대개 남쪽에 거주한 것이다.

선생님에게 자손들이 매우 많으니 맏이는 매실(梅實)이라 부르고 지조와 행실이 굳세고 단단해서 사람들은 그 아버지의 기질과 뜻을 가지고 있다고 하였다. 남경(南京) 서포(犀浦)에 거주하고 있는 자는 황(黃)씨[118]이다. 나머지 다른 종족은 범성대(范成大)의 ≪매보(梅譜)≫에 다 수록되어 있다. 태사공(太史公)이 말하기를: "매 선생님은 이 탁세에 있는 멋스럽고 고상한 선비이요. 그 맑고 준일하고 우아하고 운치가 있는 것을 보니 옛 군자들의 기질이 있구나. 저 화려하고 살찌고 아름다운 것들이 어찌 그를 더럽힐 수 있으랴?"라고 하였다. 인하여 천하 인사들이 우러르고 좋아하고 사모하는 데 어찌 헛된 것이겠는가?」라 하였다.

그림 39. 그윽한 매화꽃

【元·王冕〈梅華傳〉先生姓梅名華字魁, 不知何許人, 或謂出炎帝。其先有以滋味干商, 高宗乃召與語, 大悅, 曰, "若作和羹, 爾惟鹽梅。" 因食采於梅, 賜以爲氏。梅之有姓自此始。至紂時梅伯以直言諫妲己

---

118) 황(黃)씨: 즉, 황매(黃梅)이다. 두보(杜甫) ≪매우(梅雨)≫ 중의 "남경 서포(犀蒲) 길에 4월에 황매가 익었네.【南京犀蒲道, 四月熟黃梅】"라는 구절에서 나온다.

事被醢, 族遂隱。迨周有摽有者始出仕, 其寔行著于《詩》, 垂三十餘世。當漢成帝時, 梅福以文學補南昌尉, 上書言朝廷事不納, 亦隱去, 變姓名爲吳市門卒云。自是子孫散處, 不甚顯。漢末綠林盜起, 避地大林, 大將軍曹操行師失道, 軍士渴甚, 願見梅氏, 梅聚族謀曰, "老瞞垂涎漢鼎, 人不韙之, 吾家世清白, 愼勿與語。" 竟匿不出。厥後絫生葉, 葉生蕚, 蕚生蘂, 蘂生華, 是爲先生。先生爲人修潔灑落, 秀外瑩中, 玉立風塵之表, 飄飄然真神仙中人。所居環堵, 竹籬茅舍灑如也, 行者過其處, 必徘徊指顧曰, "是梅先生居也, 勿翦勿伐。" 谿山風月, 其與之俱。先生雅與高人韻士遊, 徂徠 十八公、山陰此君輩, 皆歲寒友。何遜爲揚州 法曹掾, 虛東閣待先生, 先生遇之甚厚, 相對移日, 留數詩而歸。先生南北兩支, 世傳南暖北寒, 先生蓋居于南者也。先生諸子甚多, 長云實, 操行堅固, 人謂其有迺父風味。居南京 犀浦者爲黃氏, 其餘別族, 具載石湖譜。太史公曰 : "梅先生翩翩濁世之高士也, 觀其清標雅韻, 有古君子之風焉。彼華腴綺麗, 烏能辱之哉。" 以故天下人士景仰愛慕, 豈虛也耶?】

명(明) 하교신(何喬新)의 <매백화전(梅伯華傳)>에 「매백화(梅伯華)의 자는 여방(汝芳)이고 대대로 장강(長江) 남쪽에 살아 왔다. 그 조상이 본디 약목(若木) 씨의 후손이니 매(梅)에게 식채(食采)를 하사하였다. 춘추 때에 다시 초(楚)나라에 속하게 되었으며 진시황(秦始皇)은 장군인 왕전(王翦)[119]을 보내서 초(楚)나라를 멸망시키라고

119) 왕전(王翦) : 전국 시대 말기 진(秦)나라 빈양(頻陽) 사람으로 진시황(秦始皇)에 의해 발탁되었다. 병사들과 동거동식(同居同食)하면서 사기를 올렸고, 조(趙)나라와 연(燕)나라를 연달아 멸망시켰다. 나중에 황명으로 군사 60만을 이끌고 초(楚)나라를 공격하여 초나라의 장수 항연(項燕)를 죽이고 초나라 왕 부추(負

했으니 결국 병사를 옮겨서 매를 정벌하여 소멸시켰다. 자손들이 강남(江南)에 흩어져 살고 있으면서 나라의 이름을 성씨로 삼으며 그들의 집이 항주(杭州)의 서호(西湖) 및 월(粵)[120]의 대유(大庾)에 있는데 종지(宗支)가 특히 번성하여 널리 퍼졌다.

백화(伯華)는 어려서부터 꾸미는 것을 좋아하고 외모와 자태가 아름답고 깨끗하며 유유자적하고 겉에 티끌 하나도 묻지 않는다. 산천에 거주하는 것을 좋아하니 소인(騷人)이나 처사(處士)와 함께 있을 때마다 샘, 돌, 구름, 산골짜기 사이에서 거닐면서 온종일 돌아오는 것을 잊으니 모른 자는 신선이라고 의심하겠다. 성품이 굳세고 강직하니 어진 선비나 어질지 못한 선비를 막론하고 모두 공경하고 소중하게 여긴다. 호사가가 혹은 그 초상을 병풍에 그리면 본 자는 경건한 마음이 생겨서 자기도 모르게 비속함이 저절로 사라졌다.

초(楚)나라 영윤(令尹)[121]인 자난(子蘭)[122], 영윤인 신자초(申子椒)[123]는 깨끗하고 뛰어남으로 자부하니 백화(伯華)에게 의지하여 사귀려고 하니 백화(伯華)가 말하기를: "너희들은 내실이 없고 겉만

雛)를 사로잡는 등 초나라를 무너뜨렸다. 이 공으로 통무후(通武侯)에 봉해졌다.

120) 월(粵) : 지금 광동성(廣東省), 광서성(廣西省) 등 지역이다.

121) 영윤(令尹) : 중국 춘추시대(春秋時代) 초(楚) 나라 때의 벼슬이름이다. 정치를 맡은 최고 관위로 상경(上卿)이라고도 한다.

122) 자난(子蘭) : 춘추시대 초(楚)나라 사람으로 회왕(懷王)의 아들이다. 일찍이 상관대부(上官大夫)를 시켜 경양왕(頃襄王)에게 굴원(屈原)을 헐뜯었고, 이 때문에 굴원은 삼려대부(三閭大夫)를 사직하고 떠나게 되었다. 여기서는 향초 이름을 가리킨다.

123) 자초(子椒) : 초회왕(楚懷王) 재위 시기의 영윤(令尹)이다. 일찍이 상관대부(上官大夫)인 근상(靳尙)과 진(秦)나라 재상인 장의(張儀)의 뇌물을 받았는데 초회왕에게 간언을 드려서 굴원(屈原)의 개혁을 배척하였다. 이로 인해 초회왕이 굴원을 멀리하였다. 여기서는 향초 이름을 가리킨다.

꾸미고 결국 아름다움을 버려서 속인을 따를 뿐이니 내 벗이 아니다."고 하였다. 능파선자(淩波仙子)[124]인 낙가번생(洛迦樊生)은 또한 우아하고 소박함으로 속세와 인연을 끊었고 백화(伯華)와 이성(異姓) 형제가 되고자 하는데 백화(伯華)가 웃으면서 말하기를: "너는 내 일체를 얻었으나 세한을 함께 보낼 수 있는 자가 아니다."고 하였다.

그림 40. 눈 속에 핀 매화꽃

재상인 송경(宋璟)은 마음이 곧바르고 본질이 굳세서 사람들을 적게 칭찬했으나, 오직 백화(伯華)를 매우 존경하므로 일찍이 부(賦)를 지어 그 아름다움을 읊었다. 백화(伯華)가 그것을 보고 나서 기뻐하지 않으며 말하기를: "사람을 아는 것은 확실히 쉽지 않도다! 나는 일찍이 송 재상의 마음이 철석(鐵石)과 같다고 여겼는데 의외로 아름다운 말을 가볍게 토하여 문군(文君)[125]과 녹주(綠珠)[126]로 나를 비유하는 데에 이르렀다. 아! 아! 내 덕을 아는 자가 드물도다."고 하였다.

---

124) 능파선자(淩波仙子): 즉, 수선화이다. 고대 중국 신화 전설 중의 인물로 물 위에 있는 아름다운 선녀라고 한다.

125) 문군(文君): B.C.175~B.C.121. 중국 고대 4대 재녀 중의 하나로 원명(原名)은 문후(文後)이다. 기원전 1세기 경 서한(西漢) 사천(四川) 임공(臨邛) 거상 탁왕손(卓王孫)의 딸로 음률(音律)에 정통하여 이름을 얻었으며 16세에 출가하였으나 몇 년 후 남편이 죽어 과부가 되었다. 후에 사마상여(司馬相如)와의 애정 미담으로 알려져 있다.

126) 녹주(綠珠): 중국 고대 저명한 미인으로 서진(西晉) 간신인 석숭(石崇)의 애첩이었다. 전설에서 녹주의 성이 양(梁)이라고 한다. 백주(白州) 박백현(博白縣, 지금 광서성廣西省 박백현博白縣 쌍봉진雙鳳鎮 녹라촌綠羅村) 사람이다.

온화한 양춘(陽春)이 오면 뭇 꽃들이 아름다움을 다투어 붉은 색을 띠고 향기로우며 푸른 덩굴이 빛나나, 백화(伯華)는 황량하고 추운 들판에도 태연하게 서 있다. 혹자가 때늦은 것으로 그를 꾸짖으며 말하기를: "대장부(大丈夫)는 대체로 때를 헤아려서 붉은 색이나 자색을 취해야 하니 홀로 적막 속에서 고생만 한다면 누가 다시 그것을 알겠는가?"고 하자 백화(伯華)가 답하기를: "성하고 시드는 것이 운명에 달려 있지만 천성이 있기 때문에 나는 내 운명을 편안하게 하고 천성을 다하는 것을 알 뿐이다. 또한 그대가 그 마지막을 보지 못하는데 세찬 바람이 불면 장차 유랑할 테니 어찌하여 거스르겠는가?"라고 하였다. 말한 자가 부끄러워하며 물러갔다.

석호(石湖) 범공(范公, 즉, 범성대范成大)은 백화(伯華)와 막역한 벗이 되어 거주하고 있는 범촌(范村)에 땅을 세내고 백화(伯華)를 불러서 친족들이 모여 살게 하였으며, 그들을 위해 보(譜)를 지어 운치와 품격의 기이함을 밝히면서 겉모습만 묘사한 자가 자세히 살피지 못한 것에 탄식하였다. 이로 인하여 백화(伯華)가 더욱더 천하에 알려졌다고 한다.」라 하였다.

【**明·何喬新〈梅伯華傳〉** 梅伯華字汝芳, 世居大江之南, 其先本若木氏之裔, 食采于梅。春秋時, 復屬於楚, 秦始皇遣將軍王翦滅楚, 遂移兵伐梅滅之。子孫散處江南, 以國氏, 其家杭之西湖, 粵之大庾者。宗枝尤蕃衍。伯華自幼好修, 丰姿芳潔, 翛然埃壒之表。好居山澤, 每與騷人處士, 徜徉泉石雲壑之間, 終日忘返, 不識者疑爲仙云。性剛介, 士無賢不肖, 皆知敬重。好事者或寫其像于屛, 見者肅然起敬, 不覺鄙吝自消。楚 令尹 子蘭、申公子椒, 以淸修自負, 願托交于伯華, 伯華曰, "若等無實而外飾終將委厥美以從俗耳, 非吾友也。" 淩波仙子 洛迦樊生, 亦以雅素絶俗, 願與伯華爲異姓兄弟, 伯華笑曰 : "若等得我一體, 非可與共度歲寒者也。" 丞相廣平 宋公, 貞心勁質, 于人少許可, 獨敬重伯華, 嘗作賦以誦其美。伯華覧之不樂, 曰 : "知人信不易哉! 吾嘗以宋公鐵石心腸, 顧乃輕吐綺語, 至以文君、綠珠況我, 噫, 知德者鮮矣。" 當陽春和煦時, 羣葩競榮, 紅香翠蔓燦如也, 而伯華恬然於荒寒之野。或以後時誚之者, 曰 : "大丈夫盍乘時取紅紫, 自苦于寂寞, 誰復知之?" 伯華曰 : "榮悴命也, 然有性焉, 吾知安吾命盡吾性而已。且子未睹其終耳, 狂飈振蕩, 彼將飄泊何所戾耶?" 言者慚而退。石湖 范公與伯華交莫逆, 買地于所居之范村, 招伯華聚族居之, 且爲作譜, 辨其韻格之異, 而歎寫眞者不察也。由是伯華益有聞於天下云。】

명(明) 홍로(洪璐)의 <백지춘전(白知春傳)>에 「백지춘(白知春)은 대유(大庾) 사람이다. 처음에 그가 성씨를 얻은 이유를 자세히 알지 못하였는데 혹자가 말하기를 : "태호(太昊) 씨의 조정 대신 중에 얼굴이 희고 깨끗하고도 분을 바른 자가 있어 임금이 그를 백랑(白郎)이라 불렀기에 이것을 성씨로 삼았다."고 하였다. 상(商)나라 고종(高宗) 때에 이르러 솥의 맛을 잘 내는 자가 있었으니 부열(傅說)[127]과 함께 재상이 되어 공업을 크게 드러냈으므로, 천하에서는 그의 이름을 중요시하게 여기기 시작하였다.

이후 종족이 번식하여 세상 곳곳에 퍼졌다. 한(漢)나라 말기에 등(鄧, 나라의 이름), 양(襄, 나라의 이름) 사이에 거주한 일가 자손들

127) 부열(傅說) : 중국(中國) 은(殷)나라 고종(高宗) 때의 재상(宰相)으로 토목(土木) 공사(工事)의 일꾼이었는데, 당시의 재상으로 등용되어 중흥(中興)의 대업을 이루었다.

이 있어 가장 번성하였다. 조만(曹瞞, 즉 조조曹操)의 군대가 지나갔을 때 매우 목말라서 구제를 받았기에 돌아오며 그들의 공을 역사에 새겨서 후세들이 그들을 칭찬하였다. 서진(西晉) 때에 화괴(花魁)라는 자가 강남(江南)의 정장(亭長, 관직 이름)이었고 육정평(陸正平, 즉, 육개陸凱)을 전사(傳舍)[128]에서 만나고 나서 사절로 장안(長安)에 간 옛 벗이 되었으며 천거로써 비서성반독(秘書省伴讀, 관직 이름)이 되었다.

그림 41. 대유령大庾嶺에 핀 매화꽃

2세 때에 이르러 비영(飛英)은 곤궁함에도 구애받지 않고 방탕을 하면서도, 그 벗의 추천으로 상림(上林) 내사(內史)가 되어 궁궐에 들어가게 되었다. 유송(劉宋, 즉, 남조송南朝宋) 수양(壽陽) 공주에게 치장을 해 주니 공주가 매우 좋아하였으며 궁중에서 다투어 본받아 뒤를 따랐다. 남조양(南朝梁) 하손(何遜)이 양주(揚州)에서 벼슬을 했을 때에 청강(淸江, 강의 이름)에서 꽃이 핀 자와 동료가 되어 날마다 함께 읊다 보니 정의가 더욱더 친밀해졌다.

당(唐)나라 송경(宋璟)은 재상이 되지 않았을 때에 백부의 동천(東川) 관사에서 "고을 사람" 한 그루를 봤더니 성품과 자태가 질박하고 의용이 예스럽고 우아해서 망년지우가 되는 것을 청하였으며

128) 전사(傳舍) : 원래 전국(戰國) 때에 귀족들이 문하 식객(食客)을 위해 숙식을 제공하는 곳이었다. 객 중에 상·중·하의 구분이 있는데 사(舍)는 전사(傳舍), 행사(幸舍), 대사(代舍)로 나눠진다. 일반적으로 행인이 휴식하여 숙박한 곳을 가리킨다.

글을 지어 칭송하였다. 이후에 구영(九英)이라는 자가 있어 백거이(白居易, 낙천樂天은 그의 자임), 원진(元稹), 두보(杜甫) 등 사람들과 서로 친하게 지내니 도성에서는 그것을 연벽(連璧)129)이라 불렀다. 구영(九英)의 딸인 경희(瓊姬)가 나부(羅浮)에 거주하면서 사윗감을 고르고자 했는데 이름난 선비인 조사웅(趙師雄)이 달밤에 그녀를 만나서 혼약을 정했으니 세상에서는 기이한 만남이라고 전해졌다.

송(宋)나라 때에 기이한 남자가 있어 임포(林逋, 화정和靖은 그의 자임)와 함께 고산(孤山)에서 은거하면서 마음이 담담하고 욕심이 없어서 권세와 이익을 잊었으니 임포가 시를 지어 그의 행실을 칭송하였으며 현재 문집 중에 실려 있다. 이어 전해지면서 묵(墨)이라 부르고 과거 시험을 통해 벼슬아치가 되기 시작하여 형주(衡州) 선덕(宣德)에 임관되었으며, 백성들에게 은혜를 베풀면서 팥배나무를 생각하는130) 선정(善政) 재능이 있었다. 병졸이 그의 초상을 그렸으니 민간에서는 그를 많이 섬기고 제사를 지냈다.

백(白)씨 중에 먼 친족이 있어 진(秦)나라 풍속131)으로 집안이 가난하고 자식이 많으므로 나누어져서 양(楊)씨에게 데릴사위로 들어갔으며 그 무리들이 특히 번성하였다. 나은 자식은 비록 생김새가

---

129) 연벽(連璧): 나란히 아름다운 옥이다.

130) 팥배나무를 생각하는: 원문 감당지사(甘棠之思)이다. 선정(善政)을 베푼 인재를 사모하는 마음이 간절함을 비유하여 이르는 말이다. 감당(甘棠): 시경(詩經)이 출전인데, 주(周)나라의 소공(召公)이 베푼 선정에 백성들이 감동하여 그가 쉬어 갔다는 팥배나무를 소중하게 받들었다고 한다.

131) 진(秦)나라 풍속: 원문 진속(秦俗)이다. 진나라 사람으로 잘 사는 집 아들들은 장성하면 곧바로 분가해 나가고, 가난한 집 아들은 장성하면 곧바로 처가살이를 해 나간다.【故秦人家富子壯則出分, 家貧子壯則出贅.】

백씨와 다르지만 기미가 비슷해서 또한 세상에 귀하게 여겨졌다.

지춘(知春)의 자는 유화(儒華)이고 형주(衡州) 10세 자손으로 태어나서부터 골격은 맑고 여위며 외모와 표정은 말쑥하고 멋스럽다. 비록 몸가짐에 신경을 쓰지 않지만 천연적인 풍격이 저절로 세속에서 드러난다. 성질이 슬기로워서 천문 현상과 역법을 추산하기를 잘하였다. 해마다 천자가 봄 책력을 반포할 때에 곧바로 먼저 그 소식을 알리기 위해 인간에 흰색을 내뱉으니 세상에서 그가 봄 절기를 아는 것으로 이름을 붙였다. 사람됨이 고고해서 진속(塵俗)과 사귀지 않으나 오직 촉(蜀)나라 사람인 엽항성(葉恒盛, 소나무의 별칭), 위(衛)나라 사람인 관약허(管若虛, 대나무의 별칭)와만 가장 오래 간 벗이 되었다.

일찍이 말하기를: "나는 비록 조정을 다스리는 데에 쓰이지 않았지만 또한 꽃 중에 으뜸가는 향기로서 천하에 칭찬을 받을 만하다." 고 하였다. 어느 날에 항성(恒盛)과 약허(若虛)가 이것을 듣고 말하기를: "내가 듣건대 지혜로운 자는 때를 놓치지 않고, 용감한 자는 형세를 잃지 않으며, 양기와 덕이 바야흐로 형통할 때에 모두는 동정과 총애를 받으려고 다투고 있다. 하지만 그대는 듣지 못한 것과 같으며, 숙살(肅殺)[132]로 뭇 꽃들이 시들어 질 때에 이르러 돌아보면서 대항한 얼굴로 홀로 나간다니 왜 그런 건가?"고 하였다. 답하기를: "내가 듣건대 자자한 명예가 있는 자는 드러난다 해도 반드시 얕게 하고 뚜렷한 명성이 없는 자는 수양한다 해도 반드시 깊게 한다고 한다. 정(鄭)나라와 위(衛)나라가 교주(交奏)할 때에 금석을 휘날리기보다는 차라리 순임금의 거문고를 타면서 홀로 부르는 것이

132) 숙살(肅殺): 쌀쌀한 가을 기운(氣運)이 풀이나 나무를 말리어 죽임.

더 나으며, 도리(桃李)가 다투어 핀 예쁜 밭에 덕행을 뿌리기보다는 차라리 난의 아름다움을 간직하여 홀로 묘사하는 것이 더 낫다. 그러므로 진(秦)나라를 피하느라 모두 상산(商山)[133]으로 갔다면 누가 한나라 조정의 소하(蕭何), 조참(曹參)이 되겠는가? 수(隋)나라에서 벼슬을 하지 않고 모두 하분(河汾)[134]으로 갔다면 누가 당(唐)나라 종실의 방현령(房玄齡), 두여회(杜如晦)[135]가 되겠는가?"고 하였다.

그림 42. 심사정, <탐매도>

당시에 그 이름을 들은 자는 당나귀를 타고 눈을 밟으면서 많이 탐방하였다. 심지어 이어진 가지까지 취하여 아이종의 어깨에 지게 하고 화려한 대청이나 조용한 방에 묵혀서 예도로 대해 준 자가 있었다. 그는 붓을

133) 상산(商山) : 진(秦)나라 말기의 동원공(東園公), 기리계(綺裏季), 하황공(夏黃公), 용이선생(用里先生) 등 이 사호(四皓)가 진(秦)나라 난리를 피하여 숨은 곳이다.

134) 하분(河汾) : 황하와 분수의 병칭이다. 수(隋)나라 때 왕통(王通)이 하분 사이에 집을 마련하고 후진을 양성하였다. 당시의 이름난 문인들이 모두 왕통의 제자 되기를 원해 모여들자, 사람들은 그들을 하분문하(河汾門下)라고 불렀다.

135) 방현령(房玄齡), 두여회(杜如晦) : 방현령, 579~648. 두여회, 585~630. 둘이 다 당나라의 명재상으로서 두여회는 당 왕조 초기의 법률제도와 인사행정을 정비하여 초기 정권의 안정에 크게 기여하였다. 역사에서는 그를 방현령과 더불어 중국 역사상 최고 전성기의 한 시기였던 '정관의 치'를 구축한 명신(名臣)으로 평가한다.

내려놓고 품평하다가 낮을 안 넘어 웃음을 거두고 떠나갔다.

지춘(知春)은 오직 숲에만 거주하고 드물게 드러나며, 어지럽고 화려한 것을 사절하였다. 매일 달고 신 것을 양조하여 제자들의 덕행과 행실을 성취시키며 선조들이 정(鼎, 즉, 국의 맛)을 낸 업적을 발양하도록 사색한다.」라 하였다.

【明·洪璐〈白知春傳〉 白知春 大庾人也。初不詳其得姓之由, 或曰, "太昊氏廷臣有貌晳而傅粉者, 帝呼爲白郎, 遂以爲姓。" 至商高宗時, 有善調鼎羹者, 同傅說爲相, 大著勳業, 天下始重其名。自後族類繁衍, 徧處海內。漢末有族子居鄧、襄間最繁盛。曹瞞師過渴甚, 獲濟, 歸而勒其功于史, 後世稱之。西晉時曰華魁者, 爲江南 亭長, 遇陸正平于傳舍, 遂爲通使長安故人, 爲薦拜秘書省伴讀。二世至飛英, 落魄不拘, 專事放蕩, 其友薦爲上林 內史, 得入宮禁。爲劉宋壽陽公主飾妝, 公主甚喜, 宮中爭效慕之。梁何遜官揚州, 與清江盛開者爲僚寀, 日共賡吟, 情誼甚密。唐宋璟未相時, 于從父東川官舍, 見郡人一本, 性姿素樸, 儀容古雅, 請爲忘年交, 作文美之。其後有名九英者, 與白樂天、元稹、杜甫輩相友善, 京師謂之"連璧"。九英女瓊姬, 居羅浮擇壻, 名士趙師雄月夜遇之, 遂定婚媾, 世傳爲奇遇。宋有奇男子, 同林和靖隱孤山, 甘淡泊, 忘勢利, 和靖爲詩美其行, 今載集中。再傳曰墨, 始策爲吏, 除守衡州 宣德, 澤及於民, 有甘棠之思。卒繪其像, 民間多奉祀之。白有遠族, 因秦俗家貧子壯, 分贅楊氏, 厥類尤蕃。生子雖狀貌不類白, 而氣味相似, 故亦見珍于世。知春字儒華, 衡州十世孫, 生而骨格清癯, 丰神灑落。雖邊幅不修, 而天然標格, 自出風塵之表。性慧, 善推步星數, 每歲天子將頒春曆, 輒先以消息吐白人間, 世以其知春候, 故名之。爲人孤潔, 不交塵俗, 惟與蜀人葉恆盛, 衛人管若虛, 爲耐久朋。嘗曰 : "吾雖不見用於治朝, 亦當魁芳譽於天下。" 一日恒恆、若虛聞之, 曰 : "吾聞智者不失時, 勇者不失勢, 陽德方亨, 皆爭憐角寵。而子若不聞, 迨夫肅殺逞衆芳謝, 子顧抗顏獨出, 此何以故?" 曰 : "竊聞之, 有赫赫之譽者, 發必淺, 無彰彰之名者, 養必深。與其揚金石於鄭、衛交奏之時, 孰若援舜琴而獨鳴 ; 播德馨於桃李暄妍之場, 孰若蘊蘭芳而獨寫。是故使避秦皆商山, 則孰爲漢廷之蕭、曹? 不仕隋皆河汾, 則誰爲唐室之房、杜? 當時聞其名者, 多跨蹇踏雪尋訪。至有取其連枝, 令奚童肩負, 館之華堂、靜室禮對。閣筆平章,不踰日則歛容而去。知春惟林居簡出, 謝絶紛華。日以甘酸醞釀, 成就諸子之德實, 思以弘先人調鼎之業"云。】

| 기記 |

【증보增補】

명(明) 유기(劉基)의 <우매헌기(友梅軒記)>에 「고정(皐亭, 지금의 절강성 항주에 있음)이라는 산에 은거하는 자가 있어 우매(友梅)란 글을 써서 그 처마에 붙였다. 그 거처를 둘러싼 것은 모두 다 매화나무였다. 혹자가 말하기를 : "벗이란 게 인륜

그림 43. 양건도楊建濤, 종이에 수묵담채

의 이름이며 군자가 벗을 통해 어진 성품을 도우니 사람이 그 벗을 구하려면 꼭 사람들 중에서 구해야 한다. 매화나무가 꽃나무이니 사람은 어찌 그것을 얻어 벗으로 삼겠는가? 세상에 태어나서 사람이 되었으니 어찌하여 사람을 벗으로 삼지 않고 꽃나무를 취하겠는가? 이렇게 취하는 사람은 그지없이 괴이하지 않는가?"라고 하였다.

그림 44. 곱고 맑은 매화꽃

유자(劉子, 즉 유기劉基)가 답하기를: "아니라오. 저것은 원래 격한 바가 있어서 말한 것이다. 대저 이른바 은거하는 자란 사람과 화합하지 않아서 숨어산 것이다. 그는 원래 자기로부터 세상 사람을 사절하며 꽃나무를 무리로 한다. 그는 원래 이 세상이 자기를 만족시키지 못하였으니 은거하는 것이 고명하다고 본다. 그는 원래 사람을 벗으로 족히 삼지 못하니 꽃나무가 훌륭해서 벗이 될 만한다고 본다. 저 참으로 격한 바가 있구나! 세상에 관중(管仲)과 포숙아(鮑叔牙) 같은 자가 드물도다. ≪곡풍(谷風)≫[136]에서 풍자한 사람, ≪상유(桑柔)≫[137]에서 탄식한 사람, 방연(龐涓)[138]에게 종지뼈를

136) ≪곡풍(穀風)≫ : ≪시경(詩經)≫ 중의 ≪국풍(國風)·패풍(邶風)≫에 수록되어 있다. 시에서 주로 남편에게 버림받은 여인의 하소연을 기술한다.

137) ≪상유(桑柔)≫ : ≪시경(詩經)≫ 중의 ≪대아(大雅)≫에 수록되어 있다. 시에서 거듭 군왕에게 백성을 안정시키고 보호해주기를 간하였다.

138) 방연(龐涓) : 전국 시대 위(魏)나라 사람. 제(齊)나라 사람 손빈(孫臏)과 함께 귀곡자(鬼谷子)에게 병법을 배웠는데, 손빈만 못했다. 나중에 위혜왕(魏惠王)의 장수가 되어 손빈을 위나라에 오도록 하여 빈형(臏刑, 슬개골을 없애는 형벌)으로 처벌했다.

도려낸 사람, 의지해 사는 사람에게 배신당한 사람, 관부(灌夫)[139] 에게 연루된 사람, 먼지에 절할 때에[140] 파리처럼 날고 개처럼 구차한 사람들을 벗으로 삼아 손해를 보지 않은 자는 드물었다. 사람은 벗이 없으면 안 되니 그가 장차 무엇을 취하겠는가?

매는 꽃나무이지만 세한의 지조를 가지고 있다. 사람들 중에서 취하지 못한다면 꽃나무를 내버려 두고 무엇을 취하겠는가? 또한 이 물건을 헛되이 취하는 것이 아니니 눈서리를 업신여기고 홀로 피어 있으며, 깨끗함을 지키고 더럽혀지지 않는다. 사람들이 그를 본받는다면 또한 진정한 사람이 될 수 있다."고 하였다.」라 하였다.

【**明·劉基〈友梅軒記〉** 皐亭之山有隱者焉, 以友梅字其軒。環其居皆梅也。或曰:"友者人倫之名也, 君子以友輔仁, 人求其友, 必于人焉可也。梅卉木也, 人得而友之乎。生于世, 爲人焉。舍斯人弗友, 而卉木乎?取之斯人也, 不旣怪矣乎?" 劉子曰:"否, 彼固有所激而云也。" 夫彼所謂隱者也, 不同乎人而隱。彼固自絶于世之人, 而卉木之爲徒也; 彼固以斯世爲不足乎, 已而隱以爲高; 彼固謂人不足與友, 而卉木良於友也; 彼誠有所激哉! 世之如管、鮑者鮮矣! 刺于 <谷風>, 嗟于 <桑柔>, 臏于涓, 賣于寄, 累于灌夫, 蠅營狗苟于拜塵之人, 友之而不爲損者鮮矣哉! 人不可以無友, 彼將何所取哉? 梅, 卉木也, 有歲寒之操焉。取諸人弗得矣, 舍卉木何取哉?且此物非徒取也, 凌霜雪而獨秀, 守潔白而不汚。人而象之, 亦可以爲人矣。】

---

139) 관부(灌夫): 전한 영천(穎川) 영음(穎陰) 사람으로 자는 중유(仲孺)이다. 술에 취해 승상(丞相) 전분(田蚡)을 모욕해 탄핵을 받아 불경(不敬)죄로 연좌되어 일족이 주살(誅殺)당하였다.

140) 먼지에 절할 때에: 원문은 배진(拜塵)이다. 길에서 일어난 먼지에 절한다. 권세가 타고 가는 수레를 보고 절하다 보니 결국 뒤에 일어난 먼지에 절하는 꼴이 된다. 권력자나 윗사람에게 아첨한다는 뜻이다.

【원본原本】

그림 45. 봄소식을 보내준 매화꽃

요래(姚淶)의 <매화기(梅花記)>에 「홍애(洪崖) 선위(仙尉)[141]가 대유령(大庾嶺)에 은거하면서 자손들이 자라서 여러 세대를 거쳐 오랜 세월을 지냈다. 남북을 가로지르고, 아득하고 멀리 그리고 널리 줄지어 있으며, 여름에는 빛나고 겨울에는 우거지니 나날이 퍼지면서 번성해졌다. 객(客) 중에 그들을 지나간 자가 있어 처음 볼 때에는 마을과 같다고 했고 그 다음 볼 때에는 도읍과 같다고 했으니 무성하게 자라기를 그치지 않는다.

송나라 태수(太守)인 조맹적(趙孟藡)이 그것을 보고 칭찬하기를 : "만약 그들이 빽빽하다면 나라를 세울 수 있다."고 하였다. 그리하여 나라를 세워서 매(梅)라 부르고 한 지역을 차지하였으며[142] 봉한 국토는 옛 송나라하고 위나라 같다. 그러나 그들의 나라가 여러 나라와 다르니 부자와 형제가 있으나 군주가 없고, 국토 지경과 산천이 있

---

141) 선위(仙尉) : 전고의 이름으로 한(漢)나라 때 매복(梅福)의 미칭이다. 출처는 ≪한서(漢書)≫ 권 67 〈 양호주매운전·매복(楊胡朱梅雲傳·梅福) 〉이다. 자는 자진(子眞)이며 서한(西漢) 시기 남창(南昌) 현위(縣尉)를 역임하였다. 이후에 관직을 버리고 아내와 자식을 떠나 고향에 돌아가서 숨어살았다. 신선이 되었다고 전해졌다.

142) 한 지역을 차지하였으며 : 원문은 엄유(奄有)이다. 차지하다는 뜻이다. 국토에 많이 쓰인다.

으나 내성(內城)과 외성(外城)이 없으며, 성함과 쇠함이 있으나 정벌이 없고, 비바람, 서리와 이슬이 있으나 밭과 짚이 없으며, 크기, 길이, 종횡(縱橫)과 곡직(曲直)이 있으나 미추(美醜)가 없다.

그 거처는 아름다운 옥으로 꾸민 것이고 그 풍습은 향초를 따서 향기를 음미한 것이며, 그 의복은 명주(明紬)로 만든 것이나 소박함에 끌린다. 언제나 아득함을 탐구하고 먼 데에 기탁하고, 먼지가 있는 곳에 처하지 않으니, 세상에서는 그 맑음을 사모하므로 빙옥 신선을 빌려서 비유하기에 이르렀다.

나라가 남주(南州)[143]에 있으나 성질이 독특해서 추위를 견디니 엄한 서리와 사나운 싸라기눈을 가해도 능히 당하지 않는다. 건국 이래로부터 곧 직방(職方)[144]에 속하게 되었고 해마다 자식을 보내 조정에 공물을 바치므로 여러 대로 칭찬을 받아 왔다. 매 씨가 스스로 나라를 다스리는 것을 들어주고 그들의 국토를 빼앗지 않았다. 이에 나라는 더욱더 지손(支孫)이 많아지고 커졌다.

처음에 매 씨가 국 맛으로써 상(商)나라에 천거되었으니 상나라의 제도가 매 씨에 힘입어서 다시 부흥하게 되었다. 주(周)나라 사람들이 가요(歌謠)에서 그 이름을 얻어서 사악(司樂)[145]에 배열하게 하므로 매 씨는 명성이 천하에 널리 알려졌다. 꽃과 과실이 부합돼서 고금 사람들이 함께 감상하다 보니 혹은 그 풍격과 운치가 홀로 뛰어나다고 하고, 혹은 그 표정과 모양이 모두 맑다고 하며, 혹은 그 표격(標格)이 빼어나고 우아하다고 하고, 혹은 그 절조가 굳

143) 남주(南州) : 남방 지역을 말한다.

144) 직방(職方) : 벼슬 이름이다. 주례(周禮) 천관(天官)의 하나로 천하 구주(九州)의 지도를 맡고 사방의 조공(朝貢)을 주관하였다.

145) 사악(司樂) : 국가의 음악을 맡은 음성서(音聲署)의 장관이었다.

다고 하였다. 송경(宋璟), 두보(杜甫), 임포(林逋) 같은 여러 명현(名賢)들은 모두 매 씨와 방외우(方外友)146)가 되어 비슷한 글 여러 편으로써 표정과 모양을 묘사하였다. 그러나 얻은 바는 불과 한 마을, 한 밭, 한 숲, 한 나무의 아름다움일 뿐이고 나라로 명명한 것이 없었다.

매 씨에게 나라가 생긴 후로부터 국내외에 흩어져 살고 있는 자들이 모두 딸려서 붙었는데 이전에 이런 경우가 없었다. 나라가 세워진지 오래되면서 매 씨 중 뛰어난 영(英)이란 자가 유산(庾山)에 있는 령(靈)이란 자와 함께 그들의 군주를 구하고자 하였다. 남복(南服)147)에서 태어난 유정(劉挺)이란 선생님은 거닐다가 그들과 마주쳤다. 그리하여 나라에 군주가 생겼다. 유 선생님이 오히려 감당하지 못하므로 유 선생님에게 설득하며 말하기를: "우리는 매화국

그림 46. 오초광吳楚光, 종이에 수묵담채

146) 방외우(方外友) : 세속의 속된 일을 떠난 벗을 가리키는 말이다.

147) 남복(南服) : 고대에 도성 외의 지역은 오복(五服)으로 나눠져서 남방(南方)은 남복(南服)이라고 불렀다.

(梅花國)의 사람으로서 선생님에게 청하며 감히 묻노니 이 나라에 사는 의의가 무엇인가?”라고 하였다. 유 선생님이 말하기를 : “내가 매(梅)라는 성씨를 취한 바가 다섯 가지 선덕이 있어 만물을 구제하는 데에 넓게 하는 것은 인(仁)이고, 때에 굽히지 않는 것은 의(義)이고, 태어나서 서로 범하지 않는 것은 예(禮)이며, 벗을 고를 때에 살피는 것은 지혜이고, 나가면 기약을 어기지 않는 것은 신(信)이다. 이것들이 내가 오직 매만 즐긴 까닭이고 단지 맛이 맞는 것은 아니다. 고향[148]에서 고한 바, 반대(鞶帶)[149]에 차는 바, 아침과 저녁에 갖고 노는 바, 탁자에 읊는 바는 모두 이것에서 취할 만하다. 그러나 매(梅)는 시키지 않는 일이라면 받들지 않고 오직 내게 맞는 것만 구하여 그 군주를 따라갈 뿐이다.”고 하였다.

묻는 자가 말하기를 : “매가 태어나서 수천 년이 되어서야 나라가 생겼고 다시 수백 년이 되어서야 군주가 있었으니 이 나라를 다스리는 자는 선생님이 아니시라면 누구이신가? 천하가 매에게서 덕택을 받지 못한지 오래되었으니 지금의 세상이 매에 힘입는 바는 선생님이 없다면 누가 그 쓰임을 다할 수 있겠는가? 다행이 선생님이 이 나라를 다스리겠구나! 또한 옛 사람들이 오의(烏衣)[150]와 괴안(槐安)[151]을 말한 바는 다만 많은 우언(寓言)에 의탁할 뿐이고 다 지괴

---

148) 고향 : 원문은 상재(桑梓)이다. 뽕나무와 가래나무를 가리킨다. 옛날에 고향을 비유하여 이른 말이다.

149) 반대(鞶帶) : 큰 가죽 띠이다.

150) 오의(烏衣) : 즉, 오의항(烏衣巷)이다. 검은 옷을 입는 동네이다. 강소성(江蘇省) 江寧縣(강녕현) 남쪽에 있는데, 진(晉)나라 때 왕도(王導)와 사안(謝安) 등 귀족들이 살면서 자손들에게 늘 검은 옷을 입혔기 때문에 생긴 이름이다. 오의항(烏衣巷)이란 말에는 ‘燕子國(연자국, 즉, 제비 나라)’이란 뜻도 있다.

151) 괴안(槐安) : 개미의 나라이며 이공좌(李公佐)의 ≪남가기(南柯記)≫에 당나라

(誌怪)소설[152] 같은 것이니 도(道)에 쓰인 말이 아니다. 선생님의 나라는 이름이 아닌 실상으로, 물체가 아닌 도(道)로 하니 저는 선생님의 선함을 이 나라의 군주로 삼는 것을 더욱 기뻐한다."고 하였다. 선생님이 웃으며 답하지 않았으니 이에 써서 기술하였다.」라 하였다.

【**姚淶〈梅花記〉** 洪崖 仙尉隱于大庾之嶠, 長子孫者累數百祀。跨躡南北, 綿邈遠近, 夏曄冬蒨, 日衍以蕃。客有過之者, 始見之若聚焉, 繼見之若邑焉, 滋茂弗已。宋守趙孟藡氏見而稱之曰 : "若是其稠乎, 是可國也。" 于是建國號曰梅, 奄一方而有之, 封域視古宋、衛。然其國與諸國異, 有父子兄弟而無君長, 有疆圉山川而無城郭, 有榮瘁盛衰而無征伐, 有風雨霜露而無耕穫, 有大小短長縱橫曲直而無妍媸。其居結瑤而搆瓊, 其俗擷芳而嚅馥, 其服被縞而曳素。往往搜冥寄遠, 埃塩之地弗處, 世慕其潔, 至假冰玉神仙以爲喩。國于南州, 而性獨耐寒, 雖加以嚴霜暴霰, 不能虐也。自肇國以來, 輒隷于職方, 歲遣子修貢于廷, 累代嘉之。聽梅氏自爲治, 弗奪其土。于是國益庶且大。初梅氏以鼎味薦于商, 商道賴以復興。周人得其名于謠, 以列于司樂者, 由是聲重天下。華實旣符, 今古同賞, 或謂其風韻獨勝 ; 或謂其神形俱清 ; 或謂其標格秀雅 ; 或謂其節操凝固。如宋廣平、杜少陵、林和靖諸名賢, 皆與梅氏爲方外友, 類形諸篇什以摹寫情狀。然其所得不過一村一圃一林一木之勝, 而未有以國名者。自梅氏有國, 而其散處于海內者, 咸列于附庸, 罔或先焉。立國旣久, 梅氏之英, 庾山之靈, 相與求其主。劉先生挺生南服, 出而臨之。而國

순우분(淳於棼)이 느티나무 아래서 낮잠을 자다가 꿈에 개미의 나라에 가서 남가(南柯) 태수(太守)가 되어 영화를 누렸다는 우화에서 나온 말이다.

152) 지괴(誌怪)소설 : 원문은 제해(齊諧)이다. 기이한 것을 기록한 소설이다.

于是乎有主。先生猶不敢當, 曰 : “我梅花國人也, 或請于先生, 敢問宅是國何義也。”先生曰 : “吾之所取于梅氏者有五善焉,博于濟物, 仁也 ; 不撓于時, 義也 ; 生不相陵, 禮也 ; 審于擇友, 智也 ; 出不愆其期, 信也。此吾之所以獨樂于梅, 不徒臭味之合而已。若夫桑梓之所詔, 鞶帶之所佩, 朝夕之所玩, 几案之所咏, 皆取足于是。而梅也無役不供, 亦惟求吾適耳, 奚其主。問者曰 : “梅生數千年乃有國, 復數百年乃有主, 主是邦者非先生其誰 ? 天下不被梅之澤者久矣, 今世所賴於梅者, 微先生孰能盡其用乎?幸矣先生之主斯國也。且昔人有所謂烏衣、槐安者, 徒托諸寓言, 皆齊諧之流, 非所以語于道也。先生之國, 以實不以名, 以道不以物, 吾益嘉先生之善爲斯國主也。” 先生笑而不答, 因書以爲記。】

【증보增補】

그림 47. 오초광吳楚光, 종이에 수묵담채

진계유(陳繼儒)의 <매화루기(梅花樓記)>에 「왕원미(王元美, 즉, 왕세정王世貞)가 일찍이 나에게 말하기를 : “도시에 거주하는 발자취는 떠들썩함에 있고, 산에 거주하는 발자취는 고요함에 있으니 오직 전원(田園)에 거주하는 발자취만은 둘[153] 사이에 있

153) 둘 : 원문은 맹계(孟季)이다. 맹중숙계(孟仲叔季, 맏이·둘째·셋째·막내) 중의 맹계이다.

다."고 하였다. 그러나 왕 씨의 엄산(弇山)이 성(城) 안에 있는데 아침에 떠오른 해가 대문에 비추고 떠돌아다닌 나막신들이 모였으니 주인은 왕왕 문을 닫고 객을 사절하며 사람 없는 광야로 떠나가고자 해도 하지 못하겠다. 나는 이로 인해 별장을 지을 때 대중과 있는 것보다 차라리 홀로 있는 것이 더 낫고 도시에서 도모하는 것보다는 차라리 들판에서 도모하는 것이 더 나은 것을 알게 되었다.

내 벗인 범상선(范象先)에게 횡로(橫澇) 야당(野塘) 남쪽에 별장이 있어 성(城)과 10리 떨어져 있는 가까운 곳이니 떠들썩함과 고요함은 반반으로 나눠져 있다. 사방에 느릅나무와 버드나무가 그늘을 이루고, 작은 못 위에 매화나무 두 그루가 있으니 하늘하늘 마주보면서 우거진 가지와 늙은 골격이 가로세로 구부러져 처마를 따라 올라간다. 그 줄기는 안을 수 있고 그 이파리는 땅 1묘를 덮어 가릴 수 있고 그 열매는 5석(石)이나 얻을 수 있다.

범자(范子)가 말하기를 : "나는 매화나무를 많이 봤지만 그것처럼 늙고 기이한 것을 보지 못하였다."고 하였다. 이에 높은 누각을 지어 그것을 마주 대하며, 홀로 한두 스님과 함께 호랑이 가죽을 펼쳐 놓고 사자 모양 솥을 끓이면서 누각에 몸을 기대며 노래하기를 : "눈 가득 차 있는 산속에 은사가 누워 있으니, 달 밝은 숲 아래에 미인이 오네. 【雪滿山中高士臥, 月明林下美人來】"고 하였다.

또 다시 웃으며 말하기를 : "계적(季廸)의 시와 같으니 다만 꽃이 그윽하고 운치 있고 담백한 것을 얻을 뿐이다. 우리 집의 늙은 매화나무는 참말로 푸른 눈의 서역 스님과 같아서 눈썹이 길고 이마가 높으며, 또한 독룡(毒龍)과 분노한 규룡처럼 넓은 들판에서 어지럽게 싸우다가 발을 움켜잡아서 비늘을 세차게 내뿜으니 괴이하고 변덕스러운 모양이 매우 많다. 다른 나무가 어찌 이 군자와 승부를 다툴 수 있겠는가? 혹은 종가산(鍾賈山)[154]에 있는 아름다운 나무, 사현사(四賢祠)[155]에 있는 자등(紫藤)이 약간 그와 어깨를 나란히 견줄 수 있을 뿐이다."고 하였다.

범자(范子)의 누각이 세워졌으니 하도(霞桃), 부용(芙蓉), 내금(來禽, 즉, 능금) 같은 무리를 많이 심고 매화와 서로 비추어 주었다. 못이 만들어지고 대나무가 더하여 옮겨 심어지고 매화나무는 경관이 되었으니 낯에 순간에 빠져든다.

진자(陳子)가 마침 왔으니 말하기를: "나는 일찍이 지나간 해에 탐매자(探梅者)[156]들이 지나치게 수안사(壽安寺) 안에 들어왔기에 절의 스님들이 유람객으로 괴로움을 겪다 보니 매화나무를 쪼개서 땔감으로 만들었다는 것을 들었다. 그 다음에는 오직 광복(光福) 원(元)나라 무덤 옆에, 얇은 눈과 가벼운 구름처럼 몇 리(里)나 널리 있어서 즐거움이 저절로 나왔다. 그러나 마을 사람들이 모두 매화를 심는 것을 업으로 삼을 때에는 더 이상 품평하고 보호하여 매화와 더불어 서로 둘이 운치 있음이 없어졌다. 고금 매화를 잘 아는 자는 단지 임포(林逋) 군자밖에 없었고 다시 300년을 지나서 범자(范子, 즉 범상선임)가 나타난다. 범자(范子)는 이 가운데에서 편안하고 여유 있게 은거하며 마루판이 흰색이고 난간이 적색이고 주렴이 붉은색이고 휘장이 푸른색이니 어렴풋하게[157] 은은한 향기와 성긴 그림

154) 종가산(鍾賈山): 지금 상해에 있다. 전설에 의하여 당나라 때에 종(鍾)씨와 가(賈)씨라는 고관 귀족이 여기서 은거했다고 한다.

155) 사현사(四賢祠): 중국 진(晉)나라의 태학생(太學生) 동양(董養), 당나라의 태학생 하번(何蕃), 송나라의 태학생 진동(陳東)·구양철(歐陽澈) 등을 병향(倂享)한 사우(祠宇)이다.

156) 탐매자(探梅者): 매화가 핀 경치를 찾아 구경하는 자를 가리킨다.

157) 어렴풋하게: 원문은 의미(依微)이다. 어렴풋하다는 뜻이다.

자 외에 홀로 서 있어 고산(孤山) 처사(處士)[158]와 무슨 차이가 있는가? 부족한 바는 동자가 문을 열어놓고 학을 풀어주는 것일 뿐이다. 어떤 날에 학을 안고 편주에 올라가 학을 매화꽃 아래에 보내며 연기, 모래와 별이 있는 물가에 짧은 피리의 소리가 멀고 아득하니 우뚝이 가벼운 파도를 헤치고 나온 자가 있다면 곧 진(陳) 선생이 온 것이다. 그대가 매화꽃이 핀 것을 알리려면 꽃을 피운 한 가지를 들고 나를 기다려 주시오."고 하였다.」라 하였다.

그림 48. 허형, <묵매도>, 종이에 수묵 114×31.5cm, 호남지방문헌연구소

【陳繼儒〈梅花樓記〉王元美嘗謂余："市居之市于喧也, 山居之迹于寂也, 唯園居在季孟間耳。" 然王氏之弇山枕城中, 朝暾映門, 遊屐麕集, 即主人亦往往支門謝客, 欲放而之于曠野無人之鄉, 而不可得。余然後知園之與衆也, 寧獨；與其謀于市也, 寧謀于野。

吾友范象先, 有園在橫澇野塘之南, 去城十里而近, 喧寂半之。四面楡柳陰翳, 小池上梅花兩樹, 婆娑相對, 蒼枝老骨, 縱橫屈曲, 排簷而上。其榦可抱, 其葉可蔭一

158) 고산(孤山) 처사(處士) : 서호(西湖)의 고산에 살았던 송나라 임포를 가리킨다. 임포는 매화와 학을 기르며 살았다.

畝, 其子可得五石。

范子謂："吾見梅多矣, 未有如此君之老而奇者。" 乃結高樓以臨之, 獨與一二老衲, 攤虎皮, 爇猊鼎, 倚樓而歌之曰："雪滿山中高士臥, 月明林下美人來。" 已復笑曰："如季迪詩, 不過得花之幽韻閒淡而已。吾家老梅, 政如碧眼西僧, 修眉露額, 又若毒龍怒虬, 紛挐搆鬬于廣莫之野, 攫爪迸鱗, 鬼怪萬狀。度他木詎足與此君爭勝? 庶幾鍾賈山之嘉樹, 四賢祠之紫藤, 差鼎足耳。" 范子樓旣成, 於是廣蒔霞桃, 芙蓉, 來禽之屬, 以映帶之。池加闢, 竹加徙, 梅之爲觀, 日閑以敞。

而陳子適來, 陳子曰："吾嘗聞往年探梅者過壽安寺中寺僧爲遊客所困, 至析而爲薪。而其次惟光福元墓之傍, 薄雪輕雲, 漠漠數里, 一快平生。然村人率以種梅爲業, 不復有品題護持, 與梅花兩相韻者。古今梅花之知己, 僅得林逋君, 復三百年而有范子。范子于此中, 塊焉野處, 白板赤欄, 朱簾碧幄, 依微獨立于暗香疎影之外, 何異處士孤山? 所少者童子開門放鶴耳。他日抱鶴上扁舟, 送之花下, 烟沙星渚, 短笛悠悠, 有巍然破輕浪而出者, 則陳先生至也。子其報梅花, 吐一枝以候我。"】

제2장 죽보(竹譜)

1. 옛 대나무 품종
2. 대나무 휘고(彙考)
3. 대나무 집조(集藻)

제2장 죽보(竹譜)

【원본原本】

대나무는 식물이지만 풀도 아니고 나무도 아니다. <≪설문(說文)≫에서 이르기를: "대나무는 겨울에 자라는 풀이다."고 하였다. ≪죽보(竹譜)≫에서 이르기를: "대나무는 한 족(族)의 총칭이고 한 형체의 편칭(偏稱)[1]이다. 식물 중에 풀과 나무가 있으니 대나무는 마치 동물 종류 중에 물고기, 새와 짐승이 있는 것과 같다."고 하였다.> 습기와 추위에 강하니 사계절에 한결 같이 가지도 잎도 바꾸지 않으며 그 지조가 소나무, 잣나무 등과 같다. 비

그림 1. 양건도楊建濤, 종이에 수묵담채

1) 편칭(偏稱): 가장 알맞은 명칭이다.

록 습기를 좋아하고 건조를 싫어하지만 또한 그 뿌리를 물속에 잠그면 안 되고, 뿌리가 자라날 때에 위로 향하는 것을 좋아한다. <≪본초(本草)≫에서 이르기를 : "그 뿌리가 동남쪽으로 향하는 것을 좋아한다."고 하였다.> 그 성질이 또한 국화와 같으니 마땅히 개흙을 더해서 그것을 북돋워야 하며, 겨울에 이를 때마다 반드시 두껍게 흙을 보태주는 것이 가장 좋다. 자라서 4년이 될 때마다 곧 베어 버리는데 새 죽순에도 거의 방해되지 않고 대숲도 우거져 성하다.

【竹, 植物也, 非草非木。〈≪說文≫ 云 : "竹冬生草也。" ≪竹譜≫ 云 : "竹是一族之總名, 一形之偏稱也。植物之中有草木, 竹猶動品之中有魚鳥獸也。"〉耐濕耐寒, 貫四時而不改柯易葉, 其操與松柏等第, 雖喜濕惡燥, 亦不宜水淹其根, 根之發生, 喜向上行。〈≪本草≫ 云 : "其根鞭喜行東南。"〉其性又與菊等, 宜添河泥覆之, 每至冬月, 須厚加土爲佳。每長至四年者即伐去, 庶不礙新筍, 而林亦茂盛。】

【증보增補】

≪격물총론(格物總論)≫ 대나무는 속이 비어 있고 막이 흰색이며 겉껍질이 청록색이나 혹은 노란색이나 자색이나 혹 얼룩무늬가 있다. 작거나 크며 혹 길거나 짧아서 종류가 매우 많다. 대개 모두 뿌리에서 줄기가 나오고 줄기에 다 마디가 있고, 줄기 사이의 마디 부분에서 가지가 난다. 가지는 두 개씩 나며 가지에도 마디가 있고 가지 사이의 마디 부분에서 잎이 나니 잎은 세 개씩 난다.

처음에 땅에서 나온 것이 죽순이고 죽순 마디에 대껍질이 있어 그것을 감싸며 줄기가 되면 대껍질에서 돋아난다. 대껍질이 마침내 점점 벗겨지고 벗겨진 데에 분말이 있다. 해가 오래 지나가면 우거지고, 무성하면 대숲이 된다.

【≪格物總論≫ 竹中虛, 白膜, 外皮靑綠色, 或黃或紫, 或斑駁文。或小或大, 或長或短, 種族最多。大抵皆自根而莖, 莖皆有節, 莖間節處生枝。枝每兩之, 枝亦有節, 枝間節處生葉, 葉每三之。初出地爲笋, 笋節有籜包之, 及成莖抽之。而籜遂漸次脫落, 脫落處有粉。歲久而茂, 茂則成林。】

≪이아(爾雅)≫ 탕죽(簜竹) 【주(注)】 대나무의 별칭이다. 【소(疏)】이순(李巡)이 말하기를: "대나무의 마디가 1장이 되면 탕(簜)이라 한다."고 하였다. 손염(孫炎)이 말하기를: "대나무는 마디가 넓은 것은 탕(簜)이라 한다."고 하였다. ≪서경·우공(書·禹貢)≫에서 "가는 대와 큰 대가 두루 자란다."라고 하였다. 공안국(孔安國)이 말하기를: "탕(簜)은 큰 대나무이다."고 하였다. 곽(郭) 씨가 말하기를: "탕(簜)은 대나무의 별명이니 크고 작음에 차이가 나지 않는다."고 하였다.

- 망(莽)은 마디가 많다. 【주】 대나무의 종류이고 마디의 사이가 짧다.
- 도지(桃枝)는 4촌에 마디가 있다. 【주】 지금 도지 마디의 사이가 4촌을 넘는 것이 많다. <≪죽보(竹譜)≫에서 이르기를: "도지죽(桃枝竹)의 겉껍질이 적색이고 엮으면 미끄럽고 단단하니 돗자리를 만들 수 있다."고 하였다. 내가 본 바에 의하여 마디가 짧은 것은 1촌을 넘지 않고 긴 것은 혹 1척을 넘고 예장(豫章) 외진 곳에 있다. 아마 ≪이아(爾雅)≫에 기록되어 있는 풀 종류 중에 도지가 따로 있는데, 반드시 대나무는 아니므로 곽 씨가 주석에 그것을 잘못 취한 것이다. 4촌에 마디가 있는 것에 의거해서 대략 말하자면, 대개지(戴凱之)가 자신이 본 것과 합치하지 않아서 도

지가 대나무가 아니라고 의심했는데 이는 잘못되었다.>

- 인(鄰)은 속이 단단하다.【주】대나무의 종류이고 그 속이 꽉 차 있다.
- 민(簢)은 속이 비어 있다.【주】그 속이 비어 있다는 말이고 대나무의 종류이다. <≪순보(筍譜)≫에 따르면 "그 속이 부드럽고 도(筡)라 하고, 돗자리를 만들 수 있으며 그 내부가 부드러워서 보통 대나무와 같지 않다."라고 한다.>
- 중무항(仲無笐)【주】또한 대나무의 종류이고 자세하지 않다.
- 소(篠), 전(箭)【주】별칭으로 두 가지 이름이다.

【≪爾雅≫ 簜竹【注】竹別名。【疏】李巡曰："竹節相去一丈曰'簜'。" 孫炎曰："竹闊節者曰"簜"。≪禹貢≫"篠簜旣敷"。孔安國云："簜大竹。" 郭氏曰："竹別名, 無大小之異也。"

- 莽, 數節【注】竹類也, 節間促。
- 桃枝四寸有節【注】今桃枝節間相去多四寸。〈≪竹譜≫云："桃枝竹皮赤編之, 滑勁可以爲席。" 余之所見, 節短者不兼寸, 長者或踰尺, 豫章偏有之。恐 ≪爾雅≫ 所載草族, 自別有桃枝, 不必是竹, 郭注取之謬也。按四寸有節, 蓋略言之, 戴凱之以所見不合, 而遂疑桃枝之非竹, 誤矣。〉
- 鄰堅中【注】竹類也, 其中實。
- 簢筡中【注】言其中空, 竹類。〈按 ≪筍譜≫ 云："其中耎曰'筡', 可以爲席, 則其內隔耎與常竹不相同也。"〉
- 仲無笐【注】亦竹類, 未詳。
- 篠、箭【注】別二名。】

1. 옛 대나무 품종

【원본原本】

≪대개지戴凱之 죽보竹譜≫에서 "대나무의 종류는 61가지가 있다고 했지만 황정견(黃庭堅, 노직魯直은 그의 자임)은 대나무의 종류가 매우 많다고 여기며, 죽보에서 기록한 바가 다 상세하지 않아서 대나무의 역사를 편찬하고자 했으나 이루지 못하였다."라고 하였다. 지금 그 종류에 따르면 다음과 같다.

방죽(方竹) <등주(澄州)에서 나왔다. 몸은 깎아진 것과 같고 굳세고 곧아서 지팡이가 될 만하다. 격주(隔州)에서도 큰 것이 나오니 몇 장이나 된다. ≪동재기사(東齋記事)≫에서 이르기를: "무릉(武陵) 도원산(桃源山)에 방죽이 있어 사면이 평평해서 깎아진 것과 같으며 단단하고 굳세서 지팡이를 만들 수 있다."고 하였다. ≪영파지(寧波志)≫에서 이르기를: "갈(葛)씨 늙은 신선이 정해(定海) 영봉(靈峰)에 연단(煉丹)했을 때에 대나무 젓가락을 심었으며 젓가락은 대나무로 변하고 네모나다."고 하였다. ≪속죽보(續竹譜)≫에서 이르기를: "방죽은 영외(嶺外)[2]에서 자라나고 큰 것은 수건 대통과 같고 작은 것은 계척과 같다."고 하였다. ≪익부방물략기(益部方物略記)≫에서 이르기를: "둥근 것이 많고 네모난 것은 적어서 귀하게 여겼지만 네모난 것은 약간 작다."고 하였다.>

【≪戴凱之竹譜≫ 云, 竹之品類六十有一, 黃魯直以爲竹類至多, 竹

---

2) 영외(嶺外) : 오령(五嶺) 남쪽 지역이다. 오령 : 후난(湖南)성·장시(江西)성 남부와 광시(广西)성·광둥(广東)성 북부 접경지에 있는 '월성(越城)·도방(都龐)·맹저(萌渚)·기전(騎田)·대유(大庾)'의 다섯 개 영이다.

그림 2. 양건도楊建濤, 종이에 수묵담채

譜所載皆不詳, 欲作竹史不果成。今按其種, 有方竹〈産澄州。體如削成, 勁挺堪爲杖。隔州亦出大者數丈。≪東齋記事≫ 云, "武陵 桃源山有方竹, 四面平整如削, 堅勁可以爲杖。" ≪寧波志≫ 云, "葛仙翁煉丹於定海 靈峯, 植竹筋, 化爲竹而方。" ≪續竹譜≫ 云, "方竹生嶺外, 大者如巾筒, 小者如界方。" ≪益部方物略記≫ 云, "圓衆方寡, 取貴, 方者差小。"〉】

반죽(斑竹) <곧 오(吳)지역에서 상비죽(湘妃竹)이라 부른 것으로 그 얼룩이 눈물 자국과 같다. ≪속죽보(續竹譜)≫에서 이르기를 : "전설에 의하면 이비(二妃)[3]가 장차 상강(湘江))에 잠길 때에 창오(蒼梧)를 바라보고 울며 뿌린 눈물에 대나무는 얼룩으로 물들었다고 한다."고 하였다. 협주(峽州) 의도현(宜都縣) 비어구(飛魚口)에서 나왔는데 큰 것은 1촌을 넘지 않고 곱고 아름답고 사랑스러우며 항주에서 나온 것은 그것만 못한다. 또한 두 종류가 있는데 고랄(古辣)에서 나온 것은 좋고 도허산(陶虛山)에서 나온 것은 그 다음 가며 토인들이 깎아서 젓가락을 만들어서 몹시 묘하며, 또한 커서 사발과 같은 것이 있다.

≪순보(筍譜)≫에 따르면 "또한 모반죽(毛斑竹)이라는 것이 있어

3) 이비(二妃) : 즉 순(舜)의 두 왕비인 아황(蛾皇)과 여영(女英)이다.

기주(蘄州)에서 나왔다. 처음 대나무를 벨 때에 얼룩이 없으나 잿물로 그것을 씻으면 곧 얼룩이 보인다." 라고 하였다. 거기 사람들이 돗자리, 혹 피리 관을 많이 만들며 이비(二妃) 사당에 있는 것과 같지 않다.>

그림 3. 반죽斑竹

【斑竹 〈即吳地稱湘妃竹者, 其斑如淚痕。《續竹譜》 云, "世傳二妃將沉湘水, 望蒼梧而泣, 灑淚染成斑。出峽州 宜都縣 飛魚口, 大者不過寸, 鮮美可愛, 杭產者不如。亦有二種, 出古辣者佳, 出陶虛山者次之, 土人裁爲筯甚妙, 亦有大如甌者。" 按 《筍譜》 又有一種毛斑竹, 出蘄州。初伐竹即無斑, 以灰汁洗之即斑見。彼人多作簾席, 或笛管, 與二妃祠者不同。〉】

종죽(棕竹) <종(棕)은 원래 종(椶)이라 쓰여 있고 세 가지가 있어 상등은 저두(筯頭)라 부르고 줄기가 짧고 잎이 아래로 늘어져 있고 책탁자에 둘 만 하며 다음은 단서(短栖)라 부르고 뜰과 섬돌에 진열할 수 있으며 그 다음은 박죽(樸竹)이라 부르고 마디가 희소하고 잎이 딱딱하니 온화함과 우아함이 모자라나 부챗살 감으로

그림 4. 종죽棕竹

쓰일 수 있다. 성질로 그늘을 좋아하고 찬바람을 두려워하니 겨울에 통풍이 안 되는 곳에 놓여 있다가 3월에 비로소 하늘을 볼 수 있으며 원래는 해를 보지 않는다. 추분(秋分) 후에 분할 수 있으나 반드시 동이에서 옮겨야 되니 뿌리와 수염이 그다지 단단하지 않는 곳을 찾아보고 쪼개서 동이에 심는다. 여러 동이에 심으려면 동이가 클수록 더 우거지니 콩을 담근 물을 주면 극히 살찔 것이다. 이 방법을 버린다면 나머지는 다 쓰일 수 없다.>

【棕竹〈棕本作椶, 有三種, 上曰筯頭, 梗短葉垂, 堪置書几, 次曰短栖, 可列庭階, 次曰樸竹, 節稀葉硬, 全欠溫雅, 但可作扇骨料耳。性喜陰畏寒風, 冬月藏不通風處, 三月方可見天, 原不見日。秋分後可分, 須出盆, 視其根鬚不甚牢固處劈開栽盆。欲變化多盆, 則盆大更旺, 灌用浸豆水極肥。舍此俱不堪用。〉】

그림 5. 묘죽猫竹

묘죽(猫竹) <일명 모죽(茅竹), 또한 모죽(毛竹)이라고도 한다. 줄기는 크고도 두껍고 여러 대나무와 다르니 사람들이 취하여 배를 만든다. ≪사명동천기(四明洞天記)≫에서 이르기를: "모죽(毛竹)이 떼를 지어 산골짜기 물가에 자라난다. 또한 금정산(金庭山) 동천(洞天) 곳곳에 있다."고 한다. ≪속죽보(續竹譜)≫에서 이르기를: "모죽이 무이산(武夷山)에 자라난다."고 한다. 이상은(李商隱, 의산義山은 그의 자임)의 시에 "무이(武夷) 동굴 안에 모죽이 자라나네."라고 한다. 즉, 묘죽이다. ≪순보(筍譜)≫에서 이르기를: "무릉(武陵) 동굴 입구에서

나왔고 사람들이 대나무를 베고 나면 곧 자라난다."고 한다. ≪토속(土俗)≫에서 이르기를: "신선은 동굴에 들어갔고 이 대나무를 생겨나게 해서 세속을 차단하였다."고 한다.>

【猫竹〈一作茅竹, 又作毛竹。榦大而厚, 異於衆竹, 人取以爲舟。≪四明洞天記≫ 云, "毛竹叢生澗邊。又金庭山洞天皆有。" ≪續竹譜≫ 云, "毛竹生武夷山。" 李義山詩, "武夷洞裏生毛竹", 是也。≪筍譜≫ 云, "出武陵洞口, 人斫竹隨生。" ≪土俗≫ 云, "仙人入洞, 故生此竹以隔浮生也。"〉】

쌍죽(雙竹) <대는 길고 가는 대요, 가지가 맞대어 뻗는다. 왕자경(王子敬)이 그것을 부죽(扶竹)이라 불렀으며 마치 바다 위에 있는 부상(扶桑)[4]과 같다. 무릉산(武陵山) 서쪽 쌍죽원(雙竹院) 안에서 나왔다. ≪속죽보(續竹譜)≫에 따르면 "상서로운 합환(合歡)이라는 대나무가 땅에서 1척을 넘게 자라나다가 두 그루로 나눠진다."라고 한다.

≪순보(筍譜)≫에서 이르기를: "합환죽(合歡竹)은 남악(南嶽) 아래에 여러 주(州)의 산골짜기 물가에서 나왔고 빈주(彬州)에서는 가장 많다. 그 죽순은 처음에 합환(合歡)하는 형세로 나고, 대나무가 되면 혹 세 줄기가 합치고 혹 두 줄기가 합쳐진다. 그 틈을 끊으면 구멍이 있으며 대나무 껍질에 혹 얼룩무늬가 있다. 쌍초죽(雙梢竹)은 구의산(九疑山) 제 2중(重) 산기슭 옆에서 나왔으며 죽순이 오직 한 줄기로 자라고 가지와 잎이 나면 곧 두 가지 장대로 나눠지며

---

4) 부상(扶桑): 중국 고대 신화에서 동쪽 바다에 있는 신령스러운 나무로, 이곳에서 해가 뜬다고 한다.

잎이 빽빽하고 가늘고 또한 합환죽(合歡竹)이라 부른다. 부상(扶桑)과 같다는 것과 약간 같으니 대개 한 종류에 다른 품종이다."라고 하였다.>

【雙竹 〈修篁嫩篠, 對抽並胤。王子敬謂之扶竹, 猶海上之扶桑也。武陵山西雙竹院中産。按 ≪續竹譜≫ 云, "瑞竹合歡, 發地尺餘, 分爲兩竿。" ≪筍譜≫ 云, "合歡竹出南嶽下諸州山溪間, 郴州最多。其筍初生合歡形勢, 及成竹也, 或三莖合, 或兩莖合。斷其間有竅, 竹皮或有斑點文。雙梢竹出九疑山第二重麓臺側筍長獨莖, 及生枝葉, 即分爲兩梢, 葉密而細, 亦謂爲合歡竹, 與象扶桑者少同, 蓋一類而數種也。"〉】

그림 6. 기죽蘄竹

기죽(蘄竹) <황주부(黃州府) 기주(蘄州)에서 나왔고 빛깔이 맑은 것을 대자리로 만들고 마디가 희소한 것을 피리로 만들며 수염이 있는 것을 지팡이로 만든다. 당나라 한유(韓愈)의 시에 "기주(蘄州) 피리 대가 천하에 알려져 있으니 정(鄭)군이 보배로 여긴 바는 더욱 곱고 기특하네. 들고 왔을 때 마침 대낮이니 눕지 못하는데 온 부(府)에서 노란색 유리(琉璃)를 돌려보네."라고 하였으니 곧 이것이다.>

【蘄竹 〈出黃州府 蘄州, 以色瑩者爲簟, 節疎者爲笛, 帶鬚者爲杖。唐韓愈詩, "蘄州笛竹天下知, 鄭君所寶尤瓌奇, 攜來當晝不得臥, 一府傳看黃琉璃", 是也。〉】

자효죽(慈孝竹) <큰 떼를 지어 자라고 줄기가 길고 곧게 솟아 있으며 많은 대자리가 바깥에서 지키는 듯하다. 해를 향하면 우거지니 높은 대에 심는 것은 적합하다.>

【慈孝竹 〈生作大叢, 長幹中聳, 羣篠外護。向陽則茂, 宜種高臺。〉】

그림 7. 자효죽慈孝竹

가정죽(柯亭竹) <운몽(雲夢)의 남쪽에 자라나고 관(管)을 만들 수 있다. 음력 7월 15일 전에 나고 다음해 음력 7월 15일 전에 베어진다. 때가 지나서 베면 소리가 막히고 때가 안 돼서 베면 소리가 가볍다.>

【柯亭竹 〈生雲夢之南, 可爲管。以七月望前生, 明年七月望前伐。過期伐則音滯, 未期伐則音浮。〉】

관음죽(觀音竹) <한 마디가 2,3촌이 되고 고성국(古城國)에서 나왔다. ≪전주지(全州志)≫에서 이르기를 : "대복부산(大覆釜山)[5]에서 소계죽(掃階竹)이 나왔으며 오로지 1척 정도이고 잎이 빽빽하고 가지가 작으며 관음죽(觀音竹)이라 부른다."고 하였다.>

그림 8. 관음죽

【觀音竹 〈每節二三寸, 産古城國。≪全州志≫ 云, "大覆釜山産掃階竹, 僅尺許, 葉密而枝小, 名觀音竹。"〉】

5) 대복부산(大覆釜山) : 지금 복건성 연강현(連江)에 있다.

그림 9. 황금간벽옥黃金間碧玉

황금간벽옥(黃金間碧玉) <≪성도고금기(成都古今記)≫에서 이르기를: “대청죽(對青竹)은 대가 노란색이고 푸른색 도랑이 있으며 마디마다 엇갈려 나온 것과 같다. 절강성 중부에도 그것이 있고 회계(會稽)에 매우 많으며 거기 사람들이 황금간벽옥(黃金間碧玉)이라 부른다.”고 하였다. ≪순보(筍譜)≫에 따르면 대나무는 “한 쪽은 푸른색이고 한 쪽은 자색이다.”라고 하였다. 그 빛깔은 또한 이와 약간 차이가 난다.>

【黃金間碧玉〈≪成都古今記≫ 云, “對青竹竹黃而溝青, 每節若間出。浙中亦有之, 會稽甚多, 彼人呼黃金間碧玉。” 按 ≪筍譜≫ 云, “竹則一邊青, 一畔紫。” 其色又與此小異。〉】

용공죽(龍公竹) <그 큰 지름은 7척이고 한 마디의 길이가 2척이며 잎은 파초와 같고 부라산(浮羅山)에서 나왔다.>

【龍公竹〈其大徑七尺一節長又二尺, 葉若芭蕉, 出浮羅山。〉】

용손죽(龍孫竹) <진주(辰州) 산골짜기 사이에 자라나고 높이는 1척이 안 되며 가늘어서 오직 바늘과 같다.>

【龍孫竹〈生辰州山谷間, 高不盈尺, 細僅如針。〉】

경척죽(徑尺竹) <시루를 만들 수 있고 호상(湖湘)에서 나왔다.>

【徑尺竹〈可爲甑, 出湖湘。〉】

사계죽(四季竹) <마디는 길고 둥그니 관(管)이나 약(籥)에 맞으며 산석(山石)에 자라난 것은 소리가 맑고 깨끗하다.>

【四季竹〈節長而圓, 中管籥, 生山石者音清亮。〉】

그림 10. 사계죽四季竹

월죽(月竹) <매월 죽순이 싹트고 모양이 가볍고 짧으며 떼를 지어 자라서 화살과 같다. 죽순은 먹을 수 없으며 가정주(嘉定州)에서 나왔다.>

【月竹〈每月抽筍, 狀輕短, 叢生如箭。筍不堪食, 産嘉定州。〉】

십이시죽(十二時竹) <기주(蘄州)에서 나왔다. 그 대나무는 마디를 둘러싸고 자(子), 축(丑), 인(寅), 묘(卯) 등 12 글자가 볼록 튀어나온다. 안복(安福) 주준숙(周俊叔)은 이것을 얻었고 집에 심은 지 10여 년이 되었다. 죽순이 대나무가 되는 것은 열 중 셋이다.>

【十二時竹〈産蘄州。其竹繞節凸生子丑寅卯等十二字。安福 周俊叔得此, 植之家庭十餘年。筍而竹者十之三。〉】

사로죽(簛簩竹) <≪이물지(異物志)≫에 이르기를: "로(簛簩)라는 나라에서 대나무가 나왔으며 손톱을 갈 수 있다. 신주(新州)에 이러한 종류가 있는데 거문고 모양으로 만들면 손톱을 가는 도구가 된다. 오래 쓰게 되면 약간 미끄러워지니 신 즙으로 그것을 담가 놓고 한 밤이 지나면 빠르고 날카로워서 처음과 같으며 또한 화살로 쓰인

다.”고 하였다. 이상은(李商隱)이 이른바 “사로(篃簩) 쇠뇌와 화살이 청석(靑石)을 가네.”라는 것은 곧 이것이다. ≪속죽보(續竹譜)≫에 따르면 “사죽(篃竹)이 있는데 겉껍질에 무늬가 있고 손톱을 가는 줄칼로 쓰일 수 있으며 날카로워서 쇠보다 뛰어나다.”라는 것이 곧 이것이다.>

【篃簩竹 〈≪異物志≫ 云, “篃簩國出竹可礪指甲。新州有此種, 制成琴様, 爲礪甲之具。用久微滑, 以酸漿漬之, 過宿快利如初, 亦可作箭。” 李商隱所謂“篃簩弩箭磨靑石”, 是也。按 ≪續竹譜≫ “有篃竹, 皮上有文, 可爲錯子錯甲, 利勝於鐵。” 卽此。〉】

대부죽(大夫竹) <그 높이는 구름을 넘고 둘레는 3척이다. ≪유괴록(幽怪錄)≫에서 이르기를: “부연(鄜延) 한 사람이 이 대나무를 베다가 안에 두 늙은 신선을 봤는데 평생 동안 꿋꿋하고 굴하지 않았으나 아깝게 주인에게 베였다고 두 늙은 신선이 서로 이르며 마침내 하늘로 올라서 떠났다.”고 한다.>

【大夫竹 〈其高凌雲, 圍三尺。≪幽怪錄≫ 云, “鄜延一人伐此竹, 見內二仙翁, 相謂平生勁節惜爲主人所伐,遂騰空去。”〉】

그림 11. 봉미죽鳳尾竹

봉미죽(鳳尾竹) <높이는 2,3척이며 가늘고 작고 부드럽고 곱고 무성하다[6]. 동이에 심으면 서재의 아취 있는 관상물로 쓰일 수 있다.>

6) 부드럽고 곱고 무성하다: 원문은 의나(猗那)이다.

【鳳尾竹〈高二三尺, 纖小猗那。植盆中, 可作書室淸玩。〉】

부문죽(黿文竹) <숭양현(崇陽縣) 보타암(寶陀巖)에서 나왔으며 오직 한 그루밖에 없고 부채를 만들면 자못 기특하다. 현재 또한 절종되었다고 들었다.>

【黿文竹〈崇陽縣 寶陀巖産, 僅一本, 製扇甚奇。聞今亦絶種矣。〉】

인면죽(人面竹) <섬산(剡山)에서 나왔다. 대나무는 직경이 몇 촌이나 되고 뿌리가 2척에 이르고 마디는 매우 짧고 사면에 들쭉날쭉하다. 대 껍질은 물고기의 비늘과 같고, 표면은 볼록해서 자못 사람의 얼굴과 비슷하다.>

그림 12. 인면죽人面竹

【人面竹〈出剡山。竹徑幾寸, 近本逮二尺, 節極促, 四面參差。竹皮如魚鱗, 面凸, 頗類人面。〉】

흑죽(黑竹) <덩굴처럼 길어서 1장 8척이며 빛깔과 결은 쇠와 같다.>

【黑竹〈如藤長丈八尺, 色理如鐵。〉】

그림 13. 흑죽黑竹

사마죽(思摩竹) <죽순이 마디에서 난다. 죽순이 대나무가 되고 난 후 봄에 이르러 마디 속에서 다시 죽순이 난다. 교(交)[7], 광

7) 교(交) : 즉, 교주이다. 당(唐)나라 때에 안남(安南) 도호부(都護府)가 있었던

(廣) 두 주(州)에서 나왔다.>

【思摩竹 〈筍自節生。筍旣成竹，至春節中復生筍。出交，廣。〉】

무절죽(無節竹) <과주(瓜州)에서 나왔다.>

【無節竹 〈出瓜州。〉】

대절죽(大節竹) <한 마디가 1장이고 여모산(黎母山)에서 나왔다.>

【大節竹 〈一節一丈，出黎母山。〉】

소절죽(疎節竹) <한 마디가 6척이다.>

【疎節竹 〈六尺一節。〉】

그림 14. 통죽通竹

통죽(通竹) <곧고 마디가 없고 속이 비어 있으며 진주(溱州)에서 나왔다.>

【通竹 〈直上無節而空洞，出溱州。〉】

변죽(匾竹) <≪순보(筍譜)≫에서 이르기를: "광려산(匡廬山)에 그것이 많이 있으니 그 대나무는 납작하고 길다."고 하였다. ≪전(傳)≫에서 이르기를: "스님 혜원(慧遠)이 이 대나무를 변죽(匾竹)이라 부르며 죽순이 나오면 모두 납작하다."고 하였다.>

【匾竹 〈≪筍譜≫ 云，"匡廬山中多有之，其竹匾而長。" ≪傳≫ 云，"釋慧遠捻此竹爲匾竹，筍出皆匾。"〉】

곳이다.

등죽(藤竹) <점성(占城)에서 나왔다.>

【藤竹〈出占城。〉】

선죽(船竹) <원구(員丘)에서 나왔으며, 그 대나무의 한 마디로 배를 만들 수 있다.>

【船竹〈出員丘, 其竹一節, 可爲船。〉】

궁죽(弓竹) <≪죽보(竹譜)≫에서 이르기를: "동부 지역 여러 산에서 나왔다. 길어서 수십 장(丈)이나 되고 마디마다 다 구부러지며 길지만 부드러워서 스스로 세워지지 못하니 만약 나무를 만나면 곧 기대게 된다. 바탕에 무늬가 있지만 꼭 기름으로 바르고 불에 태워야만 후에 그것이 보인다."고 하였다. ≪이물지(異物志)≫에서 이르기를: "궁죽(弓竹)은 힘줄이 있는 덩굴과 같으며 알록져서 대모(玳瑁)와 같으니 대모죽(玳瑁竹)이라 부른다."고 하였다.>

【弓竹〈≪竹譜≫ 云, "出東垂諸山中。長數十丈, 每節輒曲, 旣長且軟, 不能自立, 若遇木乃倚。質有文章, 然要須膏塗火灼, 然後見之。" ≪異物志≫ 云, "弓竹筋藤, 斑駁如玳瑁, 名玳瑁竹。"〉】

체죽(涕竹) <≪신이경(神異經)≫에서 이르기를: "남방 지역에서 흉년이 들 때에 체죽(涕竹)이 있어 길이는 몇 백 장이고 둘레는 3장 6척이고 두께는 8, 9촌이니 배를 만들 수 있다. 그 죽순은 매우 맛있으니 먹어서 종기(腫氣)와 창병(瘡病)을 고칠 수 있다."고 하였다.>

【涕竹〈≪神異經≫ 云, "南方荒中有涕竹, 長數百丈, 圍三丈六尺, 厚八九寸, 可以爲船。其笋甚美, 食之可以止瘡癘。"〉】

단청죽(丹青竹) <잎은 노란빛, 푸른빛과 붉은빛이 서로 엇갈려 있으며 웅이산(熊耳山)에서 나왔다.>

【丹青竹〈葉黃碧丹相間, 出熊耳山。〉】

십포죽(十抱竹) <임하(臨賀)에서 나왔다.>

【十抱竹〈出臨賀。〉】

그림 15. 자죽慈竹

자죽(慈竹) <속이 꽉 차 있고 마디가 희소하며 성질이 약하고 모양은 팽팽하며 가늘어서 덩굴로 쓰일 수 있다. 일명 의죽(義竹)이라고도 하며 ≪술이기(述異記)≫에서는 자모죽(子母竹)이라 한다. ≪익부방물략기(益部方物略記)≫에서 이르기를: “자죽은 성질이 떼를 지어 자라고 뿌리가 바깥으로 퍼지지 않으며 빽빽해서 틈에 죽순을 수용할 수 없다. 죽순이 여름과 가을에 나며 해가 지나면 가지와 잎은 비로소 무성하다. 이외에도 여러 품종이 있는데 마디 사이가 8, 9촌인 것은 용죽(籠竹)이라 하고 1척인 것은 고죽(苦竹)이라 하며 약한 가지 끝이 땅으로 늘어져 있는 것은 조사죽(釣絲竹)이라 한다.”고 하였다.>

【慈竹〈內實而節疎, 性弱形緊, 而細可代藤。一名義竹, ≪述異記≫謂之子母竹。≪益部方物略記≫云,“慈竹性叢生, 根不外引, 其密間不容筍。筍生夏秋, 閱歲枝葉乃茂。別有數種, 節間八九寸者曰籠竹, 一尺者曰苦竹, 弱梢垂地者曰釣絲竹。”〉】

계죽(桂竹) <≪죽보(竹譜)≫에서 이르기를 : “높이는 4,5장이고 둘레는 2척이며 모양은 감죽(甘竹)과 같으나 겉껍질이 붉은색이며 남강(南康) 남쪽에서 많이 나왔다.”고 한다. ≪산해경(山海經)≫에서 이르기를 : “운산(雲山) 계죽(桂竹)이 사람을 해치면 사람은 꼭 죽게 된다.”고 한다. 그러므로 계죽(桂竹)은 두 품종이 있는데 이름이 같으나 실물이 다르며 그 모양은 자세하지 않다.>

【桂竹〈≪竹譜≫ 云, “高四五丈者二尺圍, 狀如甘竹而皮赤, 南康以南所饒也。” ≪山海經≫ 云, “雲山 桂竹, 傷人必死。” 是桂竹有二種, 名同實異, 其形未詳。〉】

도죽(桃竹) <잎은 종려나무와 같고 몸은 대나무와 같으며 마디가 빽빽하고 속이 꽉 차 있고 굳고 결이 있고 뼈만 앙상하니 대개 천성으로 이루어진 지팡이다. 파유(巴渝)[8]에서 나왔다. 하남(河南)성에서 나온 것은 가는 무늬가 있고 한 마디가 4척이고 북방 사람들이 도사죽(桃絲竹)이라 부르며 ≪속죽보(續竹譜)≫에서 곧 종죽(棕竹)이라고 여겼다. 편집자의 말로는 종죽(棕竹)은 가는 무늬가 있고 도죽(桃竹)은 굵은 무늬가 있으니 한 종류이나 두 품종이다.>

【桃竹〈葉如棕, 身如竹, 密節而實中, 犀理瘦骨, 蓋天成拄杖也。出巴渝間。出豫者細文一節四尺, 北人呼爲桃絲竹, ≪續竹譜≫ 以爲即棕竹。按棕竹紋細, 桃竹紋粗, 一類而二種也。〉】

상사죽(相思竹) <광동(廣東)에서 나왔으며, 죽순이 두 개씩 난다.>

【相思竹〈出廣東, 兩兩生笋。〉】

---

8) 파유(巴渝) : ‘四川省’(사천성)의 ‘重庆’(중경)을 가리킨다.

【증보增補】

≪대개지戴凱之 죽보竹譜≫ 종룡죽(鐘龍竹) <황제(黃帝)가 영륜(伶倫)으로 하여금 곤륜산의 산그늘에서 이것을 벌채하여 율관을 만들게 하였는데 불어서 나온 소리가 음율에 딱 들어맞았다. ≪성보(聲譜)≫에서 "종룡대죽(鐘龍大竹)이다."라고 말한다. 이 말은 크고 작음을 말한 것이 아니다. ≪적부(笛賦)≫에서 "종룡(鐘龍)이 아니고 대나무 한 품종의 이름일 뿐이다."라고 하였다. 자라난 것이 만약 큰 대나무라면 어찌 율관과 피리를 만들기에 부합하겠는가?>

【≪戴凱之竹譜≫ 鐘龍竹 〈黃帝使伶倫伐之於昆侖之墟, 吹以應律。≪聲譜≫ 云, "龍鐘大竹。" 此言非大小之謂。≪笛賦≫ 云, "鐘龍, 非也, 自一竹之名耳。" 所生若是大竹, 豈中律管與笛？〉】

위죽(篙竹) <위죽은 가는 대나무이며 ≪촉지(蜀志)≫에서 나온 것으로 살가죽이 얇으나 질기다. 위(篙)의 발음은 "위(衛)"와 같다.>

【篙竹 〈細竹也, 出 ≪蜀志≫, 薄肌而勁。篙音衛。〉】

그림 16. 강서성 황령篁嶺에 있는 황죽篁竹

황죽(篁竹) <단단하고 마디가 짧고 몸이 둥글고 바탕이 굳으며 겉껍질이 흰색이어서 서리가 내린 것과 같다. 큰 것은 배로 쓰일 수 있고 가는 것은 피리를 만들 수 있다.>

【篁竹 〈堅而促節, 體圓而質堅, 皮白如霜粉。大者宜作船, 細者爲笛。〉】

극죽(棘竹) <교주(交州) 각 군에서 떼를 지어 자라고 한 떨기에 수십 대가 있는데 큰 것은 2척이 되고 둘러싼 육질이 매우 두껍고 속이 꽉 찬다. 쪼개어 활을 만들고 마디를 손으로 잡으면 다 가시가 있다. 거기 있는 사람들은 이것을 심어서 성을 만들어 군사들에게 공격하지 못하게 하였다.

만진(萬震)의 ≪이물지(異物志)≫에서 이른바 "울타리로 재배되어 통행을 저지하며 층층이 쌓인 것은 성벽과 같다."라고 하였다. 혹 죽어서 무너지면 나온 뿌리는 커서 열 석(石)[9]이나 된 물건과 같고 종횡 교직해서 명주실을 뽑는 물레와 같다. 또한 파죽(笆竹)이라고도 부르고 죽순을 식용하면 사람의 귀밑머리를 빠지게 한다. ≪속죽보(續竹譜)≫에 의하면 책죽(簕竹)이라는 것이 곧 이것이다. ≪귀주지(貴州志)≫에서 이르기를: "책죽(簕竹)은 곧 늑죽(竻竹)이고 또한 삽륵(澀勒)이라고도 한다."고 하였다.>

【棘竹〈生交州諸郡, 叢生, 有數十莖, 大者二尺, 圍肉至厚, 實中。破以爲弓, 拔節皆有刺。彼人種以爲城, 卒不可攻。萬震≪異物志≫, 所謂"種爲藩落阻過層墉者"也。或卒崩, 根出大如十石物, 縱橫相承, 如繅車。一名笆竹, 筍味落人鬚髮。按≪續竹譜≫, 有簕竹卽此。≪貴州志≫云, "簕竹卽竻竹, 又名澀勒。"〉】

단죽(單竹) <큰 것은 장딴지와 같으니 속이 비어 있고 가늘고 길고 산뜻하다. 영남(嶺南) 사람들은 대나무가 되지 않는 죽순을 따고 재로 끓인 후에 말려 베를 짜며, 그 가장 좋은 것은 주름 비단과 같다. ≪속죽보(續竹譜)≫에 의하면 또한 단죽(簞竹)이라고도 쓰여 있다.>

9) 석(石): 10말. 용량 단위

【單竹〈大者如腓, 虛細長爽。嶺南人取其筍未及竹者, 灰煮, 績以爲布, 其精者如縠焉。按《續竹譜》, 一作簞竹。〉】

그림 17. 고죽苦竹

고죽(苦竹) <흰색인 것도 있고 자색인 것도 있으며 맛은 씁쓸하고 떫다. ≪제민요술(齊民要術)≫에서 이르기를: “못생긴 대나무가 네 가지 있는데 푸른색이고 맛이 쓴 것이 있고, 흰색이고 맛이 쓴 것이 있으며, 자색이고 맛이 쓴 것이 있고, 노란색이고 맛이 쓴 것이 있다.”고 하였다.>

【苦竹〈有白有紫而味苦。《齊民要術》云, “竹之醜有四, 有靑苦者, 白苦者, 紫苦者, 黃苦者。”〉】

감죽(甘竹) <황죽(篁竹)과 비슷하나 더욱 무성하고 잎 밑 부분은 달아서 국을 끓이는 데에 적합하며, 이 대나무가 곳곳에 다 있다. ≪도경본초(圖經本草)≫에 의하면 곧 담죽(淡竹)이다. ≪몽계필담(夢溪筆談)≫에서 이르기를: “담죽(淡竹)과 고죽(苦竹)을 대조하여 지은 글에서는 고죽(苦竹)을 제외하고 다 담죽(淡竹)이라 부른다. 후인들이 이것을 알지 못해서 감죽이 ≪본초(本草)≫의 <별소(別疏)>에 있는 담죽(淡竹)과 같은 물건이라고 여겼으니 틀린 것이다.”고 하였다.>

【甘竹〈似篁而茂, 葉下節, 味甘, 合湯用之, 此處處亦有。按《圖經本草》云, 卽淡竹也。《夢溪筆談》云, “淡竹對苦竹爲文, 除苦竹, 悉謂之淡竹。後人不曉, 於《本草》內《別疏》淡竹爲一物, 非也。”〉】

소마죽(蘇麻竹) <길이가 몇 장이나 되고 큰 것은 직경이 한 자 남짓이나 된다. 마디가 적고 가지가 많으며 떼를 지어 자라나고 가지 네 개이며 잎은 신발만큼 크다. 이것은 오령(五嶺) 근처 지역에 곳곳이 자란다.>

【蘇麻竹〈長數丈, 大者尺餘圍。槪節多枝, 叢生, 四枝, 葉大如履。此五嶺左右徧有之。〉】

운당죽(篔簹竹) <가장 크니 큰 것들 중에 굵기가 시루와 같고, 죽순도 그만큼 크다.>

【篔簹竹〈最大, 大者中甑, 笋亦中。〉】

사통(射筒) <살갗이 얇으나 가장 길며, 마디가 화살을 담기에 쓰이므로 이러한 이름을 얻었다.>

【射筒〈薄肌而最長, 節中貯箭, 因以爲名。〉】

임어죽(箖箊竹) <잎이 얇고 넓으며, 월나라 여자가 검술을 겨룰 때에 썼던 대나무이다.>

【箖箊竹〈葉薄而廣, 越女試劒竹是也。〉】

심죽(尋竹) <대우(大禹)가 공공(共工)[10]의 신하인 상요(相繇)를 죽였

---

10) 공공(共工) : 제위(帝位)를 놓고 전욱(顓頊)과 다투다가 부주산(不周山)의 천주(天柱)를 꺾어 쓰러뜨렸다. 이 때문에 하늘은 서북으로, 땅은 동남으로 기울고, 해와 달과 별은 서쪽으로 이동하였으며, 강물은 동쪽으로 흐르게 되었다고 한다. 중국인의 천문학에 관한 관심과 자연관찰에서 나온 전설이다.

그림 18. 양건도楊建濤, 종이에 수묵화

고 그의 피가 흘러서 물이 되며 지나간 곳에 비리고 구려서 오곡이 자랄 수 없었다. 대우가 세 번이나 막으려 하였으나 결국 다 무너졌으며 그 곳에 심죽(尋竹)이 자라났다. 곤륜산(崑崙山) 북쪽 남악(南嶽)산에 있다고 하는데, ≪산해경山海經·대황북경大荒北經≫에 기재되어 있다. ≪옥편(玉篇)≫에 의하면 심죽(簅竹)이 배로 만들어질 수 있다는 것은 곧 이것이다.>

【尋竹 〈禹殺共工、相繇二臣, 膏流爲水, 其處腥臊, 不植五穀。禹三堙皆沮, 尋竹生焉。在崑侖之北南嶽之山, 見 ≪大荒北經≫ 中。按 ≪玉篇≫ 云, "簅竹可爲舟卽此。"〉】

반장죽(般腸竹) <동군(東郡) 연해의 뭇 산 속에 자라나며 그 죽순이 가장 맛있다. 일설에는 파죽(笆竹)과 비슷하고 복건성 가운데 지역에서 나왔다고 하는데 그 모양이 자세하지 않다.>

【般腸竹 〈生東郡緣海諸山中, 其筍最美。云與笆竹相似, 出閩中, 其形未詳。〉】

근죽(筋竹) <길이는 두 장 정도이고 둘레는 몇 촌 정도이다. 매우 굳세고 날카로우니 남방 지역에서 창을 만드는 데에 쓰인다. 그 죽순은 대나무가 되지 않을 때에 쇠뇌의 줄이 될 만한다고 하는데 서충(徐忠)의 ≪남중주(南中奏)≫에 기재되어 있다. 유연림(劉淵林)이

말하기를: "오랑캐들이 사엽죽(史葉竹)을 창으로 삼는데 곧 근죽(筋竹)이고 한 물건으로 두 이름이 있을 뿐이다."고 하였다.>

그림 19. 근죽筋竹

【筋竹〈長二丈許, 圍數寸。至堅利, 南土以爲矛。其筍未成竹時, 堪爲弩絃, 見徐忠《南中奏》。劉淵林云, "夷人以史葉竹爲矛, 卽是筋竹, 一物而二名者也。"〉】

백엽죽(百葉竹) <남쪽 변경에 자라고 독성이 매우 강해서 사람을 다치게 하면 반드시 죽는다. 한 가지에 100여 잎이 있어서 백엽죽(百葉竹)이라는 이름을 얻었다. 《심지(沈志)》에 유연림(劉淵林)이 이르기를 "방죽(篣竹)이 독성이 있어 호랑이나 표범을 찌르면 짐승이 곧 죽는다."고 하였다. 혹은 한 품종이 두 가지 이름을 가지고 있고, 그 같고 다름이 자세하지 않다.>

【百葉竹〈生南垂界, 甚有毒, 傷人必死。一枝百葉, 因以爲名。《沈志》劉淵林云, "篣竹有毒, 以刺虎豹, 中之輒死。" 或一物二名, 未詳其同異。〉】

박죽(篙竹) <벽이 토실토실하고 구멍이 작아서 속이 거의 꽉 차 있다. 안성(安成) 남쪽 지역에 자라고 그 맛이 씁쓸하다. 박(篙)의 발음은 박(雹)과 같고 성질이 부드럽고 약하다.>

【篙竹〈實厚肥, 孔小幾於實中。安成以南有之, 其味苦。篙音雹, 性柔弱。〉】

유아죽(由衙竹) <이 두 가지 대나무가 모두 큰 대나무이니 원주민들은 가옥의 들보와 기둥으로 사용한다. ≪교주광지(交州廣志)≫에서 이르기를: "또한 영창군(永昌郡)에서 나왔고 떼를 지어 자란다."고 하였다. ≪오군부(吳郡賦)≫에서 이른바 유아(由衙)라는 것은 황죽(篁竹)이다.>

【由衙竹 〈二竹皆大竹也, 土人用爲梁柱。≪交州廣志≫ 云, "亦有生於永昌郡者, 爲物叢生。" ≪吳郡賦≫ 所謂由衙者, 篁也。〉】

그림 20. 공죽笻竹

공죽(笻竹) <마디가 높고 속이 꽉 차 있으며 외형이 인공으로 조각한 것과 같다. ≪광지(廣志)≫에서 이르기를 : "남광(南廣) 공도현(邛都縣)에서 나왔다." 고 하였다. 장맹양(張孟陽)이 이르기를 : "흥고(興古) 반강현(盤江縣)에서 나왔다."고 하였다. ≪산해경(山海經)≫에서는 부죽(扶竹)이라 하며 곽박(郭璞)은 주석해서 부로죽(扶老竹)이라 불렀다. ≪순보(筍譜)≫에 의하면 "부죽(扶竹)은 마디가 나란히 서 있다."라는 것과 같지 않다.>

【笻竹 〈高節實中, 狀若人剖。≪廣志≫ 云, "出南廣 邛都縣。" 張孟陽云, "出興古 盤江縣。" ≪山海經≫ 謂之扶竹, 郭璞注謂之扶老竹。按 ≪筍譜≫ 云, 此與"扶竹並節"者不同。〉】

요죽(䈁竹) <죽순의 맛이 없으며 장강과 한수(漢水) 사이에서는 고요(苦䈁)라고 부른다. 요(䈁)의 발음은 요(聊)와 같다.>

【䈁竹 〈筍無味, 江漢間謂之苦䈁。䈁音聊。〉】

예죽(【⺮豐】竹) <두 가지가 있는데 고죽(苦竹)과 매우 비슷하나 더 가늘고 부드러우며 살갗이 얇다. 예【⺮豐】의 발음이 "예(禮)"와 같으며 이빨 모양 같은 부분에 문양이 있다.>

【【⺮豐】竹 〈二種, 至似苦竹而細軟, 肌薄, 【⺮豐】音禮, 齒有文理也。〉】

개죽(蓋竹) <또한 크고 살갗이 얇으며 빛깔이 흰색이다. 강남(江南)의 깊은 산골짜기에 자라며 사람이 사는 집에서 이것을 심는다는 것을 들어보지 못하였다. 그 종족은 걸핏하면 수백 무(畝)가[11] 된다. ≪회계전록(會稽典錄)·하제전(賀齊傳)≫에서 이르기를: "건안(建安)시기 역적인 홍명(洪明)을 개죽(蓋竹) 숲 중에서 토벌하였다."고 하였다. 개죽(蓋竹)으로 지역 이름을 부른 것은 산조(酸棗, 멧대추)로 읍의 이름을 명명하거나 예장(豫章, 枕木과 樟木을 병칭함)으로 우방국을 칭한 것과 똑같다.>

【蓋竹 〈亦大, 肌薄, 色白。生江南深谷山中, 不聞人家植之。其族類動有頃畝。≪典錄賀齊傳≫ 云, "討建安賊洪明於蓋竹。" 蓋竹以名地, 猶酸棗之名邑, 豫章之名邦者, 類是也。〉】

계경죽(雞脛竹) <황죽(篁竹)의 종류에 속하며 가냘프고 가느니 큰 것도 손가락에 불과하다. 잎이 성기고 겉껍질이 노란색이고 살갗이 굳세니 쓰일 만한 데가 없다. 죽순이 맛있으며 청색의 얼룩무늬가 있고 빛깔이 푸른색이고 강가를 따른 산언덕에 가장 무성하게 자란다. 편집자의 말로는 또한 계두죽(雞頭竹)이라고도 한다.>

---

11) 수백 무(畝)가: 원문은 경무(頃畝)이다. 경무: 수백 무 혹 면적이 큼을 형용한다.

【雞脛竹 〈篁竹之類, 纖細, 大者不過如指。踈葉黃皮, 彊肌無所堪施。笋美, 青斑色綠, 沿江山崗所饒也。按此一作雞頭竹。〉】

구죽(狗竹) <임해(臨海)의 산속에 자라고 마디 사이에 털이 난다.>
【狗竹 〈生臨海山中, 節間有毛。〉】

그림 21. 노죽蘆竹

그림 22. 전죽箭竹 화살 만드는 대나무

노죽(蘆竹) <이 대나무의 살갗이 갈대와 같고, 양주(揚州) 동쪽 변경 각 군 지역에서 나왔다.>
【蘆竹 〈此竹膚是蘆, 出揚州東垂諸郡。〉】

전죽(箭竹) <높이가 1장에 불과하고 마디 사이가 3척 정도이며 단단하고 굳세니 화살을 만들기에 적합하다. 강남(江南) 지역의 산골짜기에 많이 분포되어 있고 회계(會稽)에서 나온 것이 가장 뛰어나고 좋다. 그러므로 ≪이아(爾雅)≫에서 이르기를 "동남 지역의 가장 좋은 것들 중에는 회계(會稽)의 전죽이 있다."고 하였다.>
【箭竹 〈高者不過一丈, 節間三尺, 堅勁中矢。江南諸山皆有之, 會稽所生最精好。故 ≪爾雅≫ 云, "東南之美者, 有會稽之竹箭焉。"〉】

균죽(箘竹)과 노죽(簬竹) <이 두 가지 대나무는 모두 화살을 만드는 데에 적합하며 다 운몽택(雲夢澤)[12]에서 나왔다. 대략 회계(會稽)의 전죽(箭竹)이다. 죽피가 아주 검고 껄끄러우니 이것을 기이한 점으로 여긴다. ≪여씨춘추(呂氏春秋)≫에서 이르기를: "낙월(駱越) 지역에 균죽(箘竹)이 있다."고 하였다. 그러나 남월(南越) 지역에서도 나왔으며 오직 형주(荊州)에만 있는 것이 아니다.>

그림 23. 대나무와 죽순

【箘竹簬竹 〈二竹亦皆中矢, 皆出雲夢之澤。大較是會稽箭類耳。皮特黑澀, 以此爲異。≪呂氏春秋≫云, "駱越之箘。" 然則南越亦産, 不但荊也。〉】

미죽(篃竹) <≪산해경(山海經)≫에서 이르기를: "그 대나무는 미(篃)라 불리고 한 군데에만 자라난 것이 아니고, 강남(江南) 지역의 산골짜기 중에도 많다. 그러므로 전죽(箭竹) 종류에 속한다. 1척 정도 된 길이에 몇 마디가 있고, 잎이 커서 신발과 같으니 장막을 만들 수 있기도 하고 화살을 만드는 데에 쓰기도 한다. 그 죽순이 겨울에 튼다."

≪광지(廣志)≫에서 이르기를 "조위(曹魏) 때에 한중(漢中) 태수인 왕도(王圖)가 해마다 겨울에 죽순을 바치는데, 이것을 쾌(篕) 죽

12) 운몽택(雲夢澤) : 중국 고대에 호북성(湖北省) 남부에서 호남성(湖南省) 북부에 걸쳐서 있었다고 하는 대소택지이다.

순이라 부른다."고 하였다. "괘(簂)"의 발음은 고(苦)와 괴(怪)의 반절(反切) 발음을 취한다.[13] 이것에 의하면 또한 괘죽(簂竹)이라고도 한다.>

【篃竹〈≪山海經≫ 云, "其竹名篃, 生非一處, 江南山谷所饒也。故是箭竹類。一尺數節, 葉大如履, 可以作篷, 亦中作矢。其筍冬生。" ≪廣志≫ 云, "魏時漢中太守王圖, 每冬獻笋, 謂之簂竽。" 簂苦怪反, 按此亦名簂竹。〉】

소죽(篠竹) <혜소죽(彗篠竹)이고 빗자루를 만드는 데에 적합하며 가는 대나무이나 일반적인 작은 대나무와는 몹시 다르다고 한데 ≪광지(廣志)≫에 기록되어 있다. 매우 큰 것도 화살대에 불과하고 긴 것은 1장을 넘지 않는다. 뿌리와 가지 등이 아래 마디에서 나오고, 오직 높고 그늘진 곳에서만 걸핏하면 수많은 무(畝)를 이루며 노산(盧山)에서 가장 많다. 빗자루를 만드는 데에 사용되는 재료이니 심양(潯陽) 사람들은 항상 하도(下都, 즉 남경南京)에 있는 것을 취하여 판다.

또한 노군(魯郡) 추산(鄒山)에는 소죽(篠竹)이 있는데 모양과 빛깔에 특별한 것이 없으나 성질이 매우 단단하고도 매끄러우니, 생관(笙管)을 만드는 데에 적합하고 여러 지역의 대나무가 미치지 못한다. ≪생부(笙賦)≫에서 이른바 "추산(鄒山)의 큰 대나무이다."라고

13) 불교가 전해져 들어오면서 한자 중에 반절(反切)로 발음을 표시하는 방법이 나타났다. 즉 두 한자가 합쳐서 한 한자의 발음이 되는데 앞 한자의 성모 및 뒤 한자의 운모와 성조를 취하여 조합하면 곧 피절자(被切字)의 발음이다. 괘(簂)의 발음은 즉 고(苦)의 성모 및 괴(怪)의 운모와 성조를 취한 것이고 "kuài"라 한다.

하였다. 또한 해도(海島)에 소죽이 있는데 큰 것은 젓가락과 같고 속은 꽉 차 있고 겉은 굳세며 우뚝 서 있어 구부러지지 않는다. 가지와 잎은 희소하고 겉모습은 마른 젓가락과 같다.>

그림 24. 가을의 대나무 잎

【篠竹 〈彗篠竹, 中掃帚細竹也, 特異他篠。見 ≪廣志≫。至大者不過如箭, 長者不出一丈。根杪條等下節生, 惟高陰動有町畝, 盧山所饒也。掃箒之選, 潯陽人往往取下都貨焉。又魯郡 鄒山有篠, 形色不殊, 質特堅潤, 宜爲笙管, 諸方莫及。≪笙賦≫ 所謂“鄒山大竹也”。又海島有篠, 大者如筯, 內實外堅, 拔之不曲。枝葉稀少, 狀若枯筯。〉】

적죽(赤竹) <빛깔로 이름을 지었다. ≪순보(筍譜)≫에 의하면 “적죽(赤竹)이 복건성 가운데에서 나왔으며, 큰 것은 서까래와 같으니 짠 부채 발에 쓰일 만하다.”라고 하였다.>

【赤竹 〈以色名。按 ≪筍譜≫ 云, “赤竹出閩中, 大者如椽, 堪作彈織箔扇也。”〉】

백죽(白竹) <관습적으로 백록죽(白鹿竹)이라 하고 또한 대자리를 만들 수 있다. 욕양(溽陽)에서 백목(白木)이라 부르며 대나무가 마를 때에 겉껍질과 속은 다 붉은색이다. 무릉(武陵) 시내에서 가장 많이 나왔다.

≪순보(筍譜)≫에 의하면 “연주(連州) 포복산(抱腹山)에서 백죽(白竹)이 가장 많이 나왔는데 줄기가 곧고 마디가 흰색이며 속은 약간

녹색을 띤다. 거기 토착민은 죽순이 나온 후 대껍질이 떨어지고 가지 끝이 펼쳐질 때에는 이 대나무를 캐서 재로 물을 끓인 다음에 담가서 대나무 헝겊신을 만든다. 혹 마디 하나를 쳐서 빗자루를 만들고 백죽불(白竹拂)이라 부른다. 만약 조세(租稅)로 천을 바치면 한 필(疋)[14]에 몇 냥(兩)만큼 귀중하다."라고 하였다.>

【白竹 〈俗曰白鹿竹, 亦可作箄。溽陽呼爲白木, 竹燥時皮肉皆赤。武陵溪中是所豐足也。按 ≪筍譜≫ 云, "連州 抱腹山多生白竹, 莖徑白節, 心少許綠。彼土人出筍後, 落籜撒梢時, 採此竹以灰煮水, 浸作竹布鞋。或搥一節作箒, 謂白竹拂。若貢布一疋只重數兩也。"〉】

함타죽(箈篖竹) <커서 발가락과 같고 단단하고 두꺼우며 길고 곧다. 빈 부분에는 흰색 격막이 있는데 겉모습이 젖은 밀가루로 만들어진 옷과 같다. 곧 대나무가 되고 죽순의 껍질이 벗겨지지 않을 때에 작은 벌레들이 쉽게 와서 죽순을 갉아 먹는다. 죽순의 껍질이 벗겨진 후에 작은 벌레들에 물린 곳에 항상 적색 무늬가 이루어지니 자못 자수 회화와 같으며 남강(南康) 지역에서 나온 바이다.

≪오심잡패(梧潯雜佩)≫에 의하면 "운남(云南)성의 신화주(新化州)라는 산속에 가는 대나무가 자라나며, 긴 것이 10여 장이 되고 뿌리가 굵고 끝이 가늘다. 그 위에 벌레들에 물린 곳이 있는데 그 벌레들을 내쫓으면 남은 무늬가 상죽(湘竹)에 있는 것과 같다. 대나무를 끊고 젓가락을 만들어서 매우 아름답다."라고 하였다. 당연히 이 대나무의 같은 종류에 속한다.>

【箈篖竹 〈大如脚指, 堅厚修直。腹中白幕闌隔, 狀如濕麪生衣。將

14) 필(疋) : 비단 따위의 천을 세는 단위이다.

成竹, 而笋皮未落, 輒有細蟲嚙之。隕籜之後, 蟲齧處往往成赤文, 頗似繡畫, 南康所出。按 ≪梧潯雜佩≫ 云, “滇之新化州山中, 生細竹, 長者十餘丈, 本粗而末細。其上有蟲蝕處, 去之則斑痕如湘竹。斷以爲箸甚雅。”當是此竹一類也。〉】

고타죽(箛【⺮朶】竹) <한양(漢陽)에서 자라고 늘 천자 수레의 말채찍으로 바쳐졌다고 한데 ≪남도부(南都賦)≫에 기록되어 있다.>

【箛【⺮朶】竹 〈生於漢陽, 時獻以爲輅馬策, 見 ≪南郡賦≫。〉】

부죽(浮竹) <긴 것은 수십 척이나 되고 살 벽이 두꺼우나 약하고 연하며 마디가 넓고 적다. 물가에 자라나니 팽리호(彭蠡湖)의 남쪽과 대령(大嶺)의 북쪽에 곳곳이 이 대나무가 있다. 그 죽순이 나오기 전에 캐고 취해서 달콤한 지게미로 그것을 저장하면 아주 달고 사각사각하니 남방 사람들이 즐겨 먹는 바이다.>

【浮竹 〈長者數十尺, 肉厚而虛軟, 節闊而亞。生水次, 彭蠡以南, 大嶺以北, 徧有之。其笋未出時, 掘取以甜糟藏之, 極甘脆, 南人所重。〉】

면죽(【⺮黽】竹) <<남군부(南郡賦)>에 기록되어 있다.>

【【⺮黽】竹 〈見 〈南郡賦〉。〉】

나죽(筡竹) <<촉도부(蜀都賦)>에 기록되어 있다.>

【筡竹 〈見 〈蜀都賦〉。〉】

승려 찬녕(贊寧) ≪순보(筍譜)≫의 고죽(孤竹) <양양(襄陽) 해산(薤山) 아래에 고죽(孤竹)이 있어 3년마다 비로소 죽순 하나가 난다. 죽

순이 대나무가 될 때에 이르면 대나무의 모체가 이미 죽었다. 대사(代謝)[15]는 춘추와 같다.>

【僧贊寧 ≪筍譜≫ 孤竹 〈襄陽 薤山下有孤竹, 三年方生一笋。及笋成竹, 竹母已死矣。代謝如春秋焉。〉】

식죽(簺竹) <온처건(溫處建)에서 나왔다. 대나무는 고죽(苦竹)과 같으니 마디가 길고 얇아서 지붕 서까래로 쓰일 수 있다.>

【簺竹 〈出溫處建以來。竹如苦竹, 長節而薄, 可作屋椽。〉】

목죽(木竹) <지금 영은산(靈隱山)에서 나왔다. 속이 굳세고 또한 작은 줄기에 통하며 마디 안에 풀이 자랄 수 있다. 또 소주(韶州)에 목죽(木竹)이 있어 대나무가 되면 줄기 하나가 만세등(萬歲藤)[16]과 같으니 마디 하나의 길이가 4척이며 꽃이 없으나 열매를 맺고 열매가 초두구(草豆蔻)와 같아서 토착민들은 그것을 절여서 과실을 만든다. 이것에 의하면 응당 다른 한 종류이다.>

【木竹 〈今靈隱山出, 中堅亦通小脉, 節內若通草中也。又韶州有木竹, 成竹一莖如萬歲藤, 一節長四尺, 無花而實, 實如草豆蔻, 土人鹽之爲果實。按此當別一種也。〉】

이죽(利竹) <그 대나무는 덩굴로 자라나므로 덩굴 종류와 같으며, 속이 가득 차 있고 단단하고 질기다.>

【利竹 〈其竹蔓生, 若藤蔓屬, 實中而堅韌。〉】

---

15) 대사(代謝) : 묵은 것이 없어지고 새 것이 대신 생기는 것이다.

16) 만세등(萬歲藤) : 다년생 덩쿨 식물이다.

운모죽(雲母竹) <≪광지(廣志)≫에서 이르기를: "큰 대나무이다."고 하였다.>

【雲母竹 〈≪廣志≫ 云, "大竹也。"〉】

만죽(蔓竹) <≪광지(廣志)≫에서 이르기를: "겉껍질이 푸르고 살이 희어서 눈과 같으며 부드럽고 질겨서 동아줄로 쓰일 수 있다."고 하였다. ≪술이기(述異記)≫에서 이르기를: "잠화산(岑華山)이 서해(西海) 사방에 있으며 거기에 만죽(蔓竹)이 있는데 퉁소 관을 만들고 불면 뭇 봉새가 우는 것과 같다."고 하였다.>

【蔓竹 〈≪廣志≫ 云, "皮青, 肉白如雪, 軟韌可爲索。" ≪述異記≫ 云, "岑華山在西海之四, 有蔓竹爲簫管, 吹之若羣鳳之鳴。"〉】

용죽(鏞竹) <광주(廣州)에서 나왔다. 이 대나무는 아주 크고 속이 비어 있으니 쌀 3되 정도를 담을 수 있다. 교광(交廣)[17] 이래 사람들이 이것을 장되로 삼아 오차를 쟀다. 이 대나무에서 나온 노란색 액체가 풍병을 치료할 수 있으므로 천죽황(天竹黃)이라 명명하였다. 노란색에 의하여 천죽(天竹)이라 부르니 이 대나무가 크다는 것을 말한다.>

그림 25. 가을의 대나무

【鏞竹 〈出廣州。此竹絶大, 內空容三升許米。交、廣以來, 人將此作升子量出入。其出黃可療風疾, 名天竹黃。按黃名天竹, 言此竹大也。〉】

---

17) 교광(交廣) : 삼국 시기에 동오(東吳)에 속한 교주(交州)가 교(交), 광(廣) 2주(州)로 나누어졌다가 얼마 이후에 교주로 합쳐지만 결국 분치되었다.

상미죽(相迷竹) <광주(廣州)에서 나왔으며 대나무의 겉모습이 용죽(鏞竹)과 약간 다르나 그 크고 긴 것이 또한 같다. 속이 비어 있고 노란색 액체가 나면 환약으로 쓰일 만하다.>

【相迷竹〈生廣州以來, 竹狀與鏞竹少異, 其洪長亦同。內空生黃堪作丸。〉】

신부죽(新婦竹) <무림산(武林山)의 음지에서 나왔다. 그 대나무가 둥글고 곧고 질겨서 대오리를 만들 수 있다.>

【新婦竹〈出武林山陰。其竹圓直韌可爲篾。〉】

그림 26. 오죽烏竹

백오죽(白烏竹) <호남(湖南)성 안에 이 대나무가 있다고 한데 위(魏)나라 ≪조비부(曹毗賦)≫에 기재되어 있다.>

【白烏竹〈湘中有此竹, 見魏《曹毗賦》。〉】

어장죽(魚腸竹) <이 대나무는 가늘고 구부러진다.>

【魚腸竹〈其竹細而屈。〉】

사통(篩筩) <≪오도부(吳都賦)≫에 기록되어 있는데 오월(吳越)[18] 지역에는 이것이 있다고 한다.>

【篩筩〈見《吳都賦》, 吳、越有之。〉】

18) 오월(吳越) : 주(周)나라의 제후국인 오(吳)나라와 월(越)나라를 가리킨다.

노서죽(簡箸竹) <대나무의 마디가 성글다.>

【簡箸竹〈竹節疎。〉】

표죽(篻竹) <이 대나무는 속이 차 있고 임(【⺮彝】)에 속하며 소주(韶州)에서 나왔다. 줄기가 5,6촌이니 활과 쇠뇌를 만드는 데에 적합하다.>

【篻竹〈其竹實中,【⺮彝】屬, 出韶州。莖五六寸, 中爲弓弩。〉】

복상죽(服傷竹) <큰 것은 5, 6촌이고 둘레의 길이가 2장이며 그 속이 꽉 차 있다.>

【服傷竹〈大者五六寸, 圍長二丈, 其中實滿。〉】

계죽(笄竹) <오월(吳越) 지역에 많이 자라난다.>

【笄竹〈吳、越多生。〉】

용아죽(龍牙竹) <영가(永嘉) 대라산(大羅山)에서 나왔다. 이 대나무의 길이가 4, 5척이고 마디가 희소하다. 사람이 이것을 취하면 꼭 큰 바람, 비, 천둥과 우박이 있으며, 사람이 산에서 내려가면 그친다.>

【龍牙竹〈出永嘉 大羅山。其竹長四五尺, 稀節。人取必有大風雨雷雹, 人下山則止。〉】

빈랑죽(檳榔竹) <두대(杜臺)의 ≪경회부(卿淮賦)≫에 기록되어 있다.>

【檳榔竹〈見杜臺 ≪卿淮賦≫。〉】

단죽(丹竹) <도주(道州) 농중(瀧中) 절벽 위에서 나왔다. 대나무의 마디마다 길이가 1장이나 8척이고 줄기가 그다지 크지 않고 하늘하늘하게 하늘로 올라가며 흰 마디가 붉은색을 띤 것과 같다. >

【丹竹〈出道州 瀧中峭壁之上。竹每節可一丈或八尺, 莖不大, 裊裊搖空, 粉節上似有丹色。〉】

불운추죽(拂雲帚竹) <노산(盧山)에서 나왔다. 줄기의 크기가 손가락과 같고, 대나무의 가지가 가늘고 잎이 푸르고 빽빽해서 빗자루와 같다. 거기 사람들이 캐서 특산물로 타인에게 선물하고 그것을 불운(拂雲) 빗자루라 부른다.>

【拂雲帚竹〈出盧山。莖大如指, 竹杪細葉密翠如箒。彼人採爲方物贈人, 謂之拂雲箒。〉】

임죽(箖竹) <양주(襄州) 와룡산(臥龍山) 제갈량(諸葛亮)의 사당에서 나왔다. 길이가 백 척이고 가지 끝부분에만 잎이 있으며 토착민들은 깃발이 떨어지지 않게 하는 기둥으로 쓴다.>

【箖竹〈出襄州 臥龍山 諸葛亮祠中。長百尺, 只梢上有葉, 土人作幡竿承落。〉】

수죽(水竹) <귀주(貴州)[19]성 남쪽에서 나왔으며, 수도 안이나 바위 아래의 못에 자라난다.>

【水竹〈出黔南, 管內或巖下潭水中生。〉】

---

19) 귀주(貴州) : 원문에는 검(黔)이며 구이저우(貴州)성의 약칭이다.

고산죽(古散竹) <마디가 말채찍과 비슷하고 잎은 오동나무와 비슷하나, 겉이 작으며 겉껍질이 종려나무와 비슷해서 부드럽고 질기다.>

【古散竹 〈節似馬鞭, 葉似桐樹, 面小, 皮似栟櫚柔韌。〉】

학슬죽(鶴膝竹) <대나무의 겉모습은 마디 아래 부분이 크고 윗부분이 작아서 고죽(苦竹)과 비슷하다. 복건(福建)[20]성 가운데 토착민들이 퇴죽(槌竹)이라 부르며 지팡이로 쓸 만하다. 이것에 의하면 ≪운남지(雲南志)≫에서 이르는 계퇴죽(雞腿竹)이며 대개 공죽(邛竹)의 종류에 속한다.>

【鶴膝竹 〈竹狀節下大上小, 似苦竹。閩中土人呼爲槌竹,堪作拄杖。按此即 ≪雲南志≫ 所謂雞腿竹, 蓋邛竹類也。〉】

그림 27. 양건도楊建濤, 종이에 수묵화

석료죽(石篻竹) <일명 표로(篻簩)라고도 하고 복건성 가운데에 자란다. 대나무가 석순(石笋)과 비슷하나 작다.>

---

20) 복건(福建) : 원문에는 민(閩)이며 푸젠(福建)성의 약칭이다.

【石籦竹〈一名篻簩, 生閩中, 竹似石笋而小。〉】

삼릉죽(三稜竹) <그 겉모습이 종려나무와 같으며 잎, 줄기와 자루는 등골뼈 세 개와 같다.>

【三稜竹〈其狀若椶櫚, 葉莖柄若三脊然。〉】

유미지(劉美之) ≪속죽보(續竹譜)≫ 사마죽(沙摩竹) <계령(桂嶺)에 자라고 한 사람이 오직 장대 하나만 들 수 있다. 심으려면 묘를 분할하고 2척 정도를 쌓아서 땅에 매장하고 한 달을 넘지 않고도 뿌리와 잎이 나고 이듬해에 싹이 트며 죽순이 3년을 넘지 않아 숲이 된다.>

【劉美之 ≪續竹譜≫ 沙摩竹〈生桂嶺, 一人止可擎一竿。欲種則鈖其苗, 截二尺許, 釘入土, 不逾月而生根葉, 期年長芽, 筍不三載而爲林。〉】

그림 28. 자죽紫竹

자죽(紫竹) <그 줄기가 물든 것과 같고 청성(青城) 아미산(蛾眉山)에서 나왔으며 생황, 피리, 대롱으로 쓰일 수 있다. ≪익부방물략기(益部方物略記)≫에서 이르기를: "사천(四川)[21]성 여러 산속에 특히 정원과 못이 많으니 또한 이 대나무를 완상용 물건으로 심는다. 그러나 2년이 되면 빛깔이 비로소 변하고 3년에 이르러 자색을 띤다."고 하였다.>

21) 사천(四川) : 원문에는 촉(蜀)이며 쓰촨(四川)성의 약칭이다.

【紫竹 〈其莖如染, 出青城 蛾眉山, 可作笙竽簫管。≪益部方物略記≫ 云, "蜀諸山中尤多園池, 亦種爲玩。然生二年色乃變, 三年而紫。"〉】

묘아죽(貓兒竹) <장사(長沙)에 있고, 아래 부분은 풍만하고 윗부분은 가늘다. 그 죽순은 매우 달고 맛있으며 큰 것은 무게가 10여 근이다. 편집자의 말로는 모죽(毛竹)은 또한 묘죽(貓竹)이라고도 하지만 이것과 각각 다르다.>

【貓兒竹 〈長沙有之, 下豐上細。其笋甚甘美, 大者重十餘斤。按毛竹一名貓竹, 與此各別。〉】

≪화양국지(華陽國志)≫ 복죽(濮竹) <영창군(永昌郡)에서 나왔다. 큰 대나무 마디의 간격이 1장이나 떨어져 있고 부피가 1휘(斛) 정도이며 ≪순보(筍譜)≫와 ≪본초(本草)≫에서 한죽(漢竹)이라 쓰여 있는데 복(濮)이라는 글자가 잘못 쓰였다고 의심된다.>

【≪華陽國志≫ 濮竹 〈出永昌郡。大竹節相去一丈, 受一斛許, ≪筍譜≫ ≪本草≫ 作漢竹, 疑濮字之訛。〉】

≪본초(本草)≫ 근죽(簺竹) <단단하고 마디가 짧고 몸이 둥글고 성질이 굳세며 겉껍질이 희어서 서리와 같다. 큰 것은 배로 만드는 데에 적합하고, 가는 것은 피리로 만들 수 있다. 뿌리와 잎을 함께 취하고 짜낸 즙은 약재로 쓰인다.>

【≪本草≫ 簺竹 〈堅而促節, 體圓質勁, 皮白如霜。大者宜刺船, 細者可爲笛。取瀝並根葉皆入藥。〉】

≪아미산지(峨眉山志)≫ 용죽(龍竹) <뿌리에 두 뿔이 있고 마디가 길고 속이 가득 차 있어서 지팡이로 쓰일 수 있다. 산으로 놀러 다닌 자가 이것을 많이 캔다.>

【≪峨眉山志≫ 龍竹 〈根有二角, 高節實中可爲杖。遊山者多採之。〉】

천세죽(千歲竹) <산 남쪽의 절벽 사이에 자라나며 대바구니로 담고 사석을 북돋우고 처마 앞에 달면 곧 무성하게 자란다. 하삼월(夏三月)[22]에 꽃이 피어나고 북을 돋아 주면 말라죽는다.>

【千歲竹 〈生山南絶壁間, 盛以竹籃, 培以砂石, 懸之檐前, 卽暢茂。夏三月著花, 壅土則枯死。〉】

≪광동지(廣東志)≫ 전반죽(電斑竹) <뇌주(雷州)에서 토산물로 전반죽(電斑竹)을 바친다.>

【≪廣東志≫ 電斑竹 〈雷州土貢電斑竹。〉】

파사라죽(婆娑羅竹) <증성현(增城縣) 동남쪽 23리 떨어져 있는 곳을 예산(猊山)이라 하고 거기에 파사라죽(婆娑羅竹)이 나왔다.>

【婆娑羅竹 〈增城縣東南二十三里, 曰猊山, 産婆娑羅竹。〉】

≪운남지(雲南志)≫ 흑죽(黑竹) <낭궁(浪穹)에서 나왔다. 빛깔이 검정색이고 대금을 만들 수 있다. 이에 의하면 이것은 원래 보(譜)에서 언급한 흑죽(黑竹)과 다르다.>

---

22) 하삼월(夏三月) : 중의학 명사로 음력 4, 5, 6월을 가리킨다.

【≪雲南志≫ 黑竹 〈出浪穹, 色黑, 可爲簫管。按此與原譜黑竹異。〉】

마죽(麻竹) <그 성질이 약하고 부드러워서 노끈이나 신을 만들 수 있다.>

【麻竹 〈其質緜軟, 可爲繩爲屨。〉】

거죽(巨竹) <역문(易門)의 깊은 골짜기에서 나왔으며 마디의 높이가 몇 척이다.>

【巨竹 〈出易門深谷, 節高數尺。〉】

그림 29. 양건도楊建濤, 종이에 수묵담채

【원본原本】

8월은 죽소춘(竹小春)이라고도 한다. 대나무의 싹은 죽순이라 하고, 대나무의 마디는 약(箹)이라 하고, 대나무의 무리는 낭(筤)이라 하며, 대나무의 열매는 복(簑)이라 하고, 대나무가 바람을 얻어서 몸이 구부러진 것은 소(笑)라 하며, 대나무가 죽는 것은 주(箒)라 한다.

【八月爲竹小春。竹之萌曰筍, 竹之節曰箹, 竹之叢曰筤, 竹之實曰簑, 竹之得風而體夭屈曰笑, 竹死曰箒。】

2. 대나무 휘고(彙考)

【증보增補】

≪역·설괘(易·說卦)≫에 「진(震, 괘의 이름)은 창랑죽(蒼筤竹)이라고 하였다. 【소(疏)】 대나무가 처음 자라날 때에 푸른색을 띠는데 봄에 자라는 아름다움을 취한 것이다.」

【≪易·說卦≫ 震爲蒼筤竹【疏】竹初生之時, 色蒼筤, 取其春生之美也。】

그림 30. 오초광吳楚光, 종이에 수묵담채

【원본原本】

≪서·우공(書·禹貢)≫에 「가는 대와 큰 대가 이미 번성해졌다. 【전(傳)】 소(篠)는 전죽(箭竹)이고 탕(簜)은 큰 대나무이며 물이 떠났으니 대나무가 퍼져서 자라난다.

- 요(瑤, 아름다운 옥), 곤(琨, 아름다운 옥) 같은 가는 대와 큰 대이다.
- 오직 균(箘), 노(簬), 고(楛)만은 세 나라가 바친 공물의 이름이다. 【전(傳)】 균(箘)과 노(簬)는 아름다운 대나무이고, 고(楛)는 화살대로 쓰인다. 세 물건이 모두 운몽택(雲夢澤)

에서 나왔으며 운몽택에 가까운 세 나라가 항상 이것을 공물로 바치므로 그 이름이 천하에 알려졌다. 【소(疏)】 정(鄭)씨가 이르기를: "균(箘), 노(簬)가 영풍(箈風, 대나무의 이름임)이다."고 하였다. 대나무는 이름 두 개가 있거나 혹은 크고 작음이 다르다. 균(箘)과 노(簬)는 두 가지 대나무이다.」라 하였다.

【≪書·禹貢≫ 篠、簜旣敷【傳】篠竹箭, 簜大竹, 水去已布生。

- 瑤 琨 篠、簜。
- 惟箘、簬、楛, 三邦底貢厥名【傳】箘, 簬美竹, 楛中矢幹。三物皆出雲夢之澤, 近澤三國, 常致貢之, 其名天下稱善。【疏】鄭云, "箘, 簬, 箈風也。" 竹有二名, 或大小異也。箘、簬是兩種竹。】

【증보增補】

≪시경·위풍(詩經·衛風)≫에 「하늘하늘 흔들리는 죽간이요, 기수(淇水)에서 낚시하네.」라 하였다.

【≪詩·衛風≫ 籊籊竹竿, 以釣於淇。】

≪시경·소아(詩經·小雅)≫에 「대나무의 포(苞)와 같다. 【전(傳)】 포(苞)는 뿌리이다. 【전(箋)】 당시에 백성들이 많아서 대나무의 뿌리가 자라나는 것과 같다고 말한 것이었다.」라 하였다.

그림 31. 오초광吳楚光, 종이에 수묵화

【≪詩經·小雅≫ 如竹苞矣。【傳】苞, 本也。【箋】言時民殷衆, 如竹之本生矣。】

≪예기·월령(禮記·月令)≫에 「일단(日短, 즉 동지)에 이르면 대나무를 베서 화살을 만든다.」라 하였다.

【≪禮記·月令≫ 日短至, 則伐木取竹箭。】

≪예기(禮器)≫에 「그것이 사람에게 달려 있는 것은 전죽(箭竹)이 겉껍질이 있는 것과 같고, 소나무가 마음을 가지고 있는 것과 같다. 양자가 천하의 대단(大端)[23]에 처하므로 사계절 내내 가지도 잎도 바꾸지 않는다.」라 하였다.

【≪禮器≫ 其在人也, 如竹箭之有筠也, 如松柏之有心也。二者居天下之大端矣, 故貫四時而不改柯易葉。】

≪주례·춘관(周禮·春官)≫에 「고죽(孤竹)으로 만들어진 관악기는 겨울날에 지상의 환구(圜丘)에 이르러 이것을 연주한다. 【주(注)】 고죽(孤竹)은 대나무 중에서 특별히 자라난 것이다.

- 손죽(孫竹)으로 만들어진 관악기는 여름날에 못의 모난 언덕【方丘】에 이르러 이것을 연주한다. 【주(注)】 손죽(孫竹)은 대나무 가지와 뿌리의 끝부분에서 자라난 것이다.
- 음죽(陰竹)으로 만들어진 관악기는 조정에서 이것을 연주한다. 【주(注)】 음죽(陰竹)은 산 북쪽에 자라난 것이다.」라 하였다.

---

23) 대단(大端) : 중요한 위치이다.

【≪周禮·春官≫ 孤竹之管, 冬日, 至於地上之圜丘奏之。【注】孤竹, 竹特生者。

· 孫竹之管, 夏日, 至於澤中之方丘奏之。【注】孫竹, 竹枝根之末生者。

· 陰竹之管, 於宗廟之中奏之【注】陰竹, 生於山北者。】

≪주례周禮·하관夏官≫에 「동남은 양주(揚州)라 하고, 거기에서 석장(錫杖)[24]과 대나무 화살은 이득이 된다.」라 하였다.

【≪夏官≫ 東南曰揚州, 其利金錫、竹箭。】

≪사기·하거서(史記·河渠書)≫에 「천자가 스스로 결하(決河)에 임하여 흰 말과 구슬을 물에 담근 후에 군신과 종관(從官)에게 장군 이하부터 모두 섶을 지어서 결하(決河)를 메우게 하였다. 이때에 물이 동쪽으로 흐르고 있고 군(郡)에서 풀을 태우므로 땔감이 적어졌으니 하류 기원(淇園)에 있는 대나무가 말뚝으로 쓰였다. 【주(注)】 대나무를 세워서 물이 터진 구멍을 막으려면 약간 벌려서 삽입하고 나서, 세워진 대나무에 접한 물이 약해지면, 보태서 빽빽하게 만든다.」라 하였다.

【≪史記·河渠書≫ 天子自臨決河, 沈白馬玉璧於河, 令羣臣、從官, 自將軍已下, 皆負薪寘決河。是時東流郡燒草, 以故薪柴少, 而下淇園之竹以爲楗。【注】樹竹塞水決之口, 稍稍布插, 接樹之水稍弱補令密。】

24) 석장(錫杖) : 중이 짚고 다니는 지팡이.

【원본原本】

그림 32. 오초광吳楚光, 종이에 수묵화

≪사기·화식전(史記·貨殖傳)≫에 「위천(渭川)에 대나무 천 묘(畝)가 있으며 그 대나무를 가진 사람은 천호후(千戶侯)와 같다.」라 하였다.

【≪史記·貨殖傳≫ 渭川千畝竹, 其人與千戶侯等。】

【증보增補】

≪한서·지리지(漢書·地理志)≫에 「진나라 땅에 호두(鄠杜) 대숲, 남산의 단(檀)나무와 자(柘)나무가 있어 육해(陸海)[25]라 일컬었는데 구주(九州)의 비옥한 땅이다.」라 하였다.

【≪漢書·地理志≫ 秦地有鄠杜竹林、南山檀柘, 號稱陸海, 爲九州膏腴。】

【원본原本】

≪진서·혜강전(晉書·嵇康傳)≫에 「혜강(嵇康)과 의기가 투합한 자

25) 육해(陸海) : 높고 평평하고 물산이 풍요로운 육지이다.

는 오직 진류군(陳留郡) 완적(阮籍), 하내군(河內郡) 산도(山濤)만 있고 그들의 흐름에 참여한 자는 하내군(河內郡) 향수(向秀), 패국(沛國, 즉 치상현治相縣) 유령(劉伶), 완적(阮籍)의 형제인 자함(子咸, 즉, 완함阮咸), 낭야군(琅琊郡) 왕융(王戎)이 있다. 그러므로 대숲 유람을 하였는데 세상에서 이른바 "죽림칠현(竹林七賢)"이다.」라 하였다.

【≪晉書·嵇康傳≫ 康所與神交者, 惟陳留 阮籍, 河內 山濤, 豫其流者河內 向秀, 沛國 劉伶, 籍兄子咸, 琅琊 王戎。遂爲竹林之遊, 世所謂"竹林七賢"也。】

그림 33. <죽림칠현도>, 필자미상, 한대漢代 화상석畫象石

【증보增補】

≪진서·기첨전(晉書·紀瞻傳)≫에 「기첨(紀瞻)이 오의항(烏衣巷)에 집을 세웠다. 집이 높고 아름답고 동산, 못, 대나무들이 있으니 완상할 만하다.」라 하였다.

【≪晉書·紀瞻傳≫ 瞻立宅於烏衣巷。館宇崇麗, 園池竹木有足賞翫焉。】

≪왕휘지전(王徽之傳)≫에 「오(吳) 지역의 한 사대부 집에 좋은 대나무가 있다고 하는데 왕휘지(王徽之)가 그것을 구경하려고 하니 나와 수레를 타고 대나무 아래에 이르러서 오랫동안 읊조렸다. 주인이 깨끗하게 쓸고 나서 앉으라고 청했더니 휘지가 돌아보지 않고 장차 나가려고 하자 주인은 이에 문을 닫았다. 휘지가 이로 인해 그를 칭찬하며 즐거움을 다하고 떠났다.

(왕휘지가) 일찍이 빈 집에서 기거하였는데 대나무를 심게 해서 혹자가 그 까닭을 물어보니 휘지가 단지 읊조리면서 대나무를 가리키고 말하기를: "어찌 하루라도 이 군자가 없을 수 있겠는가?"고 하였다.」라 하였다.

【≪王徽之傳≫ 吳中一士大夫家, 有好竹, 徽之欲觀之, 便出坐輿造竹下, 諷嘯良久。主人灑掃請坐, 徽之不顧, 將出, 主人乃閉門。徽之便以此賞之, 盡歡而去。嘗寄居空宅中, 便令種竹, 或問其故, 徽之但嘯詠指竹曰: "何可一日無此君耶。"】

≪양서·처사전(梁書·處士傳)≫에 「완효서(阮孝緖)가 거주한 방에는 오직 녹상(鹿牀)[26] 하나가 있는데 대나무가 그것을 휘감고 있었다.」라 하였다.

【≪梁書·處士傳≫ 阮孝緖所居室, 惟有一鹿牀, 竹樹環繞。】

≪남사·원찬전(南史·袁粲傳)≫에 「원찬(袁粲)은 성곽을 등지고 살고 있었으며 지팡이를 짚고 슬슬 거닐어 돌아다니면서 그의 뜻이 이를 때마다 유유자적하며 돌아가는 것을 잊었다. 군(郡) 남쪽의 한 집

26) 녹상(鹿牀): 좌석 겸용 침대의 용구이다. 옛 사람들의 이른바 "좌탑(坐榻)"이다.

에 대나무와 돌이 있다 하니 원찬은 이에 걸어서 가고자 주인에게 알리지도 않고 직접 대나무가 있는 곳으로 찾아가 읊조리며 스스로 즐거워하였다. 주인이 나오고 웃으면서 이야기하고 환대하였으며 이윽고 깃 장식된 수레와 말이 함께 이르니 비로소 원윤(袁尹, 즉 원찬)[27]인 것을 알게 되었다.」라 하였다.

그림 34. 양건도楊建濤, 종이에 수묵담채

【≪南史·袁粲傳≫ 粲家居負郭, 每杖策逍遙, 當其意得, 悠然忘反。郡南一家, 頗有竹石, 粲率爾步往, 亦不通主人, 直造竹所, 嘯詠自得。主人出, 語笑款然, 俄而車騎羽儀並至, 方知是袁尹。】

≪심약전(沈約傳)≫에 「심약(沈約)의 손자인 심중(沈衆)은 자는 중흥(仲興)이며 학문을 좋아하고 글을 짓는 재주가 많아서 양(梁)나라에 태자사인(太子舍人, 중국 고대 관직 이름)을 지냈다. 양무제(梁武帝)는 심중을 불러내어 문덕전(文德殿)에서 만났는데 심중에게 대나무를 위해 부를 짓게 하였다. 심중이 부를 지어서 그것을 연주하고 나니, 양무제는 친필 조서로 답하기를: "경(卿, 임금이 신하를 부르는 말)의 문체가 멋스러워서 이른바 '너의 조상에게 부끄럽지 않다.'고 하였다."」

27) 원윤(袁尹, 즉 원찬) : 윤(尹)은 관아에 나가서 나랏일을 맡아 다스리는 자리라는 뜻이다.

【≪沈約傳≫ 約孫衆字仲輿, 好學頗有文詞, 仕梁爲太子舍人。武帝召見於文德殿, 帝令衆爲竹賦。賦成奏之, 手敕答曰 : "卿文體翩翩, 可謂無忝爾祖。"】

≪북사·양음전(北史·楊愔傳)≫에 「양음(楊愔)의 집에 4대가 함께 살고 있어 가문이 매우 번창하였다. 형제들 중에 학문에 나아간 자가 30여 명이 있는데 학관 뜰 앞에 능금나무가 있어 열매가 땅에 떨어지자 아이들이 모두 그것을 다투어 빼앗았으나 양음은 홀로 앉아 있었다. 그의 계부인 양위(暐)가 마침 학관에 들어가려던 참인데 그 큰 쓰임을 봐서 기이하다고 여겼다.

집안에 무성한 대나무가 있어서 양음을 위해 대숲 옆에 별도로 방 하나를 지어주었고 그 안에 혼자 살게 하였다. 늘 구리 기구로 음식을 차리고 그에게 먹였는데 이에 많은 제자들에게 권하여 격려하고자 말하기를: "너희들이 만약 준언(遵彥, 양음의 자임)처럼 언행을 삼가 조심하면 대숲 별실, 구리 기구로 담는 중육(重肉)[28] 음식을 저절로 얻을 것이다."고 하였다.」라 하였다.

【≪北史·楊愔傳≫ 愔一門四世同居, 家甚隆盛。昆季就學者三十餘人, 學庭前有柰樹, 實落地, 羣兒咸争之, 愔頹然獨坐。其季父暐適入學館, 見之大用嗟異。宅內有茂竹, 遂爲愔於林邊別葺一室, 命獨處其中。常銅盤具盛饌以飯之, 因以督厲諸子曰 : "汝輩但如遵彥謹愼, 自得竹林別室銅盤重肉之食。"】

≪당서·문예전(唐書·文藝傳)≫에 「왕유(王維)의 별장이 망천(輞川)

28) 중육(重肉) : 두 가지 이상의 육식이다.

에 있는데, 안에 죽리관(竹里館)이 있다.」라 하였다.
【≪唐書·文藝傳≫ 王維別墅在輞川, 有竹里館。】

그림 35. 오초광吳楚光, 종이에 수묵화

≪오대사·주신전(五代史·周臣傳)≫에 「호재(扈載)의 자는 중희(仲熙)이고 어려서부터 학문을 좋아하고 글을 짓는 것을 잘 하였다. 상국사(相國寺)를 유람하다가 뜰에 있는 대나무를 보니 사랑스러워서 <벽선부(碧鮮賦)>를 짓고 그 벽에 적었다. 후주(後周) 세종(世宗)은 그것을 듣고 소황문(小黃門)[29]을 보내어 벽에 가서 그것을 기록하게 하였으며, 보고 나서 좋다고 칭찬하였다.」라 하였다.
【≪五代史·周臣傳≫ 扈載字仲熙, 少好學, 善屬文。因遊相國寺, 見庭竹可愛, 作〈碧鮮賦〉, 題其壁。世宗聞之, 遣小黃門就壁錄之, 覽而稱善。】

≪송사·오행지(宋史·五行志)≫에 「태평흥국(太平興國) 8년 10월 22일에 촉주(蜀州)에서는 상서로운 대나무를 바쳤는데 한 그루에 마디 16개가 있고 윗부분은 두 가지로 나눠져 있었다.

- 옹희(雍熙) 3년 4월에 미산현(眉山縣)에서는 이죽도(異竹圖)를 바쳤다.

29) 소황문(小黃門) : 한나라 때에 황문시랑(黃門侍郎)보다 한 등급 낮은 환관(宦官)이다.

- 순화(淳化) 2년 2월에 사홍현(射洪縣) 안국사(安國寺)에 대나무 하나에 줄기 두 개가 났다.
- 6월에 서주(舒州)에 두 대나무의 가지와 줄기가 이어져 함께 자라났다. 지주(知州, 관직의 이름) 악사(樂史)[30]가 이것으로 알려졌다.
- 지도(至道) 원년 11월에 담주(潭州) 감군(監軍)의 관청에 대나무 한 그루가 자라나는데 길이가 2척 정도이고 가지와 잎은 만 여 개가 있어서 유달리 기이하였다.
- 경덕(景德) 3년 12월에 봉주(蓬州)에서는 서죽도(瑞竹圖)를 바쳤다.
- 대중상부(大中祥符)[31] 8년 4월에 개원사(開元寺)에 도죽(桃竹) 한 그루가 있는데 윗부분은 18개 마디로 나누어지고 다 서로 마주보고 있었다.」라 하였다.

【≪宋史·五行志≫ 太平興國八年十月乙酉, 蜀州獻瑞竹, 一本十六節, 上分兩枝。

- 雍熙三年四月, 眉山縣獻異竹圖。
- 淳化二年二月, 射洪縣 安國寺竹二莖同木。
- 六月舒州竹連理, 知州 樂史以聞。
- 至道元年十一月, 潭州監軍廨生竹一本, 長二尺許, 枝葉萬餘, 尤

---

30) 악사(樂史) : 930~1007. 송나라 초기 무주(撫州) 의황(宜黃) 사람으로 자는 자정(子正)이다. 처음에는 남당(南唐)을 섬겨 비서랑(秘書郎)이 되었다. 남당이 망하자 송나라의 관료가 되어 평후현주부(平厚縣主簿)를 지냈다. 태종 태평흥국 5년(980) 현임관(現任官)으로 진사 시험에 응시하여 급제하였다. 삼관편수(三館編修)와 직사관(直史館)을 역임하고, 서주(舒州)와 황주(黃州), 상주(商州)의 지주(知州)를 지냈다.

31) 대중상부(大中祥符) : 즉, 1008년~1016년을 가리킨다.

爲殊異。

- 景德三年十二月, 蓬州上瑞竹圖。
- 大中祥符八年四月, 開元寺桃竹一莖, 上分十八節, 皆相對。】

≪구준전(寇准傳)≫에 「구준(寇准)이 서경(西京)에 귀장했다. 형주(荊州)[32] 남쪽에 있는 공안현(公安縣)의 길에서 사람들은 모두 제사상을 차려서 곡하였으며 대나무를 꺾어서 땅에 심고 나서 종이돈을 걸어놓았다. 한 달이 지나서 그것들을 보니 마른 대나무에 다 죽순이 났다. 백성들이 인하여 사당을 지었고, 해마다 그에게 제사를 지냈다.」라 하였다.

【≪寇准傳≫ 准歸葬西京。道出京南公安縣, 人皆設祭哭於路, 折竹植地, 挂紙錢。逾月視之, 枯竹盡生筍。衆因爲立廟, 歲時享之。】

≪산해경(山海經)≫에 「영산(英山) 양지에는 죽전(竹箭, 즉 가는 대나무), 죽미(竹鏥)가 많다.

- 죽산(竹山)의 양지에는 죽전(竹箭)이 많다.
- 유차(逾次)라는 산 아래에는 죽전(竹箭)이 많다.
- 취산(翠山) 아래에는 죽전(竹箭)이 많다.
- 고산(高山)에 있는 풀 중에는 대나무가 많다.
- 경산(京山)에는 대나무가 많다.

---

32) 형주(荊州) : 원문은 경(京)이다. 팽승(彭乘)이 ≪묵객휘서(墨客揮犀)≫에 이르기를 : "寇萊公卒於海康, 詔許歸葬, 道出荊南之公安縣, 邑人迎祭於道, ……"고 하였다. 서경(西京)은 지금 서안(西安)이고 공안현(公安縣)은 지금 호북성 형주(荊州)에 있으니 경(京)으로 번역하면 앞뒤 문장이 안 통해서 여기서 팽승이 쓴 것에 따라 형(荊)으로 처리하였다.

그림 36. 양건도楊建濤, 종이에 수묵담채

- 충미(蟲尾)라는 산 아래에는 대나무가 많다.
- 헌원(軒轅)이라는 산 아래에는 대나무가 많다.
- 거저(渠豬)라는 산 위에는 대나무가 많다.
- 만거(蔓渠)라는 산 아래에는 대나무가 많다.
- 모산(牡山) 아래에는 죽전(竹箭), 죽미(竹䉋)가 많다.
- 장석(長石)이라는 산 서쪽에 골짜기가 있어 공곡(共谷)이라 하고 대나무가 많다.
- 과보(夸父)라는 산에는 그 나무들 중에 죽전(竹箭)이 많다.
- 형산(荊山)에 있는 풀들 중에는 대나무가 많다.
- 대요(大堯)라는 산에 있는 풀들 중에는 대나무가 많다.
- 사모(師母)라는 산에 있는 풀들 중에는 대나무가 많다.
- 구산(求山)에 있는 나무들 중에는 죽미(竹䉋)가 많다.
- 종산(從山) 아래에는 대나무가 많다.
- 운산(雲山)에 계죽(桂竹)이 있어 독성이 매우 강하니, 사람이 다치게 되면 꼭 죽는다.
- 귀산(龜山)에는 부죽(扶竹)이 많다.
- 병산(丙山)에는 계죽(筀竹)이 많다.

- 폭산(暴山)에 있는 나무들 중에는 죽전(竹箭), 죽미(竹䉋), 죽균(竹箘)이 많다.
- 부우(附禺)라는 산에 언덕이 있어 주변 300리, 언덕 남쪽에 제준죽(帝俊竹) 숲이 있고 커서 배를 만들 수 있다. 【주(注)】 준순(俊舜)이라는 글자를 빌려서 쓴 발음이다. <순(舜) 숲 중에 대나무의 한 마디로 배를 만들 수 있다는 것을 말한다.>」라 하였다.

【≪山海經≫ 英山其陽多箭、䉋。

- 竹山其陽多竹箭。
- 踰次之山, 其下多竹箭。
- 翠山其下多竹箭。
- 高山其草多竹。
- 京山多竹。
- 蟲尾之山, 其下多竹。
- 軒轅之山, 其下多竹。
- 渠豬之山, 其上多竹。
- 蔓渠之山, 其下多竹。
- 牡山其下多竹箭、竹䉋。
- 長石之山, 其西有谷焉, 名曰共谷, 多竹。
- 夸父之山, 其木多竹箭。
- 荊山其草多竹。
- 大堯之山, 其草多竹。
- 師母之山, 其草多竹。
- 求山其木多䉋。
- 從山其下多竹。

- 雲山有桂竹甚毒, 傷人必死。
- 龜山多扶竹。
- 丙山多筀竹。
- 大夫之山, 其草多竹。
- 綦山其木多竹箭、𥱼、箘。
- 附禺之山有丘, 方圓三百里, 丘南帝俊竹林在焉, 大可爲舟。【注】俊舜字假借音。〈言舜林中竹一節, 則可以爲船也。〉】

≪급총주서(汲塚周書)≫에 「노인(路人)의 큰 대나무라고 했다. 【주(注)】 노인(路人)은 동방의 오랑캐로 큰 대나무를 바쳤다.」
【≪汲塚周書≫ 路人大竹【注】路人東方蠻, 貢大竹。】

≪목천자전(穆天子傳)≫에 「천자가 서쪽으로 정벌하다가 현지(玄池)에 이르니, 그곳에 대나무를 심었으며 죽림(竹林)이라 불렀다.」라 하였다.
【≪穆天子傳≫ 天子西征, 至於玄池, 乃樹之竹, 是曰竹林。】

그림 37. 양건도楊建濤, 종이에 수묵담채

≪가어(家語)≫에 「산 남쪽에 있는 대나무는 주무르지 않고도 저절로 곧으며, 베고 화살을 만들면 무소의 가죽을 쏘아서 통한다.」라 하였다.
【≪家語≫ 山南之竹, 不揉自直, 斬而爲箭, 射達犀革。】

≪전국책(戰國策)≫에 「계구(薊丘)에 심은 나무는 문수(汶水)에서 나온 대나무라고 했다. 【주(注)】 대나무 숲은 황(篁)이라 한다. ≪색은(索隱)≫에서 이르기를: "연(燕)나라 계구(薊丘)에 심은 나무는 제왕(齊王) 무덤 위에 심어진 대나무라고 하였다."고 한다.」라 하였다.

【≪戰國策≫ 薊丘之植, 植於汶篁。【注】竹田曰篁。≪索隱≫ 云 : "言燕 薊丘之植, 植齊王汶上之竹。"】

≪회남자(淮南子)≫에 「대나무는 물로 자라난다.

- 한수(漢水)는 다시 안정되면서 대나무가 자라나기에 적합하다.
- 언덕, 둑과 낭떠러지 중 오곡이 자라지 않는 곳에는 대나무를 심는다.」라 하였다.

【≪淮南子≫ 竹以水生。

- 漢水重安而宜竹。
- 丘陵阪險不生五穀者, 以植竹木。】

≪예두위의(禮斗威儀)≫에 「임금이 나무를 타서 왕 노릇하였는데 그 정사가 잘 다스려지니 만죽(蔓竹)과 자탈(紫脫)[33]이 이것으로 자라났다.」라 하였다.

【≪禮斗威儀≫ 君乘木而王, 其政太平, 蔓竹 紫脫, 爲之長生。】

≪효경하도(孝經河圖)≫에 「소실(少室)이라는 산에 촌기죽(爨器竹)이 있어 가마솥이나 시루가 될 만하다.」라 하였다.

---

33) 자탈(紫脫) : 전설에 상서로운 풀의 이름으로 임금이 어진 정치를 행하면 이 풀이 자라난다고 하였다.

그림 38. 대나무 잎

【≪孝經河圖≫ 少室之山, 有爨器竹, 堪爲釜甑。】

≪삼보황도(三輔黃圖)≫에 「죽궁(竹宮)은 곧 감천사궁(甘泉祠宮)이고 대나무로 지은 궁전이며, 천자가 그 안에 거주하고 있었다.」라 하였다.

【≪三輔黃圖≫ 竹宮, 甘泉祠宮也, 以竹爲宮, 天子居中。】

≪삼보구사(三輔舊事)≫에 「두(竇)씨 장군에게 푸른 대나무 밭이 있다.」라 하였다.

【≪三輔舊事≫ 竇將軍有青竹田。】

【원본原本】

≪삼보결록(三輔決錄)≫에 「장후(蔣詡)[34]가 집에 대나무를 심고 아래에 세 길을 냈으며 양중(羊仲), 구중(裘仲) 같은 무리가 있어 그와 함께 놀러 다녔다.」라 하였다.

【≪三輔決錄≫ 蔣詡舍種竹, 下開三徑, 有羊仲、 裘仲之徒與之游。】

---

34) 장후(蔣詡) : 전한 두릉(杜陵) 사람으로 자는 원경(元卿)이다. 애제(哀帝) 때 연주자사(兗州刺使)를 지냈는데, 청렴하고 강직해 세상에 널리 알려졌다. 왕망(王莽)이 정권을 잡고 부르자 병을 핑계하고 귀향한 뒤 죽었다. 고향에 돌아와 뜰에 세 갈래 좁은 길을 내고 구중(求中)과 양중(羊中) 두 벗과 조용히 은거 생활을 즐겨 '장후삼경(蔣詡三逕)'이란 고사를 남겼다.

【증보增補】

≪박물지(博物志)≫에 「요(堯)의 두 딸은 곧 순(舜)의 두 왕비이고 상부인(湘夫人)이라 한다. 순(舜)이 붕어했을 때에 두 왕비가 훌쩍이고 눈물을 대나무에 뿌렸는데 대나무에 두루 얼룩이 생겼다.」라 하였다.

【≪博物志≫ 堯之二女, 舜之二妃, 曰湘夫人。舜崩, 二妃啼, 以涕揮竹, 竹盡斑。】

그림 39. 양건도楊建濤, 종이에 수묵담채

≪신선전(神仙傳)≫에 「소선공(蘇仙公)이라는 자는 계양(桂陽) 사람으로 한나라 문제(文帝) 때에 도를 얻었고 높은 하늘[35]로 올라가 떠났다. 후에 어머니가 돌아가셨는데 마을 사람들은 주(州) 동북쪽에 우비산(牛脾山)이 자색 구름으로 덮인 것을 보니 위에 울부짖는 소리가 있어 소(蘇)군의 신령인 것을 알게 되었다. 선생이 울었던 데에 계죽(桂竹) 두 그루가 있어 바람이 없어도 저절로 청소되니, 그 땅이 항상 깨끗하였다.」라 하였다.

【≪神仙傳≫ 蘇仙公者, 桂陽人, 漢文帝時, 得道昇雲漢而去。後母

35) 높은 하늘: 원문은 운한(雲漢)이며 운한은 높은 하늘을 가리킨다.

終, 鄕人見州東北牛脾山紫雲蓋, 上有號哭之聲, 咸知蘇君之神也。先生哭處, 有桂竹兩枝, 無風自掃, 其地恆淨。】

≪풍토기(風土記)≫에 「양선현(陽羨縣)에 원(袁)군의 무덤[36]이 있어 제단 옆에 큰 대나무 몇 그루가 나란히 서 있는데 높이가 2, 3장이고 가지가 모두 아래로 펴져서 쓸어보니 제단 위에는 항상 깨끗하고 말끔했다.」라 하였다.

【≪風土記≫ 陽羨縣有袁君家, 壇邊有數林大竹, 並高二三丈, 枝皆下披掃, 壇上常潔淨也。】

그림 40. 분을 바른 것과 같은 대나무 줄기

≪습유기(拾遺記)≫에 「진시황(秦始皇)이 운명대(雲明臺)에서 거사를 벌였을 때에 사방 진귀한 나무들을 궁구하여 운강소죽(雲岡素竹)을 얻었다.

- 봉래(蓬萊)에 부균(浮筠) 간(榦)[37]이 있어 잎이 푸르고 줄기가 자색이고 열매가 커서 구슬과 같았다. 푸른빛 난새가 있어 그 위에 모여 있으며 아래에 모래가 있고 가늘어서 가루와 같았다. 부드러운 바람이 이르면 잎과 가지가 나부끼게 하고 가는 모래를 스쳐서 구름이나 안개와 같으니 신선이 구경하러 와서 노는 것과 같았다. 바람이 대나무 잎

36) 무덤 : 원문은 가(家)인데 ≪풍토기(風土記)≫ 원문에 총(冢)이라 쓰여 있으니 여기에 앞뒤 문장에 의하여 총(冢)으로 번역하였다.

37) 부균(浮筠) 간(榦) : 부균(浮筠)은 대나무의 미칭이고 간(榦)은 조릿대이다.

을 불 때 난 소리는 쇠북과 경쇠의 소리와 같았다.」라 하였다.

【≪拾遺記≫ 始皇起雲明臺, 窮四方之珍木, 得雲岡素竹。

·蓬萊有浮筠之簳, 葉青莖紫, 子大如珠。有青鸞集其上, 下有沙礫, 細如粉。柔風至, 葉條翻起, 拂細沙如雲霧, 仙者來觀而戲焉。風吹竹葉, 聲如鍾磬之音。】

≪화양국지(華陽國志)≫에 「죽왕(竹王)이라는 것이 있어 둔수(遯水)에 잘 자라났다. 어떤 여자가 물가에서 빨래하고 있는데 마디 세 개가 있는 큰 대나무가 여자의 발 사이에 흘러들어서 여자가 그것을 밀어도 떠나지 않았다. 아이 소리를 듣자 취하여 들고 돌아왔는데 그것을 쪼개서 남자 아이 하나를 얻었다. 크게 되어서 재능과 무예가 있으므로 죽(竹)을 성씨로 삼았으며 쪼갠 대나무를 들판에 버렸고 대숲이 되었다. 지금 죽왕사(竹王祠)라는 대숲이다.」라 하였다.

【≪華陽國志≫ 有竹王者, 興於遯水。有一女子浣於水濱, 有三節大竹, 流入女子足間, 推之不肯去。聞有兒聲, 取持歸, 破之得一男兒。長養有才武, 遂以竹爲姓, 捐所破竹於野, 成竹林。今竹王祠竹林是也。】

≪형주기(荊州記)≫에 「임하현(臨賀縣), 사휴현(謝休縣) 동쪽 산속에 큰 대나무가 있어 수십 아름 정도이고 높이도 수십 장이다. 작은 대나무가 그 옆에 자라나니 모두 4, 5아름이며 아래에 너럭바위가 있는데 직경이 4, 5장이고 매우 방정하고 푸르러서 바둑판과 같다. 두 대나무가 굽게 드리워져 있어서 바위를 스치고 쓸어보니 처음에 먼지가 없는 것과 같다. 수 십 리에 이르지 않는 데에 바람이 이 대

나무를 부는 것을 들으면 통소의 소리와 같다.

• 천문산(天門山) 산모퉁이 위에 각각 대나무 하나씩 자라난데 아래로 늘어져 있어 말끔하게 치워 없애니 그것을 천추(天帚)라 일컬었다.」라 하였다.

【≪荊州記≫ 臨賀、謝休縣東山中, 有大竹數十圍, 高亦數十丈。有小竹生其旁, 皆四五圍, 下有盤石, 徑四五丈, 極方正青, 如彈棊局。兩竹屈垂, 拂掃石上, 初無塵穢。未至數十里, 聞風吹此竹, 如簫管之音。

• 天門山角上, 各生一竹, 倒垂拂拭, 謂之天帚。】

≪광주기(廣州記)≫에 「석마(石麻)라는 대나무가 굳세고 날카로우므로 깎아서 칼을 만들면 토란을 써는 것처럼 코끼리의 가죽을 쉽게 썬다.」라 하였다.

【≪廣州記≫ 石麻之竹勁而利, 削以爲刀, 切象皮如切芋。】

≪상중중기(湘中中記)≫에 「문죽산(文竹山)에 돌 침대가 있는데 둘레와 높이가 1장이고 사방에 푸른 대나무가 무성하고 가지런하니 늘 바람에 따라 이 침대를 스친다.」라 하였다.

【≪湘中中記≫ 文竹山上有石床, 方高一丈, 四面綠竹扶踈, 常隨風委拂此牀。】

【원본原本】

≪영가군기(永嘉郡記)≫에 「악성(樂城) 장치(張廌)라는 자가 은거하면서 뜻을 길렀다. 집에 고죽(苦竹) 수십 경(頃)이 있는데 대나무 속에서 집을 지었고 늘 그 가운데에 거주하고 있었다. 왕우군(王右軍)이 듣고 그를 찾아갔는데 장치(張廌)는 대나무 속으로 피하며 그와 만나지 않았다. 한 군(郡)에서 죽중고사(竹中高士)라 불렀다.」라 하였다.

그림 41. 양건도楊建濤, 종이에 수묵담채

【≪永嘉郡記≫ 樂城 張廌者, 隱居頤志。家有苦竹數十頃, 在竹中爲屋, 常居其中。王右軍聞而造之, 廌逃避竹中, 不與相見。一郡號爲竹中高士。】

【증보增補】

≪영가군기(永嘉郡記)≫에 「양서(陽嶼)에 선석산(仙石山)이 있어 꼭대기 위에 평평한 바위가 있는데 둘레가 10여 장이고 선단(仙壇)이라 불렀다. 선단 구석에 문득 근죽(筋竹) 하나가 났으니 무릇 대나무 네 개가 되고 우거지고 푸르고 바람이 불어와서 흔들면 난 소리가 저절로 궁상(宮商)[38]이 되었다. 바위 위에 청정하고 깨끗하니 처음에 거친 대껍질이 없었던 것과 같았다. 전해진 말에는 일찍이 곡물을 먹

38) 궁상(宮商) : 오음(五音) 가운데 궁(宮)과 상(商)의 소리로 뜻이 바뀌어 음률을 이르는 말이다.

지 않은 자가 여기서 신선이 되었다고 하므로 그것을 선석(仙石)이라 일컬었다.

• 소강(小江) 연안에 선석단(仙石壇)이 있는데 대나무가 있어 곱고 예쁘고 푸르다. 바람이 불어오면 가지가 흔들려 석단을 쓸어내므로 석단 위에 먼지가 없다.」라 하였다.

【≪永嘉郡記≫ 陽嶼有仙石山, 頂上有平石, 方十餘丈, 名仙壇。壇陬輒有一筋竹, 凡有四竹, 葳蕤青翠, 風來動, 音自成宮商。石上淨潔, 初無粗籜。相傳云, 曾有卻粒者於此羽化, 故謂之仙石。

• 小江緣岸有仙石壇, 有竹嬋娟青翠。風來枝動, 掃石壇, 壇上無塵也。】

그림 42. 대나무 마디에서 나온 눈

≪단양기(丹陽記)≫에 「강녕현(江寧縣) 남쪽 30리 떨어져 있는 곳에 자모산(慈母山)이 있다. 쌓여 있는 돌이 강을 마주하고 위에 소관죽(簫管竹)이 자라나며 왕포(王褒)의 <퉁소부(洞簫賦)>에서 언급한 바가 곧 이것이다. 그 대나무는 충만하고 빽빽해서 다른 곳에 있는 것보다 뛰어나다. 영륜(伶倫)이 해곡(嶰谷)에서 대나무를 캤다고 한 후로부터 오직 이 대나무만 귀하게 여겨졌다. 그러므로 역대로 늘 악부(樂府)에 공급해 왔다. 자모산(慈母山)은 관습적으로 고취산(鼓吹山)이라 불렀고 지금 자호술(慈湖戍)이라 하며 항상 이 대나무를 캐는 것을 금한다.」라 하였다.

【≪丹陽記≫ 江寧縣南三十里, 有慈母山。積石臨江, 上生簫管竹,

王褒 〈洞簫賦〉所稱即此也。其竹圓緻, 異於餘處。自伶倫采竹嶰谷, 其後唯此簳見珍。故曆代常給樂府, 而俗呼曰鼓吹山, 今慈湖戍, 常禁採之。】

≪동양기(東陽記)≫에 「곤산(崑山)에서 무성산(蕪城山)까지 10리가 떨어져 있고 산봉우리가 높고 가파르니 늘 구름 표면에 솟아 있다. 그러므로 옛날부터 전해진 말로는 봉우리 위에 둥근 못이 있어 물고기와 자라가 다 있다고 하였다. 못가에는 매우 큰 대나무가 있는데 바람이 이를 때에 아래로 늘어져 땅을 쓸어내므로 늘 청정하고 깨끗해서 사람이 쓴 것과 같다.」라 하였다.

【≪東陽記≫ 崑山去蕪城山十里, 山峯嶺高峻, 常秀雲表。故老傳云, 嶺上有員池, 魚鼈具有。池邊有竹極大, 風至, 垂屈掃地, 恆淨潔如人掃也。】

≪남월지(南越志)≫에 「박라현(博羅縣) 동쪽의 창주(蒼州)에 점죽(簟竹)이 많으니 명(銘)에서 이르기를: "점죽(簟竹)이 크게 되면 얇고 속이 비어 있고, 마디의 길이가 1장이며 그것이 자라나서 소나무와 같다."고 하였다.」라 하였다.

【≪南越志≫ 博羅縣東蒼州足簟竹, 銘曰, "簟竹旣大, 薄且空中, 節長一丈, 其長如松。"】

≪이원(異苑)≫에 「건안(建安)에 운당죽(篔簹竹)이 있어 마디 속에 사람이 있는데 길이가 1척 정도이고 머리와 발을 모두 갖추었다.
• 원가(元嘉) 4년에 동양(東陽) 유도선(留道先) 집의 근죽(筋竹)숲

에 갑자기 대나무의 가지와 줄기가 이어져 함께 자라났다. 시골 사람이라 아는 것이 없어서 재앙이라고 일렀으며 그것을 베서 죽이고자 하였다.」라 하였다.

【≪異苑≫ 建安有篔簹竹, 節中有人, 長尺許, 頭足皆具。

• 元嘉四年, 東陽 留道先家, 筋竹林忽生連理, 野人無知, 謂之禍祟, 欲斫殺之。】

그림 43. 양건도楊建濤, 종이에 수묵담채

≪낙양가람기(洛陽伽藍記)≫에 「영녕사(永寧寺)에는 승방(僧房)과 누각 천 여 칸이 있는데 푸른 대나무와 향기로운 풀들이 섬돌과 지대뜰에 가득 분포되어 있다.」라 하였다.

【≪洛陽伽藍記≫ 永寧寺僧房樓觀一千餘間, 翠竹香草, 布濩堦墀。】

≪술이기(述異記)≫에 「동해(東海) 물가에 고죽(孤竹)이 있는데 베면 다시 자라나고 관악기를 만드는 데에 적합하다.

• 위(衛)나라에 기원(淇園)이 있어 기수(淇水) 위에서 대나무가 나왔다. ≪시경(詩經)≫에서 "기수의 벼랑을 바라보니, 푸른 대나무 우거져 있네."라는 것은 이것이다.

• 화주(和州) 의성군(義城郡) 가맹현(葭萌縣)에 옥녀방(玉女房)이

있는데 대개 한 큰 석굴이었다. 옛날에 어떤 옥녀(玉女)가 이 석굴에 들어갔으며 석굴 앞에 대나무 몇 그루가 있고 (대나무) 아래에 청석단(青石壇)이 있는데 매번 바람으로 이 석단이 저절로 청소되었다. 옥녀는 달이 밝은 밤이 올 때마다 곧 나가서 청석단에서 한가롭게 거닐며 배회하고 나서 다시 이 방으로 들어갔다.」라 하였다.

【≪述異記≫ 東海畔有孤竹焉, 斬而復生, 中爲管。

· 衛有淇園, 出竹在淇水之上。≪詩≫ 云, "瞻彼淇澳, 綠竹猗猗", 是也。

· 和州 義城郡 葭萌縣有玉女房, 蓋是一大石穴也。昔有玉女入此石穴, 前有竹數莖, 下有青石壇, 每因風自掃此壇。玉女每遇明月夜, 卽出於壇上閒步徘徊, 復入此房。】

【원본原本】

≪지도지(地道志)≫에 「양효왕(梁孝王) 동원(東苑) 주위와 300리 떨어져 있는 곳은 곧 토원(兎園)이다. 대나무가 많이 심어져 있고 안에 수죽원(修竹園)이 있다.」라 하였다.

【≪地道志≫ 梁孝王 東苑方三百里, 卽兎園也。多植竹, 中有修竹園。】

【증보增補】

≪고사춘추(高士春秋)≫에 「왕휘지(王徽之)가 창포를 대나무에 비

유하여 말하기를: "창포 중에 오직 마디가 아홉인 것이 귀하게 여겨지나 이 군자는 생김새가 빼어나니 마땅히 다시 이 군자에게 두 번 절해야 하며 이 군자도 어찌 이것을 받지 않을 수 있겠는가?"고 하였다.」라 하였다.

【≪高士春秋≫ 王徽之以菖蒲映竹, 曰 : "菖蒲止以九節爲貴, 而此君面目聳然, 正當再拜此君, 而此君亦安得不受之耶 ?"】

≪술정기(述征記)≫에 「산양현(山陽縣) 성 동북쪽과 20리 떨어져 있는 곳은 삼국시기 위(魏)나라 중산대부(中散大夫, 관직 이름)인 혜강(嵇康)의 동산이었다. 거기 대숲에 가끔 유죽(遺竹)이 있었다.」라 하였다.

【≪述征記≫ 山陽縣城東北二十里, 魏 中散大夫 嵇康園宅。竹林時有遺竹也。】

그림 44. 죽보평안竹報平安

≪유양잡조(酉陽雜組)≫에 「위공(衛公, 즉, 이덕유李德裕)의 말로는 북도(北都) 오직 동자사(童子寺)에만 대나무 한 그루가 있었는데 겨우 길이가 수 척 밖에 안 되었다. 그 절의 법도로 매일 대나무가 평안한지를 보고했다고 하였다.

- 동궁군(東宮郡)은 한순제(漢順帝) 때에 남해(南海)에 속하고 서쪽은 고량군(高涼郡)과 접해 있다. 또한 그 땅으로 사간도위(司諫都尉, 관직 이름)를 설치하였는데 동쪽에 황무지가 있고 서쪽은

바다를 마주하고 있어 긴 물가가 있으니 많은 도지죽(桃枝竹)이 연안을 따라 자라났다.」라 하였다.

【≪酉陽雜俎≫ 衛公言北都惟童子寺有竹一窠, 纔長數尺。其寺綱維, 每日報竹平安。

- 東宮郡漢順帝時屬南海, 西接高涼郡。又以其地爲司諫都尉, 東有蕪地, 西鄰大海, 有長洲, 多桃枝竹緣岸而生。】

≪북호록(北戶錄)≫에 「정원(貞元) 5년에 번우(番禺)에 어떤 해호(海戶)[39]가 금령을 어겨서 나부산(羅浮山)에 죄를 피하고자 들어갔으며 제 13번째 봉우리에 이르러 거대한 대나무를 만나는데 백 장이고 수많은 줄기가 있으며 대나무의 둘레가 21척이고 마디 39개가 있고 마디의 길이가 2장이었다. 해호(海戶)가 이에 그것을 쪼개서 대오리를 만들었고 관리가 쫓아 잡는 것을 방면할 수 있다고 보므로 들고 돌아왔다. 당시에 어떤 군인은 한 대오리를 얻었고 기이한 물건이라고 여겨서 후에 자사(刺史) 이복(李復)에게 바쳤으며 이복(李復)은 육자우(陸子羽)에게 그것을 그리고 기록하게 하였다.」라 하였다.

- 징주(澄州)에서 방죽(方竹)이 나왔는데 몸이 깎아진 것과 같고 굳세고 곧아서 지팡이가 될 만하니 장건(張騫)의 공죽(笻竹) 지팡이에 못지않았다. 또한 해안(海晏)에서 갈대가 나왔는데 지팡이가 될 만하다. 고반주(高潘州)에서 천세궐(千歲蕨)이 나왔는데 지팡이 같은 것이 매우 많고, 또한 마디가 희소하고 한 마디의 길이가 5, 6척인 것이 있으니 스님이나 도사들이 지팡이로 많이 사용하였다. 또 왕최(王最)의 말에 의하면 "진주(溱州)의 통죽(通竹)은 곧고

---

39) 해호(海戶) : 바닷가에 사는 사람의 집이다.

우뚝 솟아 있으며, 마디가 없고 속이 비어 있다."라고 하였다.

【≪北戶錄≫ 貞元五年, 番禺有海戶犯禁, 避罪羅浮山, 入至第十三嶺, 遇巨竹百丈萬竿, 竹圍二十一尺, 有三十九節, 節長二丈。海戶因破之爲篾,會罷吏捕逐, 遂挈而歸。時有軍人獲一篾以爲奇貨, 後獻於刺史 李復, 復命陸子羽圖而記之。

• 澄州產方竹, 體如削成, 勁挺堪爲拄杖, 亦不讓張騫 笻竹杖也。又海晏出蘆, 堪爲拄杖。高潘州出千歲蕨, 拄杖之類具多, 更有踈節, 竹五六尺一節, 僧道多以爲杖。又按王最云, 溱州 通竹直上無節, 空心也。】

그림 45. 양건도楊建濤, 종이에 수묵담채

그림 46. 대나무의 소리

≪현산기(玄山記)≫에 「맹호연(孟浩然)은 어떤 날에 대숲 사이에서 돌아다니면서 기쁜 기색을 보였으며 또한 그물질한 사람이 물고기를 얻은 것을 보고 더욱더 기뻐해서 날뛰었다. 벗이 그 까닭을 물어보니 답하여 말하기를: "내가 마침 글귀를 얻었는데 안에 물고기와 대나무 두 물건이 있으니 대나무가 몇 마디 있는지, 물고기가 비늘이 몇 개 있는지를 몰라서 잘못할까 봐 두려워하였다. 지금 두 물건을 보니 비로소 마음이 풀렸다."고 하였다.」라 하였다.

【≪玄山記≫ 孟浩然一日周旋竹間, 喜色可掬, 又見網師得魚, 尤甚喜躍。友人問之, 答云 : “吾適得句, 中有魚竹二物, 不知竹有幾節, 魚有幾鱗, 疑致疎謬。今見二物, 乃釋然矣。”】

【원본原本】

≪개원천보유사(開元天寶遺事)≫에 「태액(太液) 못가에 대나무 몇 떨기가 있는데 그 싹과 죽순은 서로 떨어진 적이 없었고 빽빽해서 심어진 것과 같았다. 임금은 이에 제후들과 함께 대숲 사이에서 한가롭게 거니며 제후들에게 말하기를: “인간 세상에 부자나 형제까지 여전히 다른 마음과 뜻을 가지고 있는 자가 있으나 이 대나무는 선조부터 서로 멀리하지 않았다. 사람이 두 마음을 품으면 사이가 벌어지는 뜻을 품게 되니 이것을 보고 거울로 삼을 수 있다.”고 하였다. 제후들이 모두 공경히 대답하고 임금은 이에 죽의(竹義)라고 불렀다.」라 하였다.

【≪開元天寶遺事≫ 太液池岸有竹數叢, 芽筍未嘗相離, 密密如栽也。帝因與諸王閑步於竹間, 謂諸王曰 : “人世父子兄弟, 尙有離心離意, 此竹宗本不相疎。人有懷貳心生離間之意, 覩此可以爲鑑。” 諸王皆唯唯, 帝因呼爲竹義。】

【증보增補】

≪청이록(淸異錄)≫에 「강과 호수 사이에 야생 대나무 하나가 있어 그 잎이 뒤얽혀서 벌레와 같으니, 산민들이 말하기를: “이것은 책맹

죽(蚱蜢竹, 책맹은 메뚜기임)이다."고 하였다.」라 하였다.

【≪淸異錄≫ 江湖間有一種野竹, 其葉糾結如蟲狀, 山民曰 : "此蚱蜢竹也。"】

【원본原本】

≪속세설(續世說)≫에 「두보(杜甫, 자미子美는 그의 자임)가 성도(成都)에 거주했을 때 완화리(浣花里)에 대나무와 나무를 심었으며 오두막집을 짓고 강가를 베개로 삼고 술 마시고 노래하며 농관, 마을 늙은이와 함께 놀았다.」라 하였다.

【≪續世說≫ 杜子美居蜀, 於浣花里種竹植木, 結廬枕江, 縱酒吟詠, 與田畯野老相狎。】

【증보增補】

≪독락원기(獨樂園記)≫에 「소북(沼北)에 횡옥(橫屋)[40] 6칸이 있는데 앞뒤에 아름다운 대나무가 많이 심어졌으니, 그것을 종죽재(種竹齋)라는 이름을 붙였다.」라 하였다.

【≪獨樂園記≫ 沼北橫屋六楹, 前後多植美竹, 命之曰種竹齋。】

40) 횡옥(橫屋) : 삼당이횡(三堂二橫) 형식에서 중축선상의 건물 좌우에 배열된 건물이다.

【원본原本】

그림 47. 양건도楊建濤, 종이에 수묵담채

≪동파집(東坡集)≫에 「고(古, 즉 고도경古道耕)씨가 남파(南坡)에 대나무 수천 그루를 심었는데 큰 것은 모두 둘레가 7척이다. 한여름에 해가 보이지 않고 매미와 새가 우니 산골짜기의 정경이 드러난다. 대숲 서쪽에 또 빈터 수(數) 묘가 있으니 복숭아나무와 자두나무를 심었다. 올해 가을·겨울에 응당 한 거북 머리처럼 방 세 칸을 지어서 설당(雪堂)의 규모를 취할 건데 동쪽에는 가는 대나무 아래에 바람을 쏘이고 서쪽에는 강과 산을 바라본다. 만약 이것이 이루어지면 한 군의 아름다운 풍경이 될 것이다.

- 풍황령(風篁嶺)에 대나무가 많으니 풍운이 쓸쓸하고 맑다. 여기에 이르면 숲과 산골짜기가 깊으니 우뚝 세속을 벗어나는 것과 같다. 물이 콸콸 흐르고 있으니 용정(龍井)으로부터 내려가 사계절 내내 끊이지 않는다. 풍황령(風篁嶺)은 이로 인해 떨기가 무성하고 거칠고 빽빽하다.

원풍(元豊) 때에 스님인 변재(辨才)가 힘써서 초(楚, 관목의 이름)를 깨끗이 다스렸고 풍황(風篁)이라 이름을 지었다. 내가 용정(龍井)에서 변재(辨才)를 심방하였는데 변재(辨才)가 풍황령까지 배웅해 주었더니 측근이 놀라며 말하기를: "원공(遠公)이 호계(虎溪)를 건넜다."[41]고 하였다. 변재(辨才)가 웃으며 말하기를: "두보는 '그대와는 이로(二老)[42]가 되었으니 왕래한 것도 역시 풍류이네.'라고 하였다."고 하였다. 마침내 풍황령 위에 정자를 세우고 이름을 과계(過溪), 또는 이로(二老)라 명명하였으며 시[43]를 지어서 그것을 기록하였다.」라 하였다.

【≪東坡集≫ 古氏南坡修竹數千竿, 大者皆七寸圍。盛夏不見日, 蟬鳴鳥呼, 有山谷氣象。竹林之西, 又有隙地數畝, 種桃李雜花。今年秋冬, 當作三間一龜頭, 取雪堂規模, 東蔭修竹, 西眺江山。若果成此, 遂爲一郡之嘉觀也。

• 風篁嶺多竹, 風韻淒清。至此林壑深沉, 迥出塵表。流淙活活, 自龍井而下, 四時不絶。嶺故叢薄荒密。元豐中僧辨才淬治潔楚, 名曰"風篁"。予訪辨才 龍井, 送至嶺上, 左右驚曰 : "遠公過虎溪矣。" 辨才笑曰 : "杜子有云, '與子成二老, 來往亦風流'。" 遂作亭嶺上, 名曰"過溪", 亦曰 "二老", 作詩記之。】

---

41) 호계(虎溪)를 건넜다 : 즉, 호계삼소(虎溪三笑)라는 전설이다. 동진(東晋)의 고승(高僧) 혜원(慧遠)은 중국 정토교(淨土敎)의 개조(開祖)로 알려져 있는데 보통 여산의 혜원이라 부른다. 그는 처음에는 유학을 배웠고, 이어 도교에 심취했는데, 스무 살이 지난 뒤에 중이 되어 여산에 동림정사(東林精舍)를 지어 불경 번역에 종사하는 한편 원흥(元興) 원년에는 이 정사에 동지들을 모아 백련사(白蓮寺)를 차렸다. 혜원이 있던 이 동림정사 밑에는 호계라 불리는 시내가 흐르고 있었다. 혜원은 찾아온 손님을 보낼 때 이 호계까지 와서 작별하도록 정하여 절대로 시내를 건너가는 일이 없었다. 그런데 어느 때인가 유학자요, 시인인 도연명과 도사(道士)인 육수정(陸修靜)을 보내며 서로 이야기를 나누는 가운데 무심코 이 호계를 지나고 말았다. 문득 생각이 나 이 사실을 안 세 사람은 마주 보며 껄껄 웃음을 터뜨렸다.

42) 이로(二老) : 맹자가 일찍이 백이(伯夷)와 여상(呂尙) 두 성망을 갖춘 노인을 이로(二老)라 불렀다. 후에 항상 같은 때에 다 같이 유명한 두 노인을 가리킨다.

43) 시 : 소식이 지은 이 시의 전체 내용은 다음과 같다.【日月轉雙轂, 古今同一丘。惟此鶴骨老, 凜然不知秋。去住兩無礙, 人土爭挽留。去如龍出水, 雷雨卷潭秋。來如珠還浦, 魚鱉爭駢頭。】

【증보增補】

≪몽계필담(夢溪筆談)≫에 「근년에 연주(延州) 영녕관(永寧關)의 큰 강둑이 무너져서 땅속 수 십 장까지 들어갔다. 땅 아래에서 죽순 숲을 얻었는데 무릇 수백 그루이고 모두 돌로 되어 있었다. 연군(延郡)에 원래 대나무가 없었으니 이 수 십 척인 땅 아래에 들어간 것은 어떤 시대의 물건인지를 모르겠다. 설마 먼 옛날 이전에 땅이 낮고 공기가 축축해서 대나무에 적합했을 것인가?」라 하였다.

【≪夢溪筆談≫ 近歲延州 永寧關大河岸崩, 入地數十丈。土下得竹筍一林, 凡數百莖, 悉化爲石。延郡素無竹, 此入在數十尺土下, 不知其何代物。無乃曠古以前, 地卑氣濕而宜竹耶。】

≪악양풍토기(岳陽風土記)≫에 「5월 13일은 용이 태어난 날이라 일컬었는데 대나무를 심을 수 있다. ≪제민요술(齊民要術)≫에서 이른바 죽취일(竹醉日)[44]이다.」라 하였다.

【≪岳陽風土記≫ 五月十三日, 謂之龍生日, 可種竹。≪齊民要術≫ 所謂竹醉日也。】

≪냉재야화(冷齋夜話)≫에 「추지완(鄒志完)은 남쪽으로 옮겨 갔으며 스스로 자기를 도향거사(道鄕居士)라 불렀다. 소주(昭州) 강물 위에 거실을 지었고, 숭녕사(崇寧寺)에서 가까웠다. ≪화엄경(華嚴經)≫을 읽고자 관음상에는 이르렀으며 앞에 가는 대나무 세 그루가 있어 관음상 뒤에서 나왔고 지완은 띠 문발을 걷고 나가려고 했으

---

44) 죽취일(竹醉日) : 대나무를 심기에 적당한 날. 음력 5월 13일에 해당한다. 죽미일(竹迷日)이라고도 하며 8월 8일이라고 한 문헌도 있다.

나, 할 수 없어서 가지를 늘어뜨려서 관음상을 덮었다. 지금 세상에 보타산암죽(寶陀山巖竹) 그림과 같으며 아직도 있다. 소주 사람들은 문빗장으로 그것을 잠가서 지나간 사람들로 하여금 유람하고 보게 하였다.

• 서호(西湖) 청순(淸順)이라는 스님은 사념이 없는 고생을 즐거워 해서 일찍이 <십죽시(十竹詩)>를 지으며 말하기를:

도읍 안의 땅 한 치가 금 한 치 같으니	城中寸土如寸金
그윽한 집에 대나무 열 그루만 심었네.	幽軒種竹只十个
봄바람 삼가 그 자손들이 자라나게 하지 말자.	春風愼勿長兒孫
내 섬돌 앞을 뚫어서 푸른 이끼를 깨뜨리겠네.	穿我階前綠苔破

고 하였다.」라 하였다.

그림 48. 죽순

【≪冷齋夜話≫ 鄒志完南遷, 自號道鄕居士。在昭州江上爲居室, 近崇寧寺。因閱 ≪華嚴經≫ 於觀音像, 前有修竹三根, 生像之後, 志完揭茅出之不可, 乃垂枝覆像。有如今世畫寶陀山巖竹, 今猶在。昭人扃瑣之, 以俟過客遊觀。

• 西湖僧淸順, 怡然淸苦多佳句, 嘗賦<十竹詩>云, "城中寸土如寸金, 幽軒種竹只十个。春風愼勿長兒孫, 穿我階前綠苔破。"】

≪낙양명원기(洛陽名園記)≫에 「부정공원(富鄭公園, 정원의 이름) 그 저택 동쪽에서 나오면 탐춘정(探春亭)이고 사경당(四景堂)에 올

라가면 한 정원의 승경을 두루 보고 얻을 수 있다. 남쪽으로 통진교(通津橋)를 건너고 방류정(方流亭)에 올라가서 자균당(紫筠堂)을 바라보며 돌아온다. 오른쪽으로 꽃과 나무 가운데에서 돌다가 음월정(蔭樾亭)으로 백 여 보를 걸어가면서 그윽한 대를 감상하고 중파헌(重波軒)까지 이르면 멈추고, 정북으로 토균동(土筠洞)을 걸어가며 여기서부터 큰 대나무 숲 속으로 들어간다.

무릇 동굴이라는 곳에 다 1장 정도인 참죽(斬竹)이 있고, 물길을 내서 참죽을 넘으며 그 위에서 길을 냈다. 가로로 동굴 하나가 있으니 토균(土筠)이라 하며 세로로 동굴 세 개가 있으니 수균(水筠), 석균(石筠), 사균(榭筠)이라 한다. 네 동굴을 거쳐 북쪽에 정자 5개가 있으니 대나무 속에 섞여 있는데 총옥(叢玉), 피풍(披風), 의람(猗嵐), 협죽(夾竹), 겸산(兼山)이라 한다.

- 묘수원(苗帥園) 북쪽에 대나무 만 여 그루가 있는데, 모두 크고 둘레가 2, 3아름이다. 대나무가 길고 아름다워서[45] 벽옥연(碧玉椽)[46]과 같다.
- 동씨서원(董氏西園, 정원의 이름)에 대청 하나가 있는데 대나무가 그것을 두르고 있고 속에 석부용(石芙蓉)이 있으니 물이 그 꽃 가운데에서 솟아나온다. 들창문을 열면 사방이 매우 시원하며 더운 한여름에 무서운 햇빛이 보이지 않고 맑은 바람이 문득 불어오니 머무르고 떠나고 싶지 않는다. 그윽한 새들이 고요하게 울며 각자 자랑하고 득의한다. 이 산림의 경치를 낙양(洛陽) 성 안

45) 아름다워서 : 원문은 낭간(琅玕)이다. 낭간 : 대나무의 미칭이다.
46) 벽옥연(碧玉椽) : 벽옥으로 만든 서까래이다.

그림 49. 양건도楊建濤, <삼우도>, 종이에 수묵화

에서는 마침내 얻을 수 있다.」라 하였다.

【≪洛陽名園記≫ 富鄭公園自其第東出探春亭, 登四景堂, 則一園之景勝, 可顧覽而得。南渡通津橋, 上方流亭, 望紫筠堂而還。右旋花木中, 有百餘步, 走蔭樾亭, 賞幽臺, 抵重波軒而止。直北走土筠洞, 自此入大竹中。凡謂之洞者, 皆斬竹丈許, 引流穿之, 而徑其上。橫爲洞, 一曰土筠；縱爲洞, 三曰水筠, 曰石筠, 曰榭筠。厝四洞之北, 有亭五, 錯列竹中, 曰叢玉、曰披風、曰漪嵐、曰夾竹、曰兼山。

• 苗帥園北, 竹萬餘竿, 皆大滿二三圍。疎筠琅玕, 如碧玉椽。

• 董氏西園有一堂, 竹環之, 中有石芙蓉, 水自其花間湧出。開軒窗, 四面甚敞, 盛夏燠暑, 不見畏日, 淸風忽來, 留而不去。幽禽靜鳴, 各誇得意。此山林之景, 而洛陽城中遂得之。】

≪무이산기(武夷山記)≫에 「봉산(峯山)에 자못 아름다운 대나무가 많으니 대부분 돌고 구부러져서 용이나 뱀의 모양과 같다.」라 하였다.

【≪武夷山記≫ 峯山頗有佳竹, 多虯屈如龍蛇狀。】

≪화양궁기(華陽宮記)≫에 「수산(壽山)에 따라 서쪽에 옮겨 심은 대

나무가 숲이 되었으니 다시 작은 길을 내어 수 백 보에까지 이른다. 대나무 중에 뿌리가 같으나 줄기가 다른 것이 있다. 다른 것은 다 적을 수는 없지만 모두 사방의 진귀한 공물이다. 또 짝을 이룬 푸른 대나무가 뒤섞여 있으니 십중팔구는 반죽록(斑竹麓)이다.」라 하였다.
【≪華陽宮記≫ 循壽山而西, 移竹成林, 復開小徑, 至百數步。竹有同本而異幹者, 不可紀極, 皆四方珍貢。又雜以對青竹, 十居八九, 曰斑竹麓。】

그림 50. 대숲 속에 있는 길

≪간악기(艮嶽記)≫에 「경룡강(景龍江) 북쪽 연안에 수많은 대나무가 푸르고 우거지니 우러러보면 하늘이 보이지 않는다. 승운암(勝雲庵), 섭운대(躡雲臺), 소한관(消閒館), 비잠정(飛岑亭)이 있는데 잡꽃이나 기이한 나무가 없고 사방 모두 대나무이다.」라 하였다.
【≪艮嶽記≫ 景龍江北岸, 萬竹蒼翠蓊鬱, 仰不見天。有勝雲庵、躡雲臺、消閒館、飛岑亭, 無雜花異木, 四面皆竹也。】

≪피서록화(避暑錄話)≫에 「산림이나 정원에 오직 대나무만 많이 심어져 있고 다른 경물이 안 보이고, 그것을 바라보면서 저절로 사람의 생각이 맑고 깊어진다. 대나무의 종류가 많으니 특히 기뻐할 만한 것으로 계죽(筀竹)은 빛깔이 깊을수록 잎이 더욱 빽빽하다. 내가 처음 이 산을 얻었을 때 곧 흩어서 대나무를 심었으며 약 3, 4천

그루가 있어 각종 빛깔이 다 있는데 몇 년 이후에 향하는 바가 다 대나무일 것을 바란다.

무신(戊申) 기유(己酉) 사이에 이절(二浙)[47]의 대나무들이 꽃을 다 피우고 죽었으며 세상에서 그것을 죽미(竹米)라 이른다. 이에 내가 심은 것도 시들어 죽었으며 지금 보존한 바는 오직 개죽(介竹) 수 백 그루 밖에 없다. 바야흐로 그것이 처음 꽃이 피어날 때에 노포(老圃)가 곧바로 그것을 알아내고 나에게 빠르게 베 버리고 그 뿌리만 남겨 놓고 내년에 그런대로 다시 자라날 수 있다고 알려주었지만, 내가 결국 차마 못해서 저절로 시든 이후에 베었다 보니 뿌리까지 모두 썩었다.

이듬해 비록 다시 보충하여 심었지만 대나무의 씨를 얻기가 어려워서 전의 5분의 1에도 미치지 못하였다. 혹 3~5년이 지나가야만 비로소 그것이 하늘로 올라가고 햇빛을 가리는 것을 볼 수 있겠다.」라 하였다.

【≪避暑錄話≫ 山林園圃, 但多種竹, 不問其他景物, 望之自使人意瀟然。竹之類多, 尤可喜者筀竹, 益色深而葉密。吾始得此山, 卽散植竹, 略有三四千竿, 雜衆色有之, 意數年後所向皆竹矣。戊申己酉間, 二浙竹皆結花而死, 俗謂之竹米。於是吾所植亦槁盡, 今所存, 惟介竹數百竿爾。方其初花時, 老圃輒能識之, 告吾亟盡伐去, 存其根, 則來歲尚可復生, 而余終不忍, 至已槁而後伐, 則與其根俱朽矣。比雖復補種, 而竹種已難得, 不能及前五之一, 然猶更須三五年, 始可望其干雲蔽日也。】

47) 이절(二浙) : 송나라 때 나눠진 행정구역인 절강 동로(東路)와 절강 서로(西路)의 병칭이다.

≪서계총화(西溪叢話)≫에 「이상은(李商隱, 의산義山은 그의 자임)의 <숭양댁연(崇讓宅讌)>시에 "바람이 회당(廻塘)을 지나가면 수많은 대나무가 슬퍼하네."라고 하였다. 낙양(洛陽)에 숭양방(崇讓坊)이 있는데 거기에 하양(河陽) 절도사(節度使)인 왕무선(王茂先)의 집이 있고, 이상은은 즉 왕무선의 사위이다. ≪위씨술정기(韋氏述征記)≫에서 이르기를: "이 숭양방(崇讓坊)에서 큰 대나무와 복숭아나무가 나왔다."고 한다.」라 하였다.

【≪西溪叢話≫ 李義山〈崇讓宅讌〉詩, "風過廻塘萬竹悲"。洛陽有崇讓坊, 有河陽 節度使 王茂先宅, 李卽茂先之婿。≪韋氏述征記≫云, "此坊出大竹及桃。"】

≪각소편(却掃編)≫에 「황문(黃門, 관직의 이름)인 소철(蘇轍, 자유子由는 그의 자임)이 남쪽에 좌천되었다. 돌아와서는 허하(許下)에 거주하면서 항상 대문을 닫고 빈객들과 내왕하지 않았다. 같은 고향 사람이 촉천(蜀川)에서 그를 보러 왔는데 대문에서 엿보고 기다리며 거의 열흘이 지나도 통과해 주지 않았다. 집 남쪽에 떼를 지어 자라는 대나무가 있어 대나무 속에 작은 정자를 지었으며 바람과 햇빛이 맑고 아름다운 날을 만나면 혹은 정자 안에서 한가로이 거닐었다.

그림 51. 양건도楊建濤, 종이에 수묵담채

고향 사람이 소철을 만나지 못해서 혼인(閽人)[48]에게 물어보니 혼

48) 혼인(閽人): 주(周)나라 관직 이름으로 새벽과 황혼에 궁문을 열고 닫음을 맡은

인은 정자 옆에서 기다리게 하였다. 그의 말처럼 열흘 이후에 과연 나왔고 고향 사람이 이에 빨리 다가가니 소철은 그를 보고 크게 놀라고 오랜 동안 위로하며 말하기를: "네가 잠시 여기에서 나를 기다리소." 고 하였다. 재빠르게 다시 들어가서 새벽녘에 이르러서도 결국 다시 나오지 않았다.

• 서경(西京) 한 사원 뒤에 대숲이 있어 매우 무성하였다. 스님이 정자를 지어 그것과 마주하니 극히 맑고 깨끗하므로 사대부들은 그 사이에서 많이 유람하며 모였다. 어떤 날에 문로공(文潞公)도 방문하러 왔는데 그곳을 매우 좋아하기에 스님은 현판을 가지고 이름 지어주기를 구했더니 문로공은 그것을 기쁘게 들어주며 현판을 가지고 돌아갔다.

몇 달 동안 소식이 없어서 스님이 가서 청했더니 답해주기를: "내가 너를 위해 좋은 이름을 생각하고자 했는데 아직 얻지 못해서 잠시 기다리라."고 하였다. 후에 반년이 지나고 바야흐로 현판을 보냈으며 죽헌(竹軒)이라 글을 지었다. 나는 사대부들이 정자나 대청에 이름을 지은 것을 살펴봤는데 이치에 맞고 흠이 없는 것이 매우 적었으며, 문로공의 말은 질박하나 무너질 수가 없다.」라 하였다.

【≪卻掃編≫ 蘇黃門 子由南遷旣還, 居許下, 多杜門不通賓客。有鄉人自蜀川來見之, 伺候於門, 彌旬不得通。宅南有叢竹, 竹中爲小亭, 遇風日淸美, 或徜徉亭中。鄉人旣不得見, 則謀之閽人, 閽人使待於亭旁。如其言, 後旬日果出, 鄉人因趨進, 黃門見之大驚, 慰勞久之, 曰: "子姑待我於此。" 翩然復入, 迨夜竟不復出。

• 西京一僧院, 後有竹林甚盛。僧開軒對之, 極瀟灑, 士大夫多遊集

사람이다. 후에 일반적으로 문을 지키는 사람을 가리킨다.

其間。一日文潞公亦訪焉，大愛之，僧因具榜乞命名，公欣然許之，攜牓以歸。數月無耗，僧往請，則曰："吾爲爾思一佳名，未之得也，姑少待。"後半年方送牓還，題曰，竹軒。余觀士大夫立所在亭堂名，當理而無疵者極少，潞公之語雖質，然不可破也。】

그림 52. 양건도楊建濤, 종이에 수묵담채

≪연북잡지(研北雜志)≫에 「주희진(朱希眞)은 항상 산음(山陰)의 부수죽(富水竹)이 낙양(洛陽)과 허하(許下, 지금 하남河南 허창許昌)의 기상(氣象)을 가지고 있다고 하였다.」라 하였다.

【≪研北雜志≫ 朱希眞常言山陰 富水竹，有洛陽，許下氣象。】

≪임한은거시화(臨漢隱居詩話)≫에 「대나무에 흑점이 있는 것을 반죽(斑竹)이라 일컬었는데 틀린 것이다. 상(湘, 즉 호남성의 별칭) 지역의 반죽(斑竹)이 바야흐로 자라날 때에 점마다 태전(苔錢)[49]이 있고 그것을 봉하면 매우 단단하다.

49) 태전(苔錢) : 태 점 모양이고 동글게 모여서 동전과 같다.

토착민들이 대나무를 베서 물에 담가 두고 풀줄기로 태전(苔錢)을 씻어버리면 자색 무리가 아롱지고 사랑스럽다. 이것은 진정한 반죽(斑竹)이다.」라 하였다.

【≪臨漢隱居詩話≫ 竹有黑點, 謂之斑竹, 非也。湘中斑竹方生時, 每點上苔錢, 封之甚固。土人斫竹浸水中, 用草穰洗去苔錢, 則紫暈斕斑可愛。此眞斑竹也。】

≪휘진여화(揮塵餘話)≫에 「소흥(紹興) 때에 조원진(趙元鎭)은 좌승상이 되었고 어떤 날 입조할 때에 밖에서 대나무를 안으로 옮겨 심는 것을 보았다. 주청한 일을 마치자마자 급히 그것을 보러 가보니 마침 빈터에서 공사를 하고 있었다. 원진(元鎭)이 묻기를: "누가 이 일을 주관하는가?"고 하자 답하기를 : "내시(內侍)인 황언절(黃彦節)입니다."고 하였다.

원진(元鎭)은 곧바로 황언절(黃彦節)을 불러와서 꾸짖으며 말하기를: "근년 간악화석(艮嶽花石)[50]이라는 근심이 모두 너희들로 인해 나왔다. 지금 했던 잘못을 다시 한 번 범하겠는가?"고 하였다. 군령장(軍令狀)을 써서 당장 요역을 방면하라고 하였으며 황언절(黃彦節)은 임금에게 이것을 아뢰었다. 다음날에 원진(元鎭)이 주청할 때에 임금이 알리며 이르기를: "전날에 우연히 궁중의 빈터를 보고 황언절(黃彦節)에게 대나무 수십 그루를 심게 한 것이지, 동산을 만들고자 한 것은 아니었다. 그러나 경은 이처럼 방미두점(防微杜漸)[51]할 수 있으

50) 송휘종(宋徽宗)이 재위기간에 변경(汴京)에 간악수산(艮嶽壽山)을 지었을 때 천하에서 화석강(花石綱)을 수탈하였는데 백성들의 원망이 끓어오르고 국력이 곤갈해서 금나라 군사들이 틈을 타고 들어갔으며 결국 변경(汴京)은 빼앗겼다.

51) 방미두점(防微杜漸) : 일이 번지기 전에 미리 막는다는 뜻이다.

니 충성을 다한다고 말할 수 있다. 후에 만일 이와 비슷한 일이 있다면 두려워하지 말고 내 잘못을 깨우쳐라."고 하였다.」라 하였다.

【≪揮麈餘話≫ 紹興中趙元鎭爲左相, 一日入朝, 見自外移竹栽入內。奏事畢, 亟往視之, 方興工於隙地, 元鎭詢 : "誰主其事?" 曰 : "內侍黃彦節也。" 元鎭即呼彦節詬責之曰 : "頃歲艮嶽花石之擾, 皆出汝曹, 今將復蹈前轍耶?"命勒軍令狀, 日下罷役, 彦節以聞於上。翼日元鎭奏事, 上諭曰 : "前日偶見禁中有空地, 因令植竹數十竿, 非欲以爲苑囿。然卿能防微杜漸如此, 可謂盡忠爾。後儻有似此等事, 勿憚以警朕之不逮也。"】

≪소씨문견후록(邵氏聞見後錄)≫에 「인종(仁宗, 즉, 조정趙禎) 가우(嘉祐) 7년(즉, 1062년) 12월 5일에 임금은 천장각(天章閣)에서 양부(兩府) 이하를 불러서 상서로운 물건 13가지를 구경하게 하였다. 그 중의 하나는 상서로운 대나무의 한 마디로 줄 두개가 나란히 그 가운데서 자라난 것이었다.」라 하였다.

【≪邵氏聞見後錄≫ 仁皇帝嘉祐七年十二月庚子, 幸天章閣召兩府以下觀瑞物十三種, 其一爲瑞竹一節, 有二絃並生其中。】

≪오흥원림기(吳興園林記)≫에 「장(章) 씨의 수죽오(水竹塢)는 장농경(章農卿)의 북쪽 산에 있는 별장이니, 물과 대나무의 승경이 있다.」라 하였다.

【≪吳興園林記≫ 章氏水竹塢 章農卿北山別業也, 有水竹之勝。】

【원본原本】

그림 53. 위환명魏煥明, 종이에 수묵화

≪오색선(五色線)≫에 「나부(羅浮)의 세 번째 봉우리에 큰 대나무가 있는데 직경이 7척 아름이고 마디의 길이가 2장이며 용죽(龍竹)이라 부르고 난새와 봉새가 항상 서숙한다. 동쪽에 시내가 있어 나양(羅陽)이라 부르며, 물이 세차게 넘치면 대나무 잎은 흘러나오고 파초처럼 크다.」라 하였다.

【≪五色線≫ 羅浮第三峯有大竹, 徑七尺圍, 節長丈二, 謂之龍竹, 常有鸞鳳栖宿。東有溪曰羅陽, 暴漲有竹葉流出, 大如芭蕉。】

【증보增補】

≪오색선(五色線)≫에 「대나무의 이름은 어장(魚腸)이라 한다. 양(梁)나라 간문제(簡文帝)가 <죽부(竹賦)>를 지어서 이르기를: "구슬 같아 윤택하고 도지(桃枝) 같아 아름다우며 어장(魚腸)이란 금모(金母)[52] 같은 이름이네."고 하였다.」라 하였다.

【≪五色線≫ 竹名魚腸。梁簡文修〈竹賦〉, "玉潤桃枝之麗, 魚腸金母之名。"】

≪단연총록(丹鉛總錄)≫에 「대나무도 향기가 있는데 다만 그것을

52) 금모(金母) : 옥황상제의 별실(別室)인 서왕모(西王母)를 가리킨다.

아는 사람이 드물다. 두보의 시에 "바람이 미미한 향기를 불어오네." 라고 하고 이하(李賀)의 시에 "대나무의 향기가 그윽하고 적막 속에 가득 차 있으며, 분 바른 마디가 푸른빛을 띠네."라고 하였다.」라 하였다.

【≪丹鉛總錄≫ 竹亦有香, 人罕知之。杜詩 "風吹細細香", 李賀詩, "竹香滿幽寂, 粉節塗生翠"。】

≪민부소(閩部疏)≫에 「연복(延福) 남쪽에 떼를 지어 자라난 대나무가 있는데 겨울을 거쳐 싹이 트고 자죽(慈竹)의 종류에 속하나 길어서 구름으로 찌르며 큰 것은 한 줌이다. 오월(吳越)의 자죽(慈竹)은 그것보다 못하다.

• 분죽(粉竹)[53]을 가는 실로 찧으면 좋은 종이의 감이 되며, 강동(江東) 백저(白苧)보다 아름답다.」라 하였다.

【≪閩部疏≫ 延福以南, 有竹叢生, 涉冬抽萌, 慈竹類也, 而長刺雲, 大者拱把。吳、越 慈竹, 迥出其下。

• 粉竹舂絲爲佳紙料者, 美於江東白苧。】

≪형계소(荊溪疏)≫에 「금사사(金沙寺)는 호예(湖汉) 동남쪽 1리 떨어져 있는 곳에 있고 당나라 육희성(陸希聲)의 옛 집이었다. 지금 여전히 독역대(讀易臺)가 있고 금사사(金沙寺)를 두르고 있는 대나무가 수만 그루 있다.」라 하였다.

53) 분죽(粉竹) : 댓과에 딸린 대의 하나로 줄기는 엷은 풀빛에 솜 같은 흰 얼룩점이 있으며, 마디는 겹바퀴꼴인데 마디마다 몇 개의 가지가 나오며, 잎은 바소꼴로 뒤쪽에 잔털이 있다. 중국(中國) 원산(原産)으로 약 60년을 주기로 꽃이 핀다. 죽순(竹筍)은 먹으며, 나무는 죽세공(竹細工)에 널리 쓰인다.

그림 54. 솜대【粉竹】
출처: https://blog.daum.net/ihogyun/2766171

【≪荊溪疏≫ 金沙寺在湖汉東南一里, 唐陸希聲舊宅。今尚有讀易臺, 遶寺竹竿可數萬箇。】

≪거산잡지(居山雜志)≫에 「아름다운 대나무 중에 높은 것은 몇 장에 이르고 그 이름은 모죽(毛竹)이라 하며 병산(並山)에 곳곳이 그것이 있다. 삼복(三伏) 날에 그것 아래에서 바람을 쐬면 무더위가 없다. 그러나 오직 메에만 적합하니 거기에 잘 자라나며 그것을 평평한 육지로 옮기면 살지 않는다.

나머지 대나무는 수량이 매우 많으나 이 품종을 넘는 것이 없다. 유람객들이 이름을 그 위에 새기는 것을 많이 좋아하며 적은 자취가 몇 년을 거쳐도 망가지지 않고 오래될수록 더욱 충서(蟲書, 한자 서체의 한 가지)나 옛 전자(篆字)와 같아서 볼 만하다.」라 하였다.

【≪居山雜志≫ 美竹高者至數丈, 其名曰毛竹, 並山左右皆有之。三伏蔭其下, 無暑氣。然獨宜山岡則生, 移之平陸則弗活。其餘竹數甚多, 無踰此品。游人多愛刻名其上, 題蹟可經數年不壞, 久之益若蟲書古篆可觀。】

≪옥당만필(玉堂漫筆)≫에 「형산(衡山) 뒤쪽에서 나온 대나무가 가장 커서 남죽(南竹)이라 한다. 토착민들은 그 통을 끊고 취하여 시루로 삼고, 마디 부분으로 세숫대야를 만들 수 있다. 그러나 깊은 산

속의 사람이 이르지 못한 곳에만 있다.」라 하였다.

【≪玉堂漫筆≫ 衡山後生竹最大, 名曰南竹。土人截取其筒以爲甑, 節處可制盥盆。然在深山中人跡不到之處。】

≪월하범원기(月河梵苑記)≫에 「취경정(聚景亭) 동쪽 빈터에 대나무 몇 그루를 심었는데 죽오(竹塢)라 불렀다.」라 하였다.

【≪月河梵苑記≫ 聚景亭東隙地, 植竹數挺, 曰"竹塢"。】

그림 55. 양건도楊建濤, 종이에 수묵화

≪유태탕로정(遊台宕路程)≫에 「옥경(玉京) 동천 앞은 아름다운 대나무에 덮여 가려져 있다. 대나무 사이에서 저녁연기가 보이니 들 경치가 자못 아름답다.」라 하였다.

【≪遊台宕路程≫ 玉京洞天前蔭美竹。從竹間見晩煙, 野色甚媚。】

≪월유잡기(越游雜記)≫에 「대평암(大平菴)에서 대나무를 봤는데 모두 커서 물을 긷는 통과 같으며, 털이 있는 잎이 흩어져 있어 봉새의 꼬리와 같다.」라 하였다.

【≪越游雜記≫ 大平菴看竹, 俱大如汲桶, 而毛葉離離, 不啻雲鳳之尾。】

≪연도유람지(燕都游覽志)≫에 「부마도위(駙馬都尉) 만공(萬公)의 백석장(白石莊)이 백석교(白石橋) 북쪽에 있는데, 대와 정자가 많이 겹쳐 있고 옛 나무들이 아름드리나무이고 대나무가 푸르고 우거지니, 한여름에도 더위가 있는 것을 모른다. 덧붙여서 설명한 것으로 곽원정(郭園亭)은 으뜸이 된다.」라 하였다.

【≪燕都游覽志≫ 駙馬都尉 萬公 白石莊, 在白石橋北, 臺榭數重, 古木合抱, 竹色蔥蒨, 盛夏不知有暑。附郭園亭爲第一。】

【원본原本】

≪화사(花史)≫에 「허주(許州)에 뛰어난 대나무 20여 묘(畝)가 있는데 이수(潩水)가 그 속을 관류하고 문언박(文彦博)이 거기의 치수(置守, 관직의 이름)를 지냈다.

- 계동(桂東) 만옥성(萬玉城)은 세상에 전해진 것으로 왕증(王曾)이 여기서 거주했다고 하였다. 섬돌이 아직 남아 있고 옆에 뛰어난 대나무 몇 그루가 있는데 밤낮으로 스스로 엎드려서 그 땅을 쓸며 다시 선다.」라 하였다.

【≪花史≫ 許州有修竹二十餘畝, 潩水貫其中, 文彦博爲置守。

- 桂東 萬玉城, 世傳王曾寓此。階砌尙存, 旁有修竹數竿, 日夕自仆, 掃其地而復立。】

【증보增補】

≪사천지(四川志)≫에 「공주(邛州) 남쪽 8리 떨어진 곳에 공래산(邛

峽山)이 있다. 한(漢)나라 장건(張騫)은 사신으로서 서역(西域)으로 갔으니 고절죽(高節竹)을 얻었고 공산(邛山)에 심었다.

- 한(漢)나라 두의(竇誼)가 사천(四川)의 아미산(峩眉山)에 거주하고 있었을 때 방랑하면서 구애받지 않았다. 달밤에 자규(子規, 즉 두견새)가 대나무에 울고 있으니 두의(竇誼)가 말하기를: "대나무가 갈라지면 내가 돌아가겠다."고 하였다. 이 밤에 아미산(峩眉山) 봉우리에 있는 대나무가 갈라졌다. 두의(竇誼)가 새벽에 아미산(峩眉山) 봉우리에 숨었으며 무제(武帝)가 세 번이나 불러도 나오지 않았다.」라 하였다.

【≪四川志≫ 邛州南八里有邛峽山。漢張騫奉使西域, 得高節竹, 植於邛山。

- 漢竇誼居蜀之峩眉, 放浪不羈。月夜子規啼竹上, 誼曰:"竹裂吾可歸。"峩峯是夕竹裂。黎明遁於峩峯, 武帝三徵不起。】

≪복건지(福建志)≫에 「고전현(古田縣)에 마산(馬山)이 있는데 거기 대부분 대나무가 젓가락으로 쓰일 수 있다.

- 무이산(武彝山) 백운암(白雲巖) 아래는 한암(寒巖)이고 오른쪽은 모죽동(毛竹洞)이며 당나라 이상은(李商隱)의 시에 "무이동(武彝洞) 안에 모죽(毛竹)이 자라나니[54] (당시 백성들이)

그림 56. 양건도楊建濤, 종이에 수묵담채

---

54) 이상은의 이 시의 전체 내용은 다음과 같다.【武彝山 只得流霞酒一杯, 空中簫鼓幾時回。武夷洞里生毛竹, 老盡曾孫更不來。】

늙어 죽었고 후손들이 더욱 오지 않았다."라고 하였다.」라 하였다.

【≪福建志≫ 古田縣有馬山, 多竹可爲楮。

• 武彛山 白雲巖下爲寒巖, 右爲毛竹洞, 唐李商隱詩, "武彛洞裏生毛竹, 老盡曾孫更不來。"】

≪광동지(廣東志)≫에 「청원현(淸遠縣)에서 50리 떨어져 있는 곳은 협산(峽山)이라 한다. 전설에는 황제의 두 서자(庶子)가 남쪽으로 완유죽(阮兪竹)을 캐고 황종(黃鍾)의 율관을 만들고자 두 신하와 함께 다 이 산에서 은거했다고 하였다.

사당은 광경사(廣慶寺) 동쪽의 행각에 있다. 지금 산에 있는 작은 대나무는 마디 사이의 길이가 9척이고 직경이 3분(分, 옛날에 1척이 10분임)이니 이 산이 아마 완유(阮兪)이라는 산이 의심되고, 옛 기록에서 곤륜(昆侖)이라 한 것은 잘못한 것이다.

• 동안현(東安縣)의 동남쪽 5리 떨어져 있는 곳은 운부령(雲浮嶺)이라 하고, 위에서 기이한 대나무가 나왔다.」라 하였다.

【≪廣東志≫ 淸遠縣五十里曰"峽山"。相傳黃帝二庶子, 南採阮兪竹, 爲黃鍾之管, 與二臣俱隱此山。祠在廣慶寺東廡。今山上小竹, 節間長九寸, 圓徑三分, 疑此山卽阮兪, 舊志悞爲昆侖耳。

• 東安縣之東南五里, 曰雲浮嶺, 上産異竹。】

≪귀주지(貴州志)≫에 「성파(聖婆)가 어디서 온 사람인지를 모르지만 다섯 남자를 데리고 진원(鎭遠) 공수(邛水) 사잠루산(司岑樓山)에 이르렀다. 대나무를 땅에 심으며 고하기를: "내가 얻은 땅이니

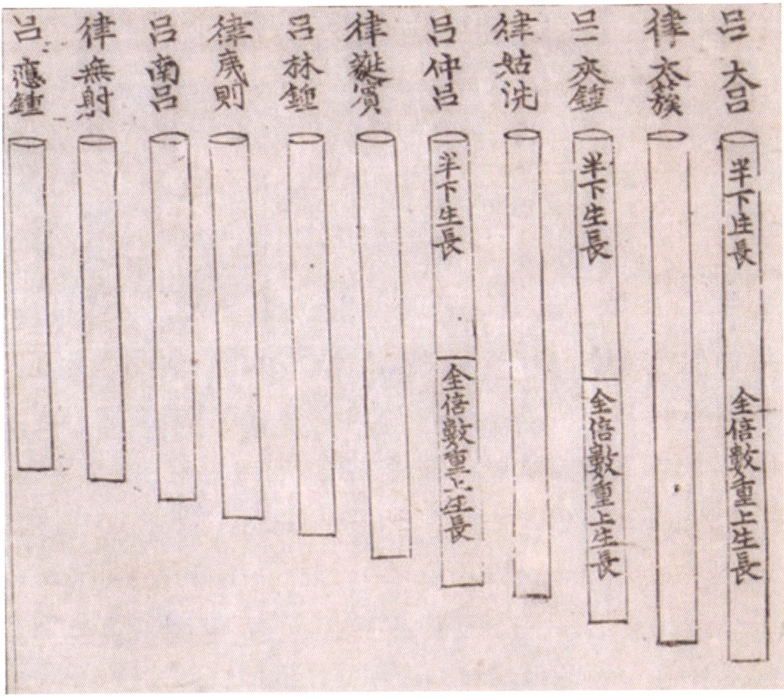

그림 57. 악학궤범/12율위장도설
출처 : 한국민족 문화대백과사전 율관律管

대나무는 마땅히 대숲이 될 것이다. 과연 대숲이 될 때에 대나무 위에 눈물을 뿌리겠다."고 하였다. 지금 무우죽(霧雨竹)에는 진액이 있어 눈물과 같다.」라 하였다.

【≪貴州志≫ 聖婆不知何許人, 領五男, 行至鎭遠 卬水 司岑樓山。以竹植地, 祝云 : "我得地竹當成林。果成林時, 揮涕竹上。" 今霧雨竹有液如涕。】

3. 대나무 집조(集藻)

| 전傳 |

【원본原本】

송(宋) 유자휘(劉子翬)의 <차군전(此君傳)>에 「차군의 조상은 진택(震澤)에서 나왔는데 호는 창랑자(蒼筤子)라 하고 창힐(蒼頡)[55]과 같은 시기였다. 창힐(蒼頡)이 새의 발자취를 관찰하여 글자를 만들었으며 창랑자(蒼筤子)는 그것을 기록한 공로가 있었다. 황제는 다 성씨를 하사해서 창(蒼)이라는 자(字)를 성씨로 삼게 하였다. 창랑자(蒼筤子)가 소(篠)를 낳았으며 하우(夏禹)는 사방 공물을 채집할 때에 그 자질로 소(篠)를 올렸다. 그 후에 나라가 세워져서 소(篠)는 고죽군(孤竹君)에 봉해졌으며 적(篧)을 낳았다.

적(篧)이 은거하며 돌아다니다가 위나라에서 낚시했을 때에 시인[56]이 <시경·위풍·기욱(詩經·衛風·淇澳)>을 읊어서 그를 칭찬했으므로 세상에서는 그 풍채를 보고 싶어 하였다. 적(篧)이 소(篠)를 낳았고 소(篠)가 정균(庭筠)을 낳았다. 정균의 어머니가 자(慈)라는 성씨이고 정균은 포대기에 있었을 때에 이미 기이한 골격을 가지고 있었으니 밝고 깨끗해서 분을 바른 것과 같았다고 하였다. 크면서 맑고 여위고 날씬하므로 죽림칠현(竹林七賢)[57]과 죽계육일(竹溪六逸)[58]은 모두 그를

---

55) 창힐(蒼頡) : 중국의 전설에 나온 황제(黃帝)의 신하로 새의 발자취에서 착상(着想)하여 처음으로 글자를 만들었다고 하는 사람이다.

56) 시인 : 여기는 〈시경〉을 말한다.

따라 유람하였다.

그림 58. 양건도楊建濤, 종이에 수묵담채

왕자유(王子猷)는 그를 매우 좋아해서 일찍이 하루라도 차군이 없으면 안 된다고 말했는데 세상에서 이에 차군을 눈으로만 보고 이름을 부르지 않게 되었다. 차군은 성품이 강직해서 아래 사람들에게 일찍이 자기를 굽히고 의지를 꺾은 적이 없었다. 황제(黃帝)와 노자(老子)에게서 뿌리가 땅속에 깊이 뻗어 움직이지 않는 방법을 얻어서 숲과 산기슭 사이에 숨어 있으면서 조래(徂徠)의 소나무[59], 신보(新甫)의 측백나무와 같은 뜻으로 만나며 평소 서로 사이좋게 지냈다.

한무제(漢武帝)는 일찍이 세 사람을 특별히 기용하고자 모두 상림(上林)에 이르게 하였으며 그들의 숭고한 절조를 좋아해서 어사부(御史府)로 옮기고 소나무에게 대부(大夫)로 벼슬을 주었으나 오직 차군만 작위(爵位)를 받지 않았다. 한무제가 행궁(行宮)[60]에 집을 지

---

57) 죽림칠현(竹林七賢) : 대나무 숲의 일곱 현인(賢人)이라는 뜻으로, 중국 진(晉)나라 초기에 유교의 형식주의를 무시하고, 노장(老莊)의 허무주의(虛無主義)를 주장하고, 죽림에서 청담(淸談)을 나누며 지내던 일곱 선비, 곧 완적(阮籍), 완함(阮咸), 혜강(嵇康), 산도(山濤), 향수(向秀), 유영(劉伶), 왕융(王戎) 등을 이르는 말이다.

58) 죽계육일(竹溪六逸) : 중국의 죽계(竹溪)에서 벗한 여섯 현인(賢人)이란 뜻으로, 이백(李白), 공소보(孔巢父), 한준(韓準), 배정(裵政), 장숙명(張叔明), 도면(陶沔)을 이르는 말이다.

59) 송(松)의 파자(破字) 풀이다. 즉 소나무를 달리 이르는 말이다.

60) 임금이 거둥(擧動) 길에 머무는 별궁이다.

어, 자기 곁에 머무르게 하였다. 한무제가 일찍이 천성을 기르는 도를 물어봤더니, 차군은 말하기를: "마음을 비워서 자기를 곧게 하면 도가 스스로 굳어지겠습니다."고 하였다. 무제는 그 말에 흠모하였다.

또한 한무제가 일찍이 그의 배를 어루만지며 말하기를: "이 속에 무엇이 들어가 있냐?"고 하자 답하기를: "아무것도 없어서 텅 비어 있으니 응당 수 백 명 사람을 수용하겠습니다."고 하였다. 무제가 이에 웃었다.

혹자가 그를 유세(遊說)하며 말하기를: "그대는 나은 자질을 가지고 있으니 악부(樂府)를 맡으면 구장(九章) 소소(簫韶)[61]가 이루어질 것이고, 사관(史館)을 맡으면 역사책이 나타날 것이고, 병장기 곳집에 들어가면 깃털과 화살촉으로 위엄을 떨칠 수 있으며, 조정에 천거되면 보(簠)와 궤(簋)[62]가 잘 꾸며질 것이며 어찌 칼날에 맞아 갈라지다가 무성한 대껍질로 그것을 재빠르게 가하는가? 지금 재난이 많으니 어찌 몸을 바치고 힘을 내서 불길한 기운을 쓸어버리고 사방의 오랑캐를 물리쳐서 불후의 명성을 이루도록 하지 않고 도리어 그 기둥 같은 몸을 감추고 기꺼이 초목과 함께 썩는가?"고 하였다.

차군은 말하기를: "봉황새가 이르지 않았으니 내가 이미 끝났구나![63] 구름을 밀어 하늘의 문을 두드리거나 배를 쪼개서 옥돌을 나타내기보다는, 차라리 좋아하면 행하고 근심하면 피하며 굳어서 흔들리지 않는 것이 좋다."고 하였다. 마침내 산골짜기에서 밭을 갈게

---

61) 소소(簫韶): 중국 고대의 순임금이 지은 음악이다.

62) 보(簠)와 궤(簋): 다 제기(祭器)의 이름이다.

63) 봉황새가 이르지 않았으니 내가 이미 끝났구나!: ≪논어論語·자한子罕≫에 나온 말이다. 공자께서 말씀하셨다. "봉황새도 날아오지 않고 황하에서 그림도 나오지 않으니 나는 끝났구나!" 【子曰: "鳳鳥不至, 河不出圖, 吾已矣夫!"】이다.

되었다.

장차 늙을 때에 차군은 늘 재계하고 해마다 오직 5월 13일에 술에 취하며, 취하면 그 형해를 드러내고 혹은 사람에게 다른 곳으로 옮겨져도 몰랐다. 그러므로 당시에 혹자가 그에게 말하기를: "차군이 오랫동안 늘 몸을 깨끗이 재계하고 있었는데 하루라도 재계하지 않으면 바로 취해서 곤죽이 되었다. 때로는 거꾸로 실려서 익숙한 못을 지나가 황홀하게 타다가 떨어져도 다 몰랐다."고 하였다.

만년에 더욱 파리해지니, 가지와 잎이 없다면 난이 불태워지고 옻이 베어진다는 것으로 경계를 삼고 마침내 그 타고난 수명을 유지하였다고 하였다. 임금은 차군이 생각나니 묵공(墨工)에게 그 형상(形像)을 그리게 해서 자리 구석에 붙이며 이에 정절처사(靖節處士)라는 호를 하사했다.

그림 59. 허백련, <사군자 중 묵죽>, 1970년대, 종이에 수묵, 109.0x33.5cm, 광주시립미술관

아들들이 모두 두각을 나타냈으니 맹(萌)이라는 자는 가장 시원하고 아름다우니 세상에서 은거하면서 아는 자들에게 맛을 하사하였다. 사람

들이 다투어 머무르게 만류하며 맹은 제공들 사이에 조두(俎豆)[64]를 놓았다. 형제의 아들은 운(篔)이라 하고 고절(苦節)[65]을 가지고 있어 고기를 먹는 자가 두려워했다. 다른 지파가 번식하면서 푸른색과 자색 기상(氣象)이 뛰어나고 성하였다.

호남(湖南) 지역에 사는 자는 얼룩덜룩하고 문채로 알려져 있었고 위수(渭水)에 사는 자는 천 묘(畝) 밭으로 재물을 모아 부자가 되었으니 당시 사람들이 그를 봉군(封君)[66]에 비유하였다. 무이(武夷)에 사는 자는 줄기가 약하고 털이 수염과 같으니 사람들이 골격을 벗은 신선으로 여겼다고 한다.」라 하였다.

【宋·劉子翬 〈此君傳〉 此君之先, 出自震澤, 有號蒼筤子者, 與蒼頡同時。頡觀鳥跡制字, 蒼筤子有記載之功。帝皆賜姓, 命以字爲蒼氏。蒼筤子生篠, 禹修方貢, 以其材也上之。其後有國, 封孤竹君, 生篧。篧逸去, 釣於衛, 詩人咏 〈淇澳 > 以美之, 天下想見其風采。篧生篠, 篠生庭筠。母慈氏, 庭筠在繃褓中, 已有奇骨, 濯濯如傅粉然。及長清癯玉立, 七賢、六逸皆從之遊。王子猷最喜之, 嘗曰不可一日無此君, 世以目之不名也。此君性强項, 未嘗折節下人, 得黃、老深根固蒂之術, 蟠隱林麓間, 與徂徠、十八公, 新甫柏, 直臭味之同, 素相友善。帝嘗特起三人, 俱至上林, 愛其風操, 遷直御史府, 拜十八公爲大夫, 獨此君不受爵。帝館於行宮, 留以自近。嘗訪養性之道, 此君曰 : "虛心直己, 至道自凝。" 帝欽其言。又嘗撫其腹曰 : "此中何有?" 曰 : "空洞無物, 當容數十百人耳。" 帝爲之笑。有說之曰 :

64) 조두(俎豆) : 제사 때 신 앞에 놓는 나무로 만든 그릇의 한 가지이다.

65) 고절(苦節) : 어떤 곤란한 일에도 굽히지 않는 굳은 절개이다.

66) 봉군(封君) : 임금의 적자를 대군(大君)으로, 임금의 서자(庶子)·왕비(王妃)의 아버지 또는 2품 이상의 종친(宗親)·공신(功臣) 등을 군으로 봉하던 일이다.

"君有長材, 典樂府則簫韶九成, 直史館則汗青有日, 入武庫則羽鏃宣威, 薦宗廟則簠簋甚飾, 蓋迎刃而解, 盛篋以加者也? 時方多難, 何不捐軀出力, 掃氛祲箠四彝, 以成不朽之名, 而反韞其楨幹, 甘與草木俱腐邪?" 此君曰: "鳳鳥不至, 吾已矣夫! 與其排雲叫閶闔, 披腹呈琅玕, 孰若樂行憂違, 確乎不可拔也。" 遂營嶰谷。將老焉, 此君常齋居, 每歲惟五月十三日霑醉, 醉則外其形骸, 或爲人徙至他所不知也。故當時爲之語曰: "此君經年常清齋, 一日不齋醉如泥。有時倒載過習池, 茫然乘墜俱不知。" 晩歲益枯槁, 言無枝葉, 以蘭焚漆割爲戒, 竟保其天年云。帝思之, 命墨工圖其形像, 以張座隅, 仍賜號曰靖節處士。諸子皆嶄嶄露頭角, 曰萌, 最爽美, 陸沉於世, 爲識者賞味, 爭挽致之, 俎豆於諸公之間。猶子曰篔, 苦節, 肉食者憚之。其他支派繁衍, 青紫曄然。居湘中者斑斑以文采稱, 居渭川者千畝致富, 時比之封君, 居武夷者幹弱而毛鬇, 人以爲蛻骨仙云。】

명(明) 방청(方淸)의 <청허거사전(淸虛居士傳)>에 「선생님의 성씨는 죽(竹)이고 이름은 간(幹)이며 자는 자직(子直)이고 호는 청허거사(淸虛居士)이다. 시조는 종(鐘)이라 하고 황제(黃帝) 때에 치우(蚩尤)[67] 난리를 피하고자 산골짜기에 은거하게 되었다. 황제는 탁록(涿鹿)을 평정하고 나라를 안정시켰으며 함지(咸池)[68] 음악을 연주하고자 군신들에게 율려(律呂) 감을 찾았더니 영륜(伶倫)[69]은 종(鐘)이 쓰일 만하다고 고하였다.

---

67) 치우(蚩尤): 고대 중국의 동쪽 부족의 수령이었고 황제(黃帝)와 맞서 싸우다 패했다는 신화 속의 인물이다.

68) 함지(함지): 중국 황제(黃帝) 때에 연주되던 음악의 이름이다.

69) 영륜(伶倫): 중국 황제(黃帝) 때의 한 사람으로 음률(音律)을 정하였다고 한다.

그림 60. 양건도楊建濤, <맑은 아취>, 종이에 수묵담채

황제가 사절에게 부절인 휼(鉞)을 가지고 그를 불러오게 하였는데, 종은 기꺼이 산골짜기에 살겠다고 해서 부름에 응하지 않았다. 그랬더니 사자(使者)가 그를 지고 끌어서 행하며 궁궐에 이르러도 여전히 넘어져 엎드리고 일어나지 않았다. 황제가 여러 번 위로하고 타일렀더니 그는 비로소 나아가 끊여서 만들어졌다. 징각(徵角)[70]을 널리 퍼뜨리며 입에 우궁(羽宮)을 머금으니 음악이 크게 이루어졌다. 기운이 깊숙하고 순화하고, 뭇사람들이 즐거워하며 아름다운 새가 궁전에 새집을 짓고 상서로운 짐승이 야외에서 떠돌았다.

황제는 그 공로를 기특하게 여기고 그를 봉하고자 하였는데 종(鐘)이 듣고 탄식하며 말하기를: “총애와 영리를 통해 성공을 이루는 것이 신하의 복이 아니니, 하물며 입과 혀로 관직을 얻는 것입니까?”고 하였다. 이에 상소문(上疏文)을 올려서 해골이 산골짜기로 돌아가는 것을 구걸했으며 황제는 허락하지 않고 악부(樂府)에 머무르게 하였으며 같은 성씨로 산골짜기에 거주하는 자 수 만 명을 봉하였다.

70) 징각(徵角) : 임금이 군사들을 호궤(犒饋)할 때 연주하는 음악의 하나이다.

종(鐘)이 죽자 황제는 그리워하고 슬퍼하는 것에 그치지 않고, 그의 아들을 상강후(湘江侯)로 봉하였다. 우(虞, 즉 순임금임)에게 이르러 순임금이 외지로 순시를 나가다가 창오(蒼梧) 들판에서 세상을 떠나자 두 왕비(妃)[71]가 큰 소리로 서럽게 울었으며 상강후(湘江侯)는 병이 든 두 왕비를 부축해서 몸에 씻을 수 없는 피눈물이 물들었다. 사람들이 그 충성을 칭찬해서 반(斑) 씨라는 호를 붙여주었다. 두 왕비가 죽은 후에 호남(湖南) 지역 사람들은 강가에 묘당을 지어주고 상군(湘君)이라 불렀다. 상강후(湘江侯)는 스스로 편안하지 않아서 기오(淇澳)로 옮겨 갔다.

자손들이 옥처럼 서 있고 뿌리가 돌아서 단단하며 지파가 번성해서 널리 퍼졌다. 대대로 맑고 깨끗함으로 자기를 권면하고 충직한 절개가 굳세서 빙설과 승패를 다툴 수 있다. 부드럽고 고운 아들이 있는데 문학에 뛰어나고 마음을 비워서 사물을 대하며 위무공(衛武公)은 그와 포의교(布衣交)[72]를 맺었다. 위무공이 만년에 덕에 나아간 것은 다 그와 부지런히 도덕을 닦았기 때문이고, 이 일은 ≪국풍(國風)≫에 기록되어 있다.

자손들은 사방에 흩어져 있고 모두 종(鐘)의 후손으로서 하사한 성씨를 얻었으며 일일이 셀 수 없었다. 특히 뛰어난 자는 산음(山陰)씨, 위천(渭川)씨, 모(毛)씨, 고(苦)씨, 담(淡)씨, 근(筆)씨, 폭(爆)씨, 전(箭)씨, 소(篠)씨라 일컬었다. 진(晉)나라 때에 이르러 임(林)씨가 있어 위천(渭川)에 거주하고 있으면서 천 묘(畝)에까지 퍼져서 사람들은 만호후(萬戶侯)라 불렀다.

---

71) 두 비(妃) : 즉, 아황(蛾皇)과 여영(女英)이다.

72) 포의교(布衣交) : 가난했을 때부터 사귄 친구.

산음(山陰)은 절개가 굳고 올바르고 속세와 거의 같이 하지 않으니 오직 왕자유(王子猷)만은 그를 삼경(三徑)[73]에 불러들였으며 군(君)이라 부르고 이름을 부르지 않았다. 모(毛)씨 중에 초(楚)라는 자가 있는데 신불해(申不害), 한비자(韓非子)의 형명지학(刑名之學)[74]을 좋아하고 악한 사람을 원수처럼 증오했다. 지(紙)라는 자는 채륜(蔡倫)에게 학문을 배웠으며 붓과 먹을 좋아해서 비서저작랑(秘書著作郎, 관직 이름)을 지냈다.

소(篠) 중에 뛰어난 자는 간(竿)이라 하고, 장(杖)이라 하였다. 간(竿)은 낚시를 좋아해서 낚시터에 은거했다. 장(杖)은 엎드러질 상황에 사람을 부축할 수 있으니 국로(國老)[75]들이 그에 많이 의지하였으며 이후 연사(鏈師)를 만나서 도규(刀圭)[76]를 얻고 용전(龍箭)이 되었다. 시(矢)라는 자는 무예 재주가 있어 멀리 이를 수 있으며 대개 그 조예에 과녁이 있기 때문이다. 폭(爆)이라는 자는 귀신을 섬기며 불로 벼락 치는 소리를 내서 산소(山魈)[77]를 내쫓을 수 있으며 무게가 자못 무거워서 지금 섣달 그믐날에 저(褚)씨 선비로 그를 많이 대신한다.

---

73) 삼경(三徑) : 정원 안의 세 갈래의 좁은 길이다. 은둔자의 집의 정원이나 뜰에 있는 좁은 길을 가리킨다.

74) 형명지학(刑名之學) : 중국 신불해(申不害), 한비자(韓非子) 등이 제창한 법을 가지고 나라를 다스려야 한다는 학설이다.

75) 국로(國老) : 경대부(卿大夫)의 위치에 있으나 고령으로 벼슬을 사양하고 물러나온 사람, 또는 나라의 원로들에 대한 칭호이다. 일반적으로 2품 이상의 벼슬아치를 지칭하기도 한다.

76) 도규(刀圭) : 즉, 의술(醫術)이다.

77) 산소(山魈) : 전설 속에서 나온 다리가 하나인 요괴이다.

그림 61. 양건도楊建濤, <대나무의 아취·난꽃의 향기>, 종이에 수묵화

근(篁)이라는 자는 약간 맛이 쓰고 아들 셋이 있으며 의술[78]을 좋아해서 두풍, 가래, 갈증(渴症), 열을 잘 고친다. 병자를 만나면 곧 옷을 풀어서 약제를 만들어 주고, 진액을 토해서 탕을 만들며 급하게 사람을 구하는 것은 이와 같다. 임(林)이라는 자는 양진(兩晉) 사이에 태어났으며 맑으나 마음이 좁지 않고, 화목하게 지내나 무턱대고 따르지 않으므로 사대부들이 그를 많이 경모하였다. 산도(山濤), 완적(阮籍), 혜강(嵇康), 유령(劉伶) 등이 다투어 풍류를 위해서 방탕하고 예법을 폐해서 날마다 임(林)과 함께 잔을 들고 바람과 달을 노래하였다. 임(林)은 거절할 수 없었다. 그러나 시내나 산골짜기에 우뚝 솟아 있으면서 일찍이 잠시라도 버릇없는 행동을 한 적이 없었으며 알아낸 자는 임(林)이 절개 있는 군자임을 알았다.

임(林)이 여러 세대를 걸쳐 균(筠)이 되었으며 고고하고 절속(絕俗)하고, 공적(空寂)[79] 학문을 좋아하므로 오잠(於潛, 지명) 상인(上

78) 의술 : 원문은 헌기술(軒岐術)이다. 헌기(軒岐): 황제(黃帝)와 기백(岐伯)을 한데 아울러서 일컫는다. 그들은 중국 의약계의 시조로 여겨진다.

79) 공적(空寂) : 불교용어. 불변하는 고유한 실체가 없는 상태.

人)[80]은 집을 지어서 그를 예우하였다. 소식(蘇軾)이 시를 지어 "대나무가 없으면 사람을 속되게 한다."라고 하였으니 균(筠)을 가리킨 것이다. 죽(竹)씨의 선조들이 대대로 사람들에게 이와 같다고 알려져 있다. 균(筠)이 또한 여러 세대를 걸쳐 절(節)을 낳았으며 절(節)이 간(榦)을 낳았는데 곧 선생님이시다.

선생님은 대범하고 소탈하고 생기가 넘치며 깃털이 난새와 봉새의 것과 같으니 기쁘게 모양을 드러내고 창연히 빛을 띤다. 아랫부분은 꽉 차 있고 윗부분은 비어 있으며 속은 뚫려 있고 겉모습은 반듯하다. 군자가 먼지떨이를 잡고 하늘로 올라가고 옥처럼 세속 밖에서 있는 용모를 가지고 훨훨 날면서 펄럭이니 참으로 신선의 짝이다. 거주하는 바가 혹은 깊은 산골짜기, 구름, 시내, 달이 지나간 길, 혹은 빠져서 울타리를 돌보는 곳, 혹은 떠돌아다니다가 간 집이니 요컨대 머무르는 대로 잘 적응하고 만족한다.

때로는 바람을 맞으며 춤추고, 달을 쓸며 잠자는데 뜻에 맞는 것이 이와 같다. 취향이 매우 바르고 오직 유학자의 학문만 좋아해서 그의 제자들을 거느리고 방자(方子)를 따라가게 되며 방자가 그와 사귀었다. 그의 제자들 수 십 명은 모두 녹색 옷을 입고 음식으로 바람을 먹고 이슬을 마시며 대문이나 담을 두르고 섬돌 아래에 줄을 지으며, 눈바람이 와도 물러나지 않고 밤이라도 일찍이 취침한 적이 없었다. 안개비 속에 때로는 머리를 숙이고 자다가 바람이 닿자 곧 깨며, 마디를 치면서 어렴풋하게 노래하고, 소리가 베갯머리에 전해지니 금옥 소리인 듯해서 매우 사랑스럽다.

---

80) 상인(上人) : 지덕(智德)이 갖추어져 있는 불제자(佛弟子)이다. 승려를 높이어 일컫는 말이다.

뿌리가 본디 굳세나 가지와 잎이 혹은 친친 휘감길 까봐 독실한 말로 그에게 나눌 때마다 간(幹)은 허심하게 듣고 받아들이며 바로 고객을 끄덕이는 모양을 짓는다. 조래(徂徠) 목공(木公), 고산(孤山) 매(梅)선생님[81]과 친하게 지내니 어느 날에 방자가 침착하게 간(幹)에게 묻기를: "매 선생님, 목공(木公)과 그대는 누가 더 뛰어난가?"고 하였으니

그림 62. 양건도楊建濤, 종이에 수묵화

답하기를: "꽃을 머금고 씹으며 유방백세하는 데에 내가 매 선생님만 못한다. 우뚝 솟아 있고 홀로 출중하고 만 인(仞)[82]이 된 절벽에 우뚝 서 있는 데에 내가 목공(木公)만 못한다. 주인이 있으면 마음을 비워 두고, 정직하고 꺾이지 않는 데에 이르러 나는 두 사람보다 또한 약간 더 낫다. 차라리 세한을 견뎌낼지언정 성쇠(盛衰)로 바뀌지 않는 데에는 세 사람의 같은 바이다. 원컨대 처마 아래에 굴복하여 공(公)과 함께 네 벗이 되고 같이 세한을 즐겁게 견디겠다."고 하였다.

방자(方子)가 말하기를: "매 선생님은 차고 신 기운을 가지고 있고, 목공(木公)은 홀로 서 있어서 매우 준엄하니 진시황이 주었던 봉호를 빌려서 교만한 관리가 되기를 면할 수 없었다. 어찌 굳센 절

81) 포절군(抱節君)은 지기(知己)가 없음을 한탄하고 조래(徂徠)로 옮겨 십팔공(十八公, 즉, 소나무임)과 함께 방외(方外)의 벗이 되고자 하였다고 한다. 원문에 조래목공(徂徠木公)은 소나무라는 뜻이다. 고산(孤山) 매선생은 임포(林逋)를 말한 것이다.

82) 인(仞): 길이의 단위.

개로 추위를 업신여기며 문채를 밖으로 드러내고 맑은 기운으로 사람을 엄습한 그대와 같으랴? 지금 먼저 그대와 세한의 벗이 되고 앞으로 옥섬돌 같은 작은 땅에 서면 두 사람의 임사(任使)를 따로 의논하겠다."고 하였다.

간(榦)은 기쁘지 않아서 물러나고 곧 글을 올리니, 애써서 두 사람이 재주가 많아서 쓸 만하다고 고하였으며 자신에 대한 천거를 내버려두었다. 방자(方子)는 그것을 끄덕였고 다음날에 사신에게 고산(孤山)에 가게 하였다. 매 선생님은 사양하며 말하기를: "듣건대 강성(江城)에 옥적(玉笛)이라는 자가 있어 내 넋을 빼앗으려고 하였으며 나는 조금 기다리다가 삼복 날 지나가면 곧바로 동각(東閣)[83]으로 가겠다."고 하였다.

조래(徂徠)에게 와 있었는데 목공(木公)은 사양하며 말하기를: "내가 사대부를 시중들었으면 걸어갈 수 없겠다."고 하였다. 방자(方子)는 그들의 고집을 싫어해서 다시 부르지 않았으며 마침내 간(榦)과만 허물없는 벗이 되었다.」라 하였다.

【**明·方清〈清虛居士傳〉** 先生姓竹名幹, 字子直, 號清虛居士。始祖名籦, 黃帝時避蚩尤亂, 隱居嶰谷。帝平涿鹿, 治定, 將作咸池之樂, 訪律呂材於羣臣, 伶倫以籦對。帝命使持節鉞召之, 籦甘山谷, 不肯應詔。使者肩曳以行, 詣闕猶僵仆不起。帝慰諭再四, 乃就斷制。敷宣徵角, 含嚼羽宮, 樂大成。絪縕和, 羣生樂, 文鳥巢閣, 瑞獸遊郊。帝奇其功, 欲封之, 籦聞而嘆曰:"寵利居成功, 非臣之福, 況以口舌得官乎。" 乃上疏乞骸骨歸嶰谷, 帝不允, 留樂府, 封同姓居嶰谷者以萬計。籦卒, 帝思悼不已, 蔭其子爲湘江侯。至有虞, 舜陟方崩蒼梧

83) 동각(東閣): 대학사의 전각을 가리킨다.

野, 二妃慟哭, 侯扶持嬛疚, 身染血淚痕不可洗。人嘉其忠, 號斑氏。二妃卒, 湘人廟於江滸, 曰湘君, 侯不自安, 徙淇澳。子孫玉立, 根盤而固, 支繁而衍。世以清潔自勵, 耿耿之操, 直與冰雪爭衡。有猗猗子者, 文學斐然, 虛懷待物, 衛武公托爲布衣交。武公晩年進德, 皆其切磋, 事載 ≪國風≫。孫枝散處四方, 皆以籦裔得賜氏, 不可一一數。其尤著者, 曰山陰氏, 渭川氏, 毛氏, 苦氏, 淡氏, 筀氏, 爆氏, 箭氏, 篠氏。至晉有林氏, 渭川所居, 延蔓千畝, 人稱萬戶侯。山陰孤介寡同, 獨王子猷延之三徑, 呼以君而不名。毛有名楚者, 好申、韓刑名之學, 嫉惡如仇。名紙者受學蔡倫, 雅好筆墨, 官秘書著作郎。篠之顯者, 曰竿曰杖。竿好漁隱釣磯。杖能扶人之顚危, 國老多賴之, 後遇鏈師授刀圭, 化爲龍箭。曰矢者, 有武才能致遠, 蓋其造詣有的也。爆事神荼, 能以火作霹靂聲, 驅山魈, 頗自重, 今除夕多以褚生代。筀淡苦三子者, 好軒岐術, 善療瘋痰渴熱, 遇病者輒解衣爲劑, 吐液爲湯, 急於救人如此。林生於兩晉間, 清而不隘, 和而不流, 士大夫傾慕之。山、阮、康、伶輩, 競爲風流, 蕩廢禮法, 日就林觴詠風月。林不能拒。然屹立溪壑, 未嘗少亂, 識者知爲節介君子也。林數傳而爲筠, 孤高絶俗, 好空寂之學, 於潛 上人構軒禮之。東坡詩云, 無竹令人俗, 指筠也。竹氏之宗, 代多聞人如此。筠又數傳而生節, 節生榦, 是爲先生。疏暢灑落, 神采若飛, 羽儀如鸞鳳, 欣然而形, 蒼然而色。下實上虛, 中通外直。有君子操拂雲沖霄玉立風塵之表, 翩翩飄飄, 眞神仙侶也。所居或深山窮谷, 雲溪月徑, 或困守籬落, 或飄泊舍宇, 要之隨寓而安。時則臨風而舞, 掃月而眠, 意適如也。趣向甚正, 獨好儒者之學, 率其徒往從方子, 方子與之處。其徒數十人, 皆衣綠, 飱風吸露以爲食, 環繞門墻, 布列階下, 風雪不退, 雖夜未嘗就寢。煙雨中, 時或垂頭而睡, 風觸之輒省, 擊節微吟, 聲入枕畔, 鏘然可愛。本根雖固，惜枝葉或被纏繞，每以篤實語與之，幹能虛心聽受，輒作點頭狀。與徂徠 木公、孤山 梅先生友善，一日從容問榦曰："梅生、木公與子孰優？" 曰："含英咀華，流芳百世，吾不如梅生。挺然獨秀，壁立萬仞，吾不如木公。至於有主則虛，秉直不回，吾於二子，亦有微長。若乃寧耐歲寒，不以盛衰改，此吾三人之所同也。願屈至軒下，合公爲四，幸堪歲寒。" 方子曰："梅生有寒酸氣，木公自立太峻，不免假秦封以驕士，孰若吾子勁節凌寒，而文采外見，清氣襲人？今且與子爲歲寒交，他日立玉堦寸地，隨議二子之任使耳。" 榦不豫，退乃上書力疏二子材可用，推引弗置。方子頷之，明日命使往孤山。梅生辭曰："聞江城有玉笛者，欲褫吾魄，俟少過夏五，當往就東閣。" 往徂徠，木公辭曰："以吾從大夫之後，不可徒行也。" 方子惡其迂，不復召，遂專與榦爲忘形交。】

홍로(洪璐)의 <관약허전(管若虛傳)>에 「관약허(管若虛)의 자는 직절(直節)이고 호는 중허자(中虛子)이며 그 조상은 위(衛)나라 사람이었다. 선대 때에 헌원(軒轅)씨를 섬긴 자가 있었는데 음률을 만들고 달 대통을 화합해서 임금의 덕행을 밝히게 하고 팔방 바람을 통하게 하였다. 천하에서 크게 복종하므로 조정의 벼슬아치가 되었고 대대로 그 자손들에게 전해 주었다.

역대 공을 이룬 대신을 섬겨왔는데 예를 들면 요(堯) 임금의 대장(大章), 순(舜) 임금의 대소(大韶), 하우(夏禹)의 대하(大夏), 상탕(商湯)의 대호(大濩)가 있었다. 주문왕(周文王)과 주무왕(周武王) 태묘(太廟)의 음악은 모두 관(管)씨가 조절한 바이었다. 그러므로 임금이 태묘(太廟)를 섬기려면 반드시 그를 먼저 불러와야 되고 그렇지 않으면 뭇 음률들이 불완전하고 신령과 사람들이 화목하지 않다.

위(衛)나라 기수(淇水)에 거주하고 있는 자가 있었는데 그 사람이 아름답고 풍만하고 우아하며 덕행과 도량이 많이 있고, 일찍이 무공(武公)과 함께 배우면서 절차탁마(切磋琢磨)해서 문채 나는 덕행을 이루었다. 위(衛)나라 사람들이 그를 많이 그리워했다. 그 조상 중에 또한 강태공(姜太公)과 함께 위천(渭川)에서 낚시하고 은거한 자가 있었는데 가족들이 천여 집에 이르러서 당시 사람들은 그들이 천호후(千戶侯)와 같다고 말하였다.

그림 63. 양건도楊建濤, <대나무의 아취>, 종이에 수묵화

한(漢)나라 때 호현(鄠縣)과 두릉(杜陵) 사이에서 나온 자가 있어 육해(陸海)라 하고, 나그네인 장(蔣)씨의 집에 있는 자는 삼경(三徑)이라 하며 모두 위천(渭川) 사람으로 걸출하고 맑고 깨끗하니 사람들이 드물게 그에게 이르렀다. 진(晉)나라에 이르러서 임(林)이라는 자가 있는데 언행에서 거리낌이 없는 것으로 강좌(江左 즉 강동江東)에서 알려져 있고 늘 혜강(嵇康) 등 7명 현인을 따라서 유람하였다. 임(林)의 호는 차례로 차군(此君)이라 하고 왕자유(王子猷, 즉, 왕휘지王徽之 임)가 그를 깊이 소중하게 여기고 고상한 기풍과 맑은 마디는 오늘까지 사람의 귀와 눈에 있다.

차군(此君)은 여러 세대를 거쳐서 시내에 이르렀고 조래산(徂徠山)에 거주하면서 권세와 이익을 업신여기고 호걸을 숭상하니 날마다 주연을 베풀어 이백(李白) 등 6명 은사를 불러 음주하였다. 이백이 나중에 한림원(翰林院)에 들어갔고 조정에 그를 천거하니, 명성이 당(唐)나라 때에 드러났다. 후에 용(龍)이라는 자가 있었는데 금릉(金陵)에서 벼슬하다가 재주가 많아서 관청을 진강(鎭江)으로 옮겼으며 이에 단양(丹陽)에서 집을 지어서 살게 되었다. 송윤(宋尹) 학파인 원찬(袁粲)은 공무(公務) 여가(餘暇) 때에 그 집을 방문하였는데 그의 석(石)이라는 아들과 하루 종일 읊조렸다.

그의 후손은 옥판사(玉版師)라 하고 어려서부터 세속을 사절하고 마음을 비워서 선(禪) 도리를 배웠다. 소식(蘇軾)과 유안세(劉安世, 기지器之는 그의 자임)가 그를 뵈러 갔더니 시로 선물하였다. 그 자손들이 송나라를 거쳐 원나라에 들어서서 자기 나라의 조정(朝廷)을 이루었는데 남쪽은 복건성, 광동성부터 북쪽은 유릉(幽陵)에까지 친족들이 번성하고 널리 퍼졌다.

약허(若虛)는 성질과 바탕이 굳고 강직하고, 자태와 모양이 아름답고 무성하며 태어났을 때부터 이미 높은 마디를 가지고 있고 마음속에 이기심이 없었다. 원래 음영(吟詠)을 잘 하는데 바람이 부는 새벽이나 달이 밝은 밤에 부딪칠 바가 있으면 곧바로 금옥소리 같은 맑은 노래를 부르게 되겠다. 들은 자가 탄식하며 말하기를: “성대하니 귀에 가득 차 있다. 이것은 관(管)씨 자손들의 소리 시(詩)이다. 참으로 이른바 금과 옥이 부딪치는 소리이요, 고상한 가곡이니 따라 부르는 자가 드물었다.”고 하였다.

또한 도량이 크고 드높고 흉금이 소탈하니 세상에 번민과 더위를 피하는 자가 많이 찾아가서 그를 뒤따랐다. 촉(蜀)나라 사람 엽항성(葉恆盛, 즉, 소나무임)과 대유(大庾) 사람 백지춘(白知春, 즉, 매화임)이 본디 그 절개를 중요시하니 그와 사귀는 것을 구하려고 하였다. 대접할 때마다 두 사람이 몰래 소곤소곤 속삭이며 말하기를: “있는 것은 없는 것과 같고 속이 차 있는 것은 속이 비어 있는 것과 같고, 남이 건드려도 이를 따지지 않으며 관(管)씨에게는 이것들을 가지고 있으나 나와 너는 부끄럽다."고 하였다.

약허(若虛)가 이를 듣고 나서 더욱더 겸손해지니 덕성과 명망이 매우 높았다. 엽항성(葉恆盛)이 일찍이 말하기를 : "내가 개탄하기에 천하 만물 중에 곧고 재주가 많은 자는 많이 요절했으나 굽고 못난 자는 늘 마음이 곧고 굳은 것을 지킬 수 있으니 의나무, 오동나무, 가래나무와 옻나무는 일찍이 큼직하게 된 적이 없었고 가죽나무, 상수리나무, 뽕나무와 곡식은 세월이 흘러가도 항상 존재하며 하늘의 뜻인가? 사람의 뜻인가?"고 하였다.

약허(若虛)가 말하기를 : "그렇지 않다. 만물은 하늘에 의하여 자라고 때에 따라 만나니 오직 기른 바에 달려 있을 뿐이다. 잘 키워지면 생장하지 않는 것이 없으며 잘 키워지지 않았는데 도끼에도 베이지 않고 소나 양에게도 해를 입지 않는 것은 거의 없으니, 또한 어찌 그것이 재주가 있고 장수하기를 바랄 수 있겠는가? 지금 그대는 재주가 없으나 장수하고, 재주가 있으나 요절한다니 어찌 그런가? 내가 살짝 이것을 평해 보니, 형상과 모양이 장대(壯大)하고 마디가 크고 바르고 곧은데 천하에서 재주가 있고 장수하다는 자는 항성(恆盛)만 못하였다. 신운과 모양이 맑고 깨끗하니 성질로 풍채가 있다. 그러나 지춘(知春)은 오직 그 재주만 잘하고 아깝게는 옥 같은 바탕이 쉽게 쇠해서 우아한 자태가 견디지 못한다. 약허(若虛) 같은 자는 움켜쥘 수 있는 기운이 푸르고, 맑은 정취가 아름다우며, 취사가 인연에 따르고, 길고 짧음이 천명을 따라 분수를 지키니 이른바 단명한 자이다. 나는 두 사람보다 또한 약간 낫다."고 하였다. 두 사람은 그 명확한 의논에 탄복하였다.」라 하였다.

그림 64. 명나라 구영仇英, <죽림칠현도竹林七賢圖>

【洪璐〈管若虛傳〉管若虛字直節, 號中虛子, 其先衛人也。先世有事軒轅者, 制律呂, 協月筩, 以明君德, 以通八風。天下大服, 遂爲宗廟官, 世傳其子孫。經事曆代功成之君, 若堯 大章, 舜 大韶, 禹 大夏, 湯 大濩。文、武清廟之樂, 皆管氏所調也。故王者有事太廟, 必先召之, 否則衆音殘缺, 神人弗和。衛有居淇上者, 其人美丰姿, 多德度, 蚤與武公同學, 切磋琢磨, 以成有斐之德。衛人思之。其先又有同太公釣隱渭川者, 族至千餘家, 當時稱其與千戶侯等。漢有産鄠、杜間者, 名陸海, 客蔣氏舍下者名三徑, 皆渭川人, 風流瀟灑, 人鮮及之。至晉有曰林者, 以放曠鳴江左, 常從嵇康輩七賢游。林第號此君, 王子猷深重之, 高風清節, 至今在人耳目。此君曆數世至溪, 居徂徠山, 薄勢利, 尚豪邁, 日設酒肴, 召李白輩六逸士飮。白後入翰林, 薦之朝, 名顯於唐。後有名龍者, 官金陵, 多才幹, 遷署鎭江, 因家丹陽。宋尹 袁粲公餘造宅下, 與厥子石嘯詠竟日。其龍孫曰玉版師, 少謝塵俗, 虛心禪理。東坡同劉器之參焉, 因贈以詩。其胄曆宋迄元, 以迨國朝, 南自閩、廣, 北極幽陵, 族屬蕃衍。若虛性質堅剛, 姿容美盛, 自始生已有高節, 心無私曲。既長吟詠, 風晨月夕, 有所激卽清吟琳琅。聞者嘆曰："洋洋乎盈耳哉！此管氏子聲詩也。誠所謂鏗金戛玉陽春寡和者矣。"且器宇弘敞，襟度瀟灑，世之避煩熱者，多往依之。蜀人葉恆盛，大庾人白知春，素重其節，求與之交。每接遇，二人私語曰："有若無，實若虛，犯而不校，管氏子有之，吾與若有愧焉。"若虛聞之，益虛己遜碩膚。恆盛嘗曰："吾慨天下物直而才者多夭折，枉而不才者恆保貞固，是以椅桐梓漆，未嘗成大拱，樗櫟桑穀，更歲月而恆存，天耶人耶？"若虛曰："不然。物之生以天，而遇以時，顧所養若何耳。得其養則無物不長，失其養，不伐於斧斤害於牛羊者幾希，又烏望其才且壽哉？今子謂不才而壽，才而夭，豈其然哉？竊試評之，狀貌魁梧，挺挺大節，天下稱才稱壽者，莫如恆盛。神姿清徹，素有丰采。則知春獨擅其才，惜玉質易衰，風韻不耐耳。如若虛者，翠氛可掬，清味婉如，用舍隨緣，修短安命，所謂夭壽不貳者。吾於二子亦有微長。" 二子服其確論。】

| 기記 |

【원본原本】

당(唐) 백거이(白居易)의 <양죽기(養竹記)>에 「대나무가 어진 사람과 비슷하니 어찌 그런가? 대나무의 뿌리는 단단하니 단단함으로써 덕을 세우는데 군자는 그 뿌리를 보면 잘 세워서 빠지지 않게 하는 것을 생각하겠다. 대나무의 성질은 곧으니 곧음으로써 몸을 세우는데 군자는 그 성질을 보면 중립하여 기울지 않는 것을 생각하겠다. 대나무의 속은 비어 있으니 비어 있음으로써 도를 체행하는데 군자

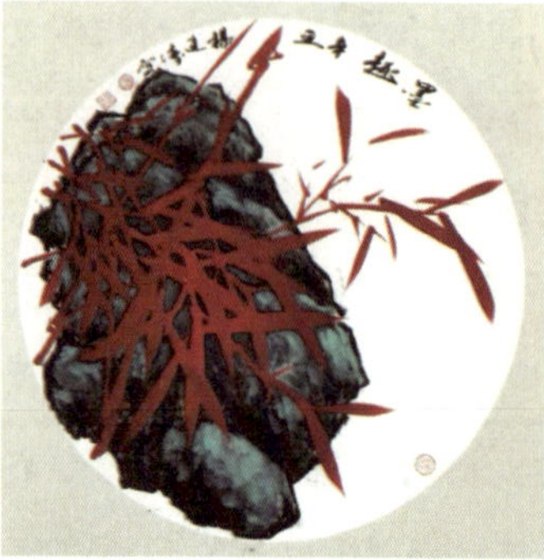

그림 65. 양건도楊建濤, 종이에 수묵담채

는 그 속을 보면 도를 겸허하게 닦는 것을 생각하겠다. 대나무의 마디는 곧으니 곧음으로써 뜻을 세우는데 군자는 그 마디를 보면 이름과 행실을 닦아 평안한 때나 험한 때에 일치하게 하는 것을 생각하겠다. 이와 같기에 군자들이 뜰의 장식물로 많이 심는다.

정원(貞元) 19년 봄에 백거이(白居易)는 발췌(拔萃)[84]로 급제하여 교서랑(校書郎)에 제수되었다. 장안(長安)에 거주할 곳을 구하기 시작하였으며 상악리(常樂里 즉, 옛 관상국(關相國) 사저의 동쪽 정자를 얻어 거처하게 되었다. 다음날에 발걸음이 정자의 동남쪽 구석에 이르러 총죽(叢竹)이 이곳에 자라고 있는 것을 보니 가지와 잎이 시들어지고 병들어 소리도 없고 빛깔도 없었다.

관(關)씨 노인에게 물어봤더니 답하기를: "이것은 관상국께서 손수 심은 것이었다. 관상국이 관사(館舍)를 버린 후로부터 타인이 빌려 거주하다 보니, 이에 광주리를 만들려는 자들이 베어가고 빗자루를 만들려는 자들이 베어가서 남은 재목들은 길이가 한 길(여덟 자)이 된 것이 없고 수량이 백 개도 안 되었다. 또한 온갖 초목들이 그 가운데에 섞여 자라나면서 무성하고 우거지니 대나무를 없애는 마음이 있다."고 하였다.

거이(居易)는 그것이 일찍이 어르신의 손을 거쳤고 속인(俗人)들

84) 발췌(拔萃): 과거 시험의 과목 중의 하나이다.

의 눈에 천대를 받아 이처럼 베어지고 버려졌지만 본성이 아직도 그대로 남아 있는 것을 애석하게 여겼다. 그리하여 무성한 잡초와 잡목을 깎아버리고 똥과 흙덩이를 제거하며, 그 사이를 소통시키고 그 아래를 북돋웠는데 하루도 안 되어 작업이 끝났다. 이에 해가 나오면 시원한 그늘이 있고 바람이 불어오면 맑은 소리가 있어 한들거리면서 기뻐해서 마치 지우(知遇)를 감격하는 정이 있는 듯하였다.

아! 대나무는 식물이니 사람과 무슨 상관이 있겠는가? 어진 사람과 비슷하다고 하므로 사람들이 이를 소중하게 여기고 북돋워서 심었는데 하물며 그 진정한 어진 사람인가? 그러나 초목에 있어서 대나무는 마치 사람들 중의 어진 사람과 같다.

아! 대나무는 자신을 특이하게 할 수 없으니 오직 사람만 그들을 특이하게 여긴다. 어진 사람은 자신을 특이하게 할 수 없으니 오직 어진 사람을 등용하는 자만 특이하게 여긴다. 그러므로 ≪양죽기(養竹記)≫를 지었고 정자의 벽에 써서 이후 이곳에 거주할 자에게 남겨주고, 또한 지금 어진 사람을 등용하는 자에게 알리고자 한다고 하였다.」라 하였다.

【唐·白居易〈養竹記〉竹似賢何哉？竹本固, 固以樹德, 君子見其本, 則思善建不拔者。竹性直, 直以立身；君子見其性, 則思中立不倚者。竹心空, 空以體道；君子見其心, 則思應用虛受者。竹節貞, 貞以立志；君子見其節, 則思砥礪名行, 夷險一致者。夫如是, 故君子人多樹之爲庭實焉。貞元十九年春, 居易以拔萃選及第授校書郎。始於長安, 求假居處, 得常樂里故關相國私第之東亭而處之。明日履及於亭之東南隅, 見叢竹於斯, 枝葉殄瘁, 無聲無色。詢於關氏之老, 則曰: “此相國之手植者。自相國捐館, 他人假居, 繇是筐篚者斬焉,篲帚者刈焉, 刑餘之材, 長無尋焉, 數無百焉。 又有凡草木雜生其中, 菶茸薈蔚, 有無竹之心焉。” 居易惜其嘗經長者之手, 而見賤俗人之目, 翦棄若是, 本性猶存。 乃芟翳薈, 除糞壤, 疏其間, 封其下, 不終日而畢。 於是日出有淸陰, 風來有淸聲, 依依然欣欣然, 若有情於感遇也。 嗟乎! 竹植物也, 於人何有哉? 以其有似於賢, 而人愛惜之封植之, 況其眞賢者乎? 然則竹之於草木, 猶賢之於衆庶。 嗚呼! 竹不能自異, 惟人異之。 賢不能自異, 惟用賢者異之。 故作 ≪養竹記≫, 書於亭之壁, 以貽其後之居斯者, 亦欲以聞於今之用賢者云。】

유암부(劉巖夫)의 <식죽기(植竹記)>에 「가을 8월에 유(劉)씨는 대나무 무릇 백여 그루를 옮겼고 집 동서쪽 행랑, 샘물 남북 구석에 늘어서게 하였다. 그 뿌리를 보전하고 그 성질을 손상시키지 않으려고 옛 흙을 실어서 새 곳에 심었다. 푸른 아지랑이가 넘쳐서 흐르고 차가운 소리가 쓸쓸하니 마침 묻는 자가 있어 말하기를: “의(椅)나무[85]와 오동나무를 심으면 거문고를 대체할 수 있고, 풀명자나무[86]와 배나무를 심으면 단 열매를 대체할 수 있으며, 만약 그 굳고 곧음을 좋아하면 어찌 소나무와 계수나무가 없을 수 있겠는가? 왜 그 사이에 섞여서 늘어서게 하지 않겠는가?”고 하였다.

답하기를: “군자가 덕을 대나무에 비유하여 이른다. 원래 뿌리가 단단하고 마디가 굳세서 눈서리에 당하지 않는 것은 굳셈이며, 푸른 잎이 우거지고 푸른 껍질이 많고 강한 것은 부드러움이며, 속이 비어 있으나 곧고 가려 숨긴 바가 없는 것은 충성이며, 뿌리가 홀로

---

85) 의(椅)나무: 산유자나뭇과의 낙엽 활엽 교목.
86) 풀명자나무: 장미과의 낙엽 활엽 소관목.

꼿꼿하게 솟지 않고 반드시 서로 의지하면서 숲으로 높이 솟아나는 것은 의(義)이며, 비록 봄 양기와 기운이 왕성하지만 끝까지 뭇나무들과 영화(榮華)를 다투지 않는 것은 겸손함이며, 사계절에 한결같이 성한 것은 항구함이며, 열매를 많이 맺어서 봉황을 기다리는 것은 어진 사람을 좋아하는 것이며, 우거진 죽순을 뽑아서 줄기를 이루는 것은 덕을 닮는 것이다.

그림 66. 양건도楊建濤, 종이에 수묵담채

장차 쓰일 때에 이르면 서간으로 쪼개지며 이에 시, 글, 단상(彖象)[87]의 단사를 써서 백 세대에게 남겨 보여준다. 그렇지 않으면 성철(聖哲)들의 도가 땅에 떨어져서 들리지 않으니 후인들은 또한 어찌 존숭하겠는가? 그것을 깎아서 화살로 만들고 깃을 꽂고 날리면 조정에 순종하지 않는 곳을 정벌할 수 있고, 백성들이 당한 재해를 제거할 수 있다. 이것은 문무(文武)가 겸해서 쓰인 것이다.

또한 쪼개고 깨뜨려서 대자리를 만들며 종묘에 펴면 효도와 공경을 드러낼 수 있고, 그것을 끊고 구멍을 뚫으면 피리, 퉁소, 생황(笙簧)을 만들고 우소(虞韶)[88]를 불어서 사람이나 신을 기쁘게 할 수 있

87) 단상(彖象) : 단(彖)은 주역의 괘(卦)를 풀이한 말로서, 괘사(卦辭)를 말한다.
88) 우소(虞韶) : 우순(虞舜, 중국 고대 순임금임)의 음악인 소(韶), 소소(簫韶)이다.

다. 이것은 예도와 음악이 어울려서 행하는 것이다.

이 많은 덕행으로 군자에 걸맞아서 암부(巖夫)는 그것을 정원에 세워 놓고 다른 초목을 심지 않으며 그 아름다움을 홀로 드러내게 하고자 하였다. 또한 그것을 섞을 수 있는 것이 없도다! 마음속으로 나는 온 자를 타이르지 못할까 봐 두려워해서 ≪유씨식죽기(劉氏植竹記)≫라는 글을 지었으며 덕을 숭상하여 높이 여긴 것이다."고 하였다.」라 하였다.

【**劉巖夫〈植竹記〉** 秋八月, 劉氏徙竹凡百餘本, 列於室之東西軒, 泉之南北隅。克全其根, 不傷其性, 載舊土而植新地。煙翠靄靄, 寒聲蕭然, 適有問者, 曰:"樹椅桐可以代琴瑟, 植樝棃可以代甘實, 苟愛其堅貞, 豈無松桂耶?何不雜列其間也?" 答曰:"君子比德於竹焉。原夫勁本堅節, 不受雪霜, 剛也;綠葉萋萋, 翠筠浮浮, 柔也;虛心而直, 無所隱蔽, 忠也;不孤根以挺聳, 必相依以林秀, 義也;雖春陽氣王, 終不與衆木鬭榮, 謙也;四時一貫, 榮衰不殊, 常也;垂蕡實以遲鳳, 樂賢也;蕆擢笋以成榦, 進德也。及乎將用, 則裂爲簡牘, 於是寫詩書彖象之辭, 留示百代。微則聖哲之道, 墜地而不聞矣, 後人又何所宗歟?至若鏃而箭之, 插羽而飛, 可以征不庭, 可以除民害。此文武之兼用也。又劃而破之爲簟席, 敷之於宗廟, 可以展孝敬, 截而穴之, 爲篪爲簫, 爲笙爲簧, 吹之成虞韶, 可以和人神。此禮樂之並行也。夫此數德, 可以配君子, 故巖夫列之於庭, 不植他木, 欲令獨擅其美。且無以雜之乎?竊懼來者之未諭, 故書曰≪劉氏植竹記≫, 尚德也。"】

【증보增補】

유관부(劉寬夫)의 <난죽기(剸竹記)>

그림 67. 양건도楊建濤, 종이에 수묵담채

에 「우사원(右史院)에서는 임금이 거주한 곳에 가깝고 곧 햇빛이 동쪽으로 기울 때에 세속의 티끌이 날지 않고 사람의 뜻이 스스로 멀어지며 으슥하고 깊고 그윽하고 고요하니 마치 관청이 아닌 듯하다. 대나무 한 떨기가 있는데 푸르고 관청의 섬돌과 이어져 있으며 그 속이 비어 있고 겉이 깨끗한 절개 및 그늘진 자리를 만들고 번민을 없애는 효능이 있다.

자미랑(紫薇郞) 고공(高公)은 일찍이 이것을 위해 글을 지으며 말하기를 : "단단함을 이미 다 갖추고 있지만 세월이 오래 흐르면서 지나치게 퍼졌다. 크고 작음이 서로 의지하고, 높고 낮은 떨기가 무성하니 햇빛이 들지 않고 음기가 항상 응집되었다. 모색(暮色)이 이로 인해 일찍 오고 양춘이 이로 인해 햇빛을 덜게 되었다. 네 계절이 맞지 않고 온 관청에 늘 어두며 모기와 등에가 무리를 지어 날고, 참새와 세가락메추라기(새의 하나)가 스스로 전횡해서 서적을 열고 책을 흩뜨리므로 관람하기가 매우 불쾌하다."고 하였다.

이듬해 겨울, 관청에서 시중 들 겨를에, 붓을 가지고 가는 여가에 우연히 섬돌 아래에서 걸어가다가 그것이 그늘을 가리는 것을 비난하고 이에 명을 내려 장차 도끼로 그 거칢을 다스리라고 하였다. 오랫동안 읊고 거듭 훈계하며 그 노복들에게 말하기를 : "너희들의 도구를 잘 갈고 바라보는 눈매를 바르게 하고, 너희들의 작업을 삼가하며 구분하여 분별하기를 근신해야 한다. 그 본질이 쇠하고 잎이 돌아서 무성하게 떨기로 난 것은 제거하며, 바람을 따르나 스스로 바르게 세워지지 않는 것은 제거하며, 크고 기대져 있는 것은 제거하며, 모여 있고 굽은 것은 제거하며, 구멍을 뚫으면 생황(笙簧)에 쓰이지 못하는 것은 제거하며, 높이 솟아 있으면서 난새와 봉새가 깃들일 수 없는 것은 제거한다.

그 가운데에 무리를 지어 살아도 어지럽지 않고 홀로 서 있으면서 스스로 억제하며, 세찬 바람이 지붕을 드러내려 할 때에는 이에 기울지 않고, 크게 가물어서 만물이 말릴 때에는 이에 병들지 않으며, 견고해서 소나무와 잣나무에 걸맞을 수 있고, 굳세서 눈서리를 능가할 수 있으며, 빽빽해서 맑은 연기를 머무르게 할 수 있고, 성겨서 밤의 달이 샐 수 있으며, 곱고 예뻐서 감상할 수 있고, 꼿꼿하게 서 있어 굽지 않는 것들은 너희들이 보류하도록 한다."고 하였다.

이윽고 성공적으로 베고 잘랐으며 번잡하고 거친 가지가 다 제거되었으니 비스듬하고 바른 것은 비로소 나누어졌다. 열흘이 안 된 동안 온 숲이 무성하면서도 가지런하니 역력히 관람할 만하였다. 맑은 바람이 근심을 씻어내는 효과가 있고, 햇빛을 가린 바람에 벗의 간사한 비웃음이 없어졌다. 아름다운 대나무[89]가 바람에 울린 소리의 음운이 궁치(宮徵, 음률音律의 이름)에 화답한다. 벼슬이 높은 사람은 이에 대나무로 만든 화살의 아름다움을 알게 되고 재물 및 형벌의 차별이란 일을 주관하게 되었다. 다른 것들은 말을 꺼내기를 기다리지

---

89) 아름다운 대나무 : 원문은 단란(檀欒)이다. 대나무가 모여 아름다운 모양을 가리킨다.

않고도 자세했다. 혹 이 글이 작다면 더 늘일 수 있다. 한 때의 묘함을 적고 널리 알리고자 이것을 저술하였다.」라 하였다.

【**劉寬夫〈剿竹記〉** 右史院邇宸居之正地, 直日華之東偏, 俗塵不飛, 人意自遠, 閟邃幽閒, 似非官曹。有竹一叢, 翠接階廳, 其虛中潔外之操, 蔭坐祛煩之能。紫薇郎 高公嘗賦之 : "固已備盡, 然而歲月滋久, 蔓衍浸淫。大小相依, 高下叢茂, 俾日光不透, 陰氣常凝。暝色爲之早來, 陽春爲之減煦。四序不正, 一庭常昏, 蚊蚋曹飛, 雀鷃自遂, 披圖散帙, 觀覽不快" 二年冬, 侍軒之暇, 載筆之餘, 偶步庭除, 病其蔽翳, 因命斧斤, 將治其蕪。沉吟積時, 乃用申誡, 且謂其徒曰 : "礪爾器用, 端爾瞻視, 謹爾操執, 愼爾區分。有其質微而葉環苯蓴者, 去之 ; 從風而不能自正者, 去之 ; 大而倚者, 去之 ; 聚而曲者, 去之 ; 竅而不能備笙簧之用者, 去之 ; 挺而不能栖鸞鳳者, 去之 ; 其有羣居不亂, 獨立自持, 振風發屋, 不爲之傾, 大旱乾物, 不爲之瘁, 堅可以配松柏, 勁可以凌雪霜, 密可以泊晴煙, 疎可以漏宵月, 嬋娟可玩勁挺不廻者, 爾其保之。" 旣而芟翦成功, 蘩蕪交盡, 去者存者, 邪正乃分。不浹旬扶疎一林, 歷歷可觀, 有淸風滌慮之效, 無蔽日朋奸之譏。檀欒風生, 韻合宮徵。君子是以知竹箭之美, 尙資科別之功。卽其他不俟言而詳矣。或以斯爲小, 可以伸之。因紀一時之妙, 廣而述之。】

【원본原本】

송(宋) 왕우칭(王禹偁)의 <죽루기(竹樓記)>에 「황강(黃岡)이라는 곳에 대나무가 많이 있어 큰 것이 서까래와 같으니 죽공(竹工)은 그것

그림 68. 양건도楊建濤, 종이에 수묵담채

을 쪼개고 마디를 파고 기와를 대신하여 쓴다. 집집마다 다 그러니 값싸고 작업이 간단하기 때문이다. 성(城) 서북쪽 구석에 성가퀴가 무너지고 풀숲이 우거지므로 내가 누각 두 칸을 지었다. 월파루(月波樓)와 서로 통하고, 멀리는 산의 경치를 싸고 있고 수평하게는 강물을 잡아당기는 듯하니 그윽하고 한가하고 아득해서 자세히 일일이 다 형용할 수 없다. 여름에는 갑작스럽게 쏟아지는 비가 마땅하니 폭포 소리가 나며 겨울에는 빽빽한 눈이 마땅하니 옥을 깨뜨리는 소리가 난다. 거문고를 타는 것이 마땅하니 거문고 음조가 공허하고 통하며, 시를 읊조리는 것이 마땅하니 시의 운치가 맑고 뛰어나며, 바둑을 두는 것이 마땅하니 돌을 두는 소리가 쩡쩡거리며, 투호(投壺)[90]를 하는 것이 마땅하니 화살 소리가 쟁쟁하며 모든 것은 대나무 누각이 거들어 한 바이다.

관청에서 물러난 여가에 학 털옷을 입고 화양건(華陽巾)[91]을 쓰고 ≪주역(周易)≫ 한권을 손으로 들고 향을 피우고 묵묵히 앉아 있으면서 세간의 근심을 풀며 강물과 산외에 단지 돛, 모래톱에 있는 물새, 구름 같이 피어오른 연기, 대나무만 보일 뿐이다. 그 주력(酒力)이 깨고 차를 끓이는 연기가 그칠 때에 석양을 보내면서 흰 달을 맞이하니

90) 투호(投壺) : 화살을 던져 병 속에 넣어서 승부를 가리는 놀이의 하나이다.
91) 화양건(華陽巾) : 예전에 도가(道家)나 은거 생활을 하던 사람이 쓰던 쓰개의 하나이다.

또한 적거하는 동안 뛰어난 풍채이구나! 저 가지런한 구름과 떨어진 별이 높기는 높고, 우물 난간과 아름다운 문루가 화려하기는 화려하구나. 기생을 기르고 노래와 춤을 하는 데에 그치며 이것은 시인의 일이 아니니, 내가 취하지 않겠다.

내가 죽공에게서 "대나무가 기와로 쓰이면 오직 10년 밖에 안 되고 만약 겹쳐서 덮어지면 20년 쓰일 수 있다."라고 들었다. 아! 내가 지도(至道) 원년(995)에 한림원(翰林院)에서 좌천을 당해서 저주(滁州)에 왔으며 지도(至道) 2년(996)에 광릉(廣陵)으로 옮겼고 지도(至道) 3년(997)에 서액(西掖)으로 다시 들어갔으며 무술(戊戌)년(998) 섣달 그믐날에 제안(齊安)으로 가라는 명령이 내려서 기해(己亥)년(999) 윤3월(閏三月)에 군(郡)에 도착했다. 4년 동안 부산하게 바빠서 겨를이 없었는데 내년에 또한 어디에 있을지 모르겠다. 어찌 죽루가 쉽게 썩는 것을 두려워하겠는가? 운 좋게 나와 뜻이 같은 후인이 있다면 이어서 이 죽루를 수리해 주시오. 이 누각이 썩지 않기를 바란다.」라 하였다.

【宋·王禹偁〈竹樓記〉 黃岡之地多竹, 大者如椽, 竹工破之, 刳去其節, 用代陶瓦。比屋皆是, 以其價廉而工省也。予城西北隅, 雉堞圮毁, 蓁莽荒穢, 因作小樓二間。與月波樓通, 遠呑山光, 平挹江瀨, 幽閑遼敻, 不可具狀。夏宜急雨, 有瀑布聲 ; 冬宜密雪, 有碎玉聲。宜鼓琴, 琴調虛暢 ; 宜詠詩, 詩韻淸絶 ; 宜圍棋, 子聲丁丁然 ; 宜投壺, 矢聲錚錚然, 皆竹樓之所助也。公退之暇, 披鶴氅, 戴華陽巾, 手執≪周易≫ 一卷, 焚香默坐, 銷遣世慮, 江山之外, 第見風帆沙鳥, 煙雲竹木而已。待其酒力醒茶煙歇送夕陽迎素月, 亦謫居之勝槩也! 彼齊雲落星, 高則高矣 ; 井幹麗譙, 華則華矣。止於貯妓女藏歌舞, 非騷人之事, 吾所不取。吾聞竹工云 : “竹之爲瓦僅十稔, 若重覆之, 得二十稔。” 噫 ! 吾以至道乙未歲, 自翰林出滁上, 丙申移廣陵, 丁酉又入西掖, 戊戌歲除日, 有齊安之命, 己亥閏三月到郡。四年之間, 奔走不暇, 未知明年又在何處。豈懼竹樓之易朽乎 ? 幸後之人與我同志, 嗣而葺之。庶斯樓之不朽也。】

【증보增補】

소식(蘇軾)의 <문여가화운당곡언죽기(文與可畫篔簹谷偃竹記)>에 「대나무는 처음 나올 때에 한 치쯤 된 싹일 뿐이나 마디와 잎이 모두 구비되어 있다. 매미 배나 사부(蛇蚹)[92] 같은 것으로부터 십 심(尋)[93]이나 뽑은 칼 같은 것에 이르기까지 자라나면서부터 그것을 가지고 있다. 지금 화가들이 도리어 마디를 하나씩 하나씩 그리고 잎을 포개서 하는데 어찌 또한 대나무가 있겠는가?

그러므로 대나무를 그리려면 반드시 먼저 마음속에서 대나무를 이루어야만 붓을 잡고 곰곰이 보다가 곧 그리려는 바가 나타나면 급히 일어나 그것을 뒤따라 붓을 휘둘러 바로 드러난 바를 따라 그린다. 마치 토끼가 일어나고 산비둘기가 떨어진 것과 같아서 조금이라도 내버려두면 사라질 것이다. 문여가(文與可)가 나에게 이와 같이 가르쳐 주었다.

내가 이렇게 하지 못하나 마음속으로 이렇게 하는 것을 알고 있다. 그러나 마음속에서 이미 이렇게 하는 것을 알면서도 이렇게 하

---

92) 사부(蛇蚹) : 뱀의 배에 붙어 있는 비늘이다.

93) 심(尋) : 고대의 길이 단위로, 1심(尋)은 8척(尺)이다.

지 못하는 것은 안과 밖이 일치되지 않고 마음과 손이 서로 응하지 않고 배우지 않은 탓이다. 그러므로 무릇 마음속에 나타나게 하나 그것을 익숙하게 다루지 못한 것은 평상시 스스로 확실하게 보았으나 일을 당하면 갑자기 그것을 잃어버리기 때문이다. 글쎄 단지 대나무라고 말할 수 있을까?

그림 69. 오초광吳楚光, 종이에 수묵화

소철(蘇轍, 자유子由는 그의 자임)이 <묵죽부(墨竹賦)>를 지었고 여가에게 주며 말하기를: "포정(庖丁)이 소를 해체하는 자인데 양생하는 자가 그의 의견을 받아들였고, 윤편(輪扁)이 목재를 베서 수레바퀴를 만드는 자인데 독서하는 자에게 인정을 받았다. 지금 그대가 이 대나무에 감정을 기탁하니 나는 그대가 덕행이 있는 자라고 보며 그렇지 않은가?"고 하였다.

자유는 일찍이 그림을 그린 적이 없었으므로 그 뜻만 알 뿐이었다. 나와 같은 자가 어찌 그 뜻만 알 뿐이겠는가? 아울러 그 방법을 알게 되었다. 여가가 대나무를 그리는 데에 처음에 스스로 귀중히 여기지 않았는데 사방 사람들 중에 흰 비단을 가지고 와서 청하는 자는 발걸음이 그 문에 이어졌다. 여가가 이것을 싫어해서 (비단을) 땅에 던지며 욕하며 말하기를: "내가 장차 이것으로 버선 감을 하겠다."고 하였다. 사대부들은 이 말을 전하여 구실로 삼았다.

여가가 양주(洋州)에서 돌아왔을 때에 이르러 나는 서주(徐州)를 맡았다. 여가가 나에게 편지를 보내며 말하기를: "근래 내가 사대부들에게 말하기를 '우리 묵죽(墨竹)파가 가까운 팽성(彭城)에 있으니 가서 그림을 구하시오.'고 하였으니 버선 감이 그대에게 모일 것이다." 고 하였다. 편지 끝에 다시 시 한 수를 지었는데 대략 이르기를: "장차 한 필 아계견(鵝谿絹)[94]을 가지고 만 자(尺)나 된 차가운 대나무를 그리겠네."고 하였다.

내가 이르기를: "대나무의 길이가 만 자가 되면 마땅히 비단 250필을 써야지. 그대가 붓과 벼루에 싫증난 것을 아는데 단지 이 비단만 얻고 싶을 뿐이다."고 하였다. 여가가 답할 수 없어서 말하기를: "내 말이 망령되니 세상에 어찌 만 자나 된 대나무가 있겠는가?"고 하였다. 나는 인하여 그것을 밝히며 그의 시에 답하기를: "세상에 또한 천심죽(千尋竹)이 있으니 달 질 때에 빈 뜰에 그림자가 매우 기네."고 하였다.

여가가 웃으며 말하기를: "그대가 변론을 잘한다. 그러나 비단 250필이 있다면 나는 장차 밭을 사서 벼슬을 그만두고 돌아가겠다." 고 하였다. 인하여 그린 바인 '운당곡언죽(篔簹穀偃竹)'을 나에게 증여하며 말하기를: "이 대나무는 길이가 몇 자에 불과하지만 만 자(尺)의 기세가 있다."고 하였다.

운당곡(篔簹穀)은 양주(洋州)에 있다. 여가가 일찍이 나로 하여금 <양주삼십영(洋州三十詠)>을 짓게 하였는데 <운당곡(篔簹穀)>

94) 아계견(鵝谿絹): 사천성 염정현(鹽亭縣)에서 생산된 비단이다. 비단 품질이 최상이고, 당나라 시대 진상품이었다.

은 그 중의 하나이었다. 내 시에 이르기를: "한천(漢川)의 긴 대나무가 쑥처럼 천하니 도끼가 어찌 대나무를 사면하겠는가? 어찌 청빈한 태수가 욕심이 많아서 위수(渭水) 물가의 천 무(대나무)를 마음속에 두게 하겠는가?"라고 하였다. 여가가 이날에 아내와 골짜기에서 놀면서 죽순을 불태우고 저녁밥으로 삼아 먹다가 편지를 펴서 시를 봤는데 웃음을 참지 못해서 입에 있는 밥을 온 밥상에 내뿜었다.

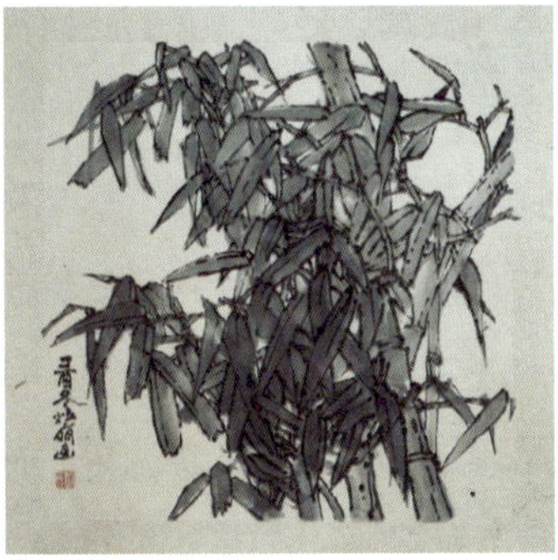

그림 70. 위환명魏煥明, 종이에 수묵화

원풍(元豊) 2년 정월 20일에 여가가 진주(陳州)에서 죽었다. 이 해 7월 7일에 나는 호주(湖州)에서 서화를 햇볕에 말리다가 이 운당곡언죽(篔簹谷偃竹)를 보고 소리를 잃을 만큼 곡하였다. 옛날에 조맹덕(曹孟德, 즉 조조曹操)의 ≪제교공문(祭喬公文)≫에 "그대에게 제사를 지내지 않고, 수레가 지나가면 복통이 날 것이다."[95]라는 말이 있었는데, 내가 또한 여가와 옛날에 놀고 웃었던 말을 기재해서 여가가 이처럼 나와 친하여 틈이 없는 것으로 보인다.」라 하였다.

【蘇軾〈文與可畫篔簹穀偃竹記〉竹之始生, 一寸之萌耳, 而節葉具

95) ≪후한서·교현전(後漢書·橋玄傳)≫에서 나온 말이다. "처음 조조가 천했을 때에 사람이 그를 아는 자가 없었다. 일찍이 교현(橋玄)을 뵈러 갔는데 교현이 그를 보고 기이하게 여겼다. …… 또한 이어서 우리가 맹세한 말을 생각하니 '내가 죽은 후에 그대가 길을 지나갈 때 만약 술 한 말과 닭 한 마리로 제사해주지 않으면 수레가 3걸음을 가서 배가 아프면 원망하지 마시오.'【初, 曹操微時, 人莫知者。嘗往候玄, 玄見而異焉……又承從容約誓之言 : '徂沒之後, 路有經由, 不以斗酒隻雞過相沃酹, 車過三步, 腹痛勿怨。'】" 후에 "차과복통(車過腹痛)"이라는 말로 죽은 벗을 애도한다.

焉。自蜩蝮蛇蚹，以至於劍拔十尋者，生而有之也。今畫家乃節節而爲之，葉葉而累之，豈復有竹乎！故畫竹必先得成竹於胸中，執筆熟視，乃見其所欲畫者，急起從之，振筆直遂，以追其所見。如兎起鶻落，少縱則逝矣。與可之敎予如此。予不能然也，而心識其所以然。然而不能然者，內外不一，心手不相應，不學之過也。故凡有見於中而操之不熟者，平居自視了然，而臨機忽焉喪之，豈獨竹乎？子由爲≪墨竹賦≫，以遺與可，曰："庖丁解牛者也，而養生者取之；輪扁斲輪者也，而讀書者與之。今夫夫子之托於斯竹也，而予以爲有道者則非耶？"子由未嘗畫也，故得其意而已。若予者豈徒得其意，并得其法。與可畫竹，初不自貴重，四方之人，持縑素以請者，足相躡於其門。與可厭之，投諸地而罵曰："吾將以爲韈。" 士大夫傳之，以爲口實。及與可自洋州還，而余爲徐州。與可以書遺予曰：近語士大夫，吾墨竹一派，近在彭城，可往求之。韈材當萃於子矣。" 書尾復寫一詩，其略曰："擬將一匹鵝溪絹，掃取寒梢萬尺長。" 予謂："竹長萬尺，當用絹二百五十匹。知公倦於筆硯，願得此絹而已。" 與可無以答，則曰："吾言妄矣，世豈有萬尺竹也哉！" 余因而實之，答其詩曰："世間亦有千尋竹，月落庭空影許長。" 與可笑曰："蘇子辨則辨矣。然二百五十匹，吾將買田而歸老焉。" 因以所畫篔簹谷偃竹遺予，曰："此竹數尺耳，而有萬尺之勢。" 篔簹谷在洋州。與可嘗令予作 <洋州三十詠>，〈篔簹谷〉其一也。予詩云："漢川修竹賤如蓬，斤斧何曾赦籜龍。料得清貧饞太守，渭濱千畝在胸中。" 與可是日與其妻遊谷中，燒筍晩食，發函得詩失笑，噴飯滿案。元豊二年正月二十日，與可歿於陳州。是歲七月七日，余在湖州曝書畫，見此竹廢卷而哭失聲。昔曹孟德〈祭喬公文〉，有"車過腹痛"之語，而余亦載與可疇昔戲笑之言者，以見與可與予親厚無間如此也。】

조보지(晁補之)의 <유죽당기(有竹堂記)>에 「제남(濟南) 이문숙(李文叔)은 태학정(太學正, 관직 이름)이 돼서 경구(經衢) 서쪽에 있는 관청을 얻었는데 관청에서 숙직(宿直)하면서 아예 거기서 거주하게 되었다. 그 남쪽 집의 땅을 다스리고 대나무를 섬돌 옆에 심었으며 그 집을 유죽(有竹)이라 이름을 지어 여러 마룻대 사이에 방(榜)을 붙이고 또한 벽에 그것을 기록하였다.

대략 점심 때 태학(太學)에서 돌아오면 집 가운에 앉아 있으며, 땅을 쓸고 나서 붓과 벼루를 두고 서찰들을 읊조리면서 글을 지었다. 하루 종일에 쉬지 않고 수백 편을 지을 것인데 마치 누에가 실을 뽑는 것과 같기도 하고 산에서 증발된 구름이 무럭무럭 나는 것과 같기도 하고 샘에서 흘러나온 물과 같기도 하며 봄이 와서 초목이 난 것과 같다. 잠깐 사이에 권축(卷軸), 문과 창문, 안석과 돗자리에는 가득 차 있다.

노비나 개나 말, 눈앞에 물건들 중에 하나라도 가리킬 수 있으면 논설하여 형용하지 않는 것은 없었다. 억지로 그것을 비웃으므로 이에 평하여서 자신으로 하여금 기쁘게 하였다. 또한 특히 대나무를 여러 번 되풀이 하였다. 그 땅이 좁아서 보잘 것이 없고 하늘에서 내린 비가 무성한 초목을 적시고, 거미줄, 강가의 버드나무와 말미잘이 서로 섞여서

그림 71. 오초광吳楚光, 종이에 수묵화

그늘을 덮은 것을 보니 사람들이 그 대나무를 알지 못할까봐 걱정돼서 지나간 자가 있으면 문숙(文叔)은 꼭 대청 아래를 돌아보며 그와 말하겠다.

벽 사이에 있는 글을 읽고 나서 마룻대를 우러러보고 방(榜)을 가리키며 말하기를: "내가 확고히 손님에게 알리고자 한 것이다."고 하였다. 손님이 크게 웃으며 말하기를: "지금 위빈(渭濱)에 있는 천묘(千畝) 대나무, 기원(淇園)에 있는 대 숲과 남산의 하늘에 닿고 햇빛을 가린 대나무들은 커서 술잔과 같고 밥그릇과 같으며 오동나무와 가래나무의 몸통과 같으며, 단단하게 벼랑에 박아놓고 백 길[96] 된 깊은 못에 임하며 집 처마에서 특별히 드러나서 담에 닿지 않겠는가? 늦봄 무렵에 봄 천둥이 은은하니 수많은 죽순이 다투어 무소의 뿔처럼 대껍질을 벗겨서 푸른빛을 드러낸다.

하루에 백 척이 되니 멀리 바라보면 이를 수 없으며, 때가 되면 도끼로 재목을 취하나 둘레를 헤아려 얻은 것이니 크고 작음이 가지런하고 일치한다. 서쪽은 파착(巴筰)으로 운송되고, 남쪽은 강한(江漢)을 따라 위수(渭水)에 뜨니 강물을 뒤버무린다. 큰 뗏목으로 묶어져서 흐름에 따라 내려가는데 대통, 낚싯대, 서까래로 쓰이고 불친소 묵정밭에 쓰이는 천 장이나 된 대 새끼줄, 온 나라의 울타리가 이것에 달려 있다. 구멍을 뚫고 음률을 겨루며 속마음을 슬프게 하고 귀를 즐겁게 하니 소리가 하늘과 땅에 가득 찬다. 그 옆에 있는 사람들을 보니 오두막집은 대나무이고 그릇도 대나무이고 나무해서 땔감으로 만든 것도 대나무이며 쌀과 소금을 사느라고 이웃 국경에

96) 길: 원문은 인(仞)이다. 옛날 길이의 단위이다. 1인(仞)은 8자 혹은 7자에 해당한다. 주(周)·한(漢)대의 1자는 22.5cm이다.

수출된 것도 대나무이다. 대저 이러한 사람들이 어찌 대나무가 좋아하는 것을 알 수 있겠는가?"고 하였다. 그리고 나서 유연히 기뻐하고 진지하게 사람에게 자랑하며 말하기를: "내가 거주하는 데에 대나무가 있다."고 하였다.

그림 72. 오초광吳楚光, 종이에 수묵담채

문숙(文叔)도 껄껄 웃으며 말하기를: "그렇지 않다. 물건이 어찌 귀하고 천함이 항상 있는 것을 알겠는가? 옥이 아름다우나 남전(藍田)에서는 그것으로 까치를 몰아내며, 침향목이 아름다운 나무이나 교지(交趾)에서는 반석으로 삼으며, 돼지, 백한(白鷴, 새의 하나), 금계(錦雞, 닭의 하나)가 산에서는 육포로 만들어지나 귀하게 여긴 사람들이 백금을 내고 얻으며, 차의 싹은 죽으로 만들어지나 외국에서는 노리개로 쓰인다. 대저 물건은 원래 많을수록 천하게 여겨지나 적을수록 귀하게 여겨진다.

지금 임금의 성(城)이 넓고 크고, 도로 아홉 개가 있어 사방으로 통하며 세 성문과 12개 시가가 바둑처럼 배치되어 있다. 위로 제왕과 제후부터 백성 서민까지 궁전들이 붙어 있고 담이 잇닿아 있으니 수레와 말들이 내달리고 짓밟고, 사람들의 기세가 들끓어서 시끄러운 티끌이 백 리(里) 안에 떠들썩하겠다. 얼마 안 된 땅을 구해서 편안하게 쉬고자 하나 이를 수가 없다. 또 가난한 자가 뒷간을 세우고자 하나 틈이 없는데 하물며 다른 것인가?

그러나 담을 둘러서 몇 장이 안 된데 우리 집처럼 대나무가 있는 자가 몇 명 있는지를 모르겠다. 그러므로 내가 마룻대에 그것을 걸고 이름을 지어주고 각 벽에 써서 기록하였다. 유유자적하고 기뻐하며, 진지하게 손님들에게 그것을 자랑하니 또한 옳은 것인가? 그리고 대나무가 아름다운 데에 옛 사람들은 소나무와 잣나무를 그 덕행에 비유하여 겨울이나 여름에 청청하다고 하니 오직 군자만 가지고 있는 바이다. 드물수록 더욱 귀하게 여겨지므로 위천(渭川), 기원(淇園)과 남산(南山)의 우거진 대나무가 보이게 된다. 그 사이에서 유람하며 비록 많지만 이에 천하게 여기면 안 된다. 무릇 많을수록 천하게 여기면 안 되니 하물며 그것이 적은 것인가?"고 하였다.」라 하였다.

【晁補之〈有竹堂記〉濟南 李文叔爲太學正, 得堂於經衢之西, 輸直於官而居之。治其南軒地, 植竹砌傍, 而名其堂曰有竹, 榜諸棟間, 又爲之記於壁。率午歸自太學, 則坐堂中, 掃地置筆硯, 呻吟策牘。爲文章日數百篇不休, 如繭抽緖, 如山蒸雲, 如泉出流, 如春至草木發。須臾盈卷軸, 門窗几席。婢僕犬馬目前之物, 有一可指, 無不論說形容。强嘲而故評之, 以致其欣悅。而於竹尤數數也。顧其地狹而卑, 天雨榛穢, 蜘蛛之織, 河柳莵葵之所交橫而蒙翳, 人不知其竹也, 有過者, 文叔必顧堂下而語之。讀壁間記, 仰棟而指其榜曰: "吾固詔客矣。" 客輾然而笑曰: "今夫渭濱之千畝, 淇園之林, 與南山之參天而蔽日者, 其大若杯若盂, 若桐梓之軀, 其膠漆嵌巖之上, 而臨百仞之淵, 不特出屋簷而摩墻堵也? 暮春者春雷隱隱, 萬笥奮角, 如犀角作, 籜解而出碧。一日百尺, 彌望不可以極, 於時刀斧之取材, 度經圍而得之, 大小齊一。西轉巴笮, 南引江漢, 浮渭而亂河。困束簰屬而下者, 爲筒爲竿爲屋椽, 犍菑千丈之笮, 徧國之籓籬是賴。與竅而比於律呂, 以悲衷娛耳者, 聲音滿天地也。視其旁之人, 室廬竹也,器用竹也, 樵而薪者, 竹也, 以貿米鹽而出之其鄰境者, 竹也。夫此人豈知竹之愛?”翛然而喜, 諄諄然語人而以誇之, 曰:“吾居有竹也哉。” 文叔亦囅然而笑曰:“不然, 夫物安知有貴賤之所常在?玉之美而藍田以抵鵲; 況爲美木, 而交趾以爲盤石; 龕、白鷳、錦雞, 山中以醯腊, 而貴人以百金致; 茗以爲粥, 而外國以爲佩。夫物固有以多爲賤而以少爲貴者。今夫王城之廣大, 九塗四達, 三門十二陌坊之棋置。上自王侯, 至於百姓庶民, 宮接而垣比, 車馬之所騰藉, 人氣之所蒸漬, 囂塵百里。欲求尺寸之地以休逸, 而莫之致。而貧者置圃無隙, 況於其他哉?然則環堵不容丈, 而有竹如吾堂者, 不知能幾人也。則予所以揭之於楝而名之, 書諸壁而記之。翛然以喜, 諄諄然語客以誇之, 不亦可哉?且竹之美, 昔人以比德松柏, 冬夏青青, 君子之所獨也。以夫少猶貴之, 使得見夫渭川 淇園, 與南山之蒼蔚者。而遊其間, 雖多固不可賤也。夫多猶不可賤, 又況其少哉?”】

【원본原本】

명(明) 왕세정(王世貞)의 <만옥산방기(萬玉山房記)>에 「사안(司顔) 선생님이 독서하는 집을 만옥산방(萬玉山房)이라 하는데 세정(世貞)에게 이것을 위해 기(記)를 지어 달라고 부탁했다. 대저 만옥(萬玉)이란 것은 많은 대나무라는 뜻이니 어찌 대나무를 옥이라 일컬었는가? (공자가) 말하기를 : “군자의 덕을 옥에 비유한다.”고 한 후로부터 옥을 대나무에 비유하였다. 지금 옥은 속이 꽉 차 있고 대나무는 속이 비어 있으며 대나무는 돌무더기처럼 쌓여 있고 마디가 많고 옥은 혼돈할 뿐이니 어찌 비교할 수 있겠는가?

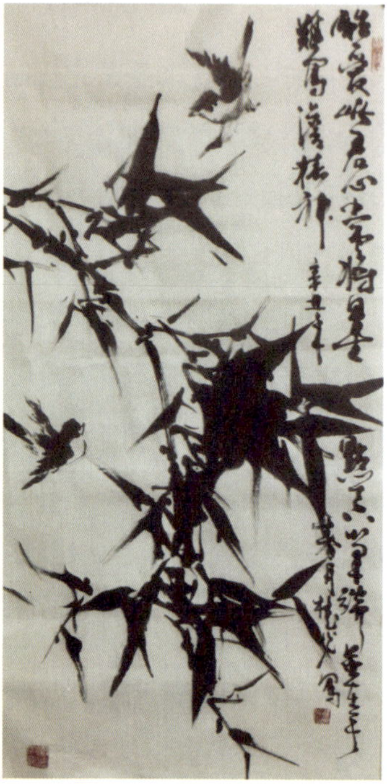

그림 73. 오초광吳楚光**, 종이에 수묵화**

그러나 옥은 온윤하고 윤택이 나고, 촘촘하고 빽빽해서 단단하니 대나무의 성질과 같다. 옥 가운데에 땅을 공경하는 서옥(瑞玉)이 있는데 푸른 낭간(琅玕)[97]이라 하고 대나무의 빛깔과 같으며 그것을 두드리면 소리가 맑고 아득해서 널리 퍼지니 대나무의 소리와 같다. 소리가 음악 중에는 여덟 가지가 있는데 (옥과 대나무) 각자 그 중의 하나를 차지하고 있으니 또한 같다. 옥을 군자라 일컬었고 대나무도 군자라 일컬었으니 또한 같다. 어찌 비교할 수 없겠는가?

처음 사(司)선생님이 강릉(江陵)에서 은거하며 심으려는 나무를 계획했을 때에는 손님들 중에 혹자가 말하기를 : "공은≪사기(史記)≫ [98]에서 강릉에 귤나무 천 그루가 있다는 것을 못 들었는가? 꽃봉오리를 먹을 수 있으니 그것을 팔아서 얻은 수입(收入)이 천호후(千戶侯)[99]와 같다."고 하였다. 선생님은 웃으며 말하기를 : "그러하지 않고 나는 단지 대나무만 심겠다."고 하

---

97) 낭간(琅玕) : 중국에서 나온 경옥(硬玉)의 한 가지이고 어두운 녹색 또는 청백색이 난 반투명의 아름다운 돌로 예로부터 장식에 많이 쓰인다.

98) ≪사기(史記)≫ : 원문은 부사(腐史)이다. 부사 : 지은이인 사마천(司馬遷)이 부형(腐刑)을 당한 데서 나온 말로, ≪사기(史記)≫의 다른 이름이다.

99) 천호후(千戶侯) : 식읍(食邑)이 천호에 달하는 후작(侯爵)이다.

였다.

손님이 말하기를: “위수(渭水) 물가에 있는 천무(千畝) 대나무를 사들였으면 강릉에 있는 귤나무 천 그루와 같다.”고 하자 선생님은 말하기를: “옳게 이른 것이 아니다. 나는 평생 동안 군자가 옥을 차는 것을 사모하지만 가난하게 살아서 이르지 못하였다. 대나무가 있으니 집 옆에 있는 틈을 개척하고, 대나무를 다 옮기고 더해서 물을 대게 하였다. 다 된 후에 바람을 맞으며 그것을 들어보니 졸졸거려서 자연의 소리와 합쳐져 유유하여 소(韶)와 호(濩)[100]가 귀에 들어간 것과 같다.

비가 지나간 후에 그것을 어루만지며 푸르고 높고 산뜻하고 우거져서 하늘의 빛깔과 합치게 되니 벌거벗어 아름다운 옥이 눈에 머무른 것과 같다. 더워서 그것에 다가가면 뙤약볕이 돌아서 춤추나 감히 아래로 내리지 못하겠다. 흐른 물을 베고 그것을 희롱하면서 아름다운 남빛이 상하 서로 맞붙으니 나는 어찌 대나무인지 옥인지 알겠는가? 나는 내 집을 즐기면서 내 경계를 신격화시키고 내 오관을 통쾌하게 하고 내 마음과 오장육부를 씻게 할 뿐이다.

또한 우리 집과 수 백 보가 떨어져 있는 곳은 곧 한왕(悍王)의 궁궐인데 그가 횡행해서 곳곳이 쓸어버린 것과 같다. 더 떨어져 있는 곳은 승상의 저택인데 그의 권세가 손을 델만큼 뜨겁다. 좀 더 떨어져 있는 곳은 옛 초(楚)나라의 도읍지인데 서쪽이 무파(巫巴)와 이어져 있고 동쪽에 기름진 대소택지가 있다. 그 시가가 시끄러워서 매미가 부르는 것과 같으나 의외로 내가 이른바 만옥(萬玉)이라는 것을 넘고 내 산방(山房)에 들어와서 내가 본 바와 들은 바와 엇걸

---

100) 소(韶)와 호(濩): 중국 은(殷)나라 탕왕(湯王)의 악명(樂名)이다.

그림 74. 명나라 이사달李士達, <죽림칠현도권竹林七賢圖卷>, 상하이 박물관

리면서 내 뜻을 씻어내지 못한다. 내가 어찌 위수(渭水) 물가에 천 무 대나무를 천호후로 삼아 헤아리겠는가? 그렇지 않으면 내가 어찌 땅에 알맞게 귤나무를 심지 않겠는가?"고 하였다.

사 선생님은 민부(民部, 즉 호부戶部)에서 벼슬하다가 천관(天官)[101]의 천거로 선부랑(選部郎)에 올랐으며 대성(臺城)[102] 중신들 사이에 몸을 둔 것에까지 이르렀다. 이에 이 집을 길게 가지지 못해서 장인(匠人)에게 그 대강 모습을 모사하게 하였으며 항상 끼고 자기를 따르게 하였다. 여러 내왕한 사람이나 유명한 선비들이 다 그것을 위해 시를 지어 읊었다. 지금 종백(宗伯)인 서자언(徐子言)이 이것을 위해 서(序)를 지었는데도 사 선생님은 뜻이 아직 그치지 못하므로 편지로써 세정(世貞)에게 기(記)를 써 달라고 부탁하였다.

---

101) 천관(天官) : 육조(六曹) 중의 으뜸이라는 뜻으로 이조(吏曹)의 별칭이다.

102) 대성(臺城) : 동진 남조 때, 국가의 행정 중추인 상서대가 황궁 안에 위치해 그 때문에 궁성을 통틀어 대성이라 불렀다.

세정이 개척했던 엄산(弇山, 산 이름)[103] 산 속에 대나무 만 그루가 있어 지키지 못하였으니 내버려 두고 금릉(金陵)에 갔는데 어찌 선생님에게 기(記)를 지어드릴 수 있겠는가? 하지만 나로 하여금 사 선생님처럼 그것을 모사하고 또 읊고 서를 지어주게 한다면 또한 바라는 것이니 집에 매달릴 수 없겠는가? 혹자가 말하기를: "그대의 말이 참으로 사 선생님의 뜻에 맞았으니 그 대나무를 옥에 비유한 것이 아주 지혜롭다. 그렇지 않으면 초(楚)나라의 옥은 주(周)나라에서 옥돌로 여겨지는 것이 아닌가?"고 하였다.」라 하였다.

【**明·王世貞〈萬玉山房記〉** 司先生顔其讀書之舍, 曰萬玉山房, 而屬世貞爲之記。夫萬玉者萬竹也, 竹何以稱玉也? 曰, "君子比德於玉", 已而比玉於竹。今夫玉中實, 竹中虛, 竹磊砢而多節, 玉渾淪而已, 胡以比也? 然玉溫潤而澤, 縝密以栗, 竹之質同也。玉有禮地之珪, 曰琅玕之青碧, 竹之色同也; 叩之清越以長, 竹之音同也。音之在樂有八, 而各居其一, 又同也; 玉稱君子, 竹亦稱君子, 又同也; 胡弗比也? 始司先生之問舍於江陵也, 謀所樹, 客或進曰: "公不聞之腐《史》江陵千樹橘乎哉? 苞可嗽也, 市之入與千戶侯等。" 先生笑曰: "不爾, 吾且樹竹。" 客曰: "渭濱之千畝入, 與江陵等歟。" 先生曰: "非是之謂也。吾生平慕君子之佩玉, 而居貧不可致。則有竹在, 令斥傍舍之隙, 悉移竹而加培漑焉。旣成, 臨風而聽之, 琮琮琤琤, 與天籟合, 悠然若韶、濩之入耳。過雨而撫之, 青蔥峭蒨, 與天並色, 濯濯若璆琳之寓目。暑而就之, 驕陽翔舞而不敢下。枕流而翫之, 蔚藍之光, 下上相接, 吾安知夫竹乎玉乎? 吾適吾宇而神吾境, 暢吾五官, 濯吾心腑而

---

103) 엄산(弇山, 산 이름): 왕세정의 호는 엄주산인(弇州山人)이다. 왕세정이 엄산을 개척하였기에 자기의 호인 엄산이라는 이름을 지었다.

已。且去吾舍數百武，則悍王之宮也，其橫行若掃矣。又去之，則大相之府也，其熱可炙手矣。又去之，故郢都西通巫巴，東有雲夢之饒，其市囂若蜩螗矣，然竟不能越吾所謂萬玉者，而闌入吾之山房，交於吾之視聽，而蕩吾志。吾豈以渭濱千畝爲千戶侯計哉？不然，吾何不因地之宜而樹之橘也？” 司先生居民部，以見推擇天官數遷選部郎，至容臺卿。於是不得長有玆舍，而命工貌其凡，恆挾以自隨。諸通人名士，皆爲詩歌詠之。而今宗伯 徐公子言序之，司先生意猶未已，以書屬世貞俾爲記。世貞治弇中，有竹萬个，然不能守，舍而去之金陵，安能爲先生記？雖然，使余能如司先生，貌之而又詠歌之序之，其亦庶可以無繫於舍矣。或曰：“子之言甚得司先生意，其比竹於玉甚辨。不然，楚之玉也，不且以爲周之璞也耶。”】

그림 75. 위환명魏煥明, 종이에 수묵화

【증보增補】

당순지(唐順之)의 <죽계기(竹溪記)>에 「내가 일찍이 도성 왕후(王侯)나 부귀한 사람들 집의 동산에서 유람했는데 쌓아둔 바는 먼 변방에서 해외까지 기이한 꽃과 돌에 이르지 않는 바가 없었으나 이르지 못한 것은 오직 대나무일 뿐이었다. 우리 강남 사람들은 대나무를 베서 땔감으로 만들며 그들이 동산을 지을 때에 꼭 해외에서 기이한 꽃과 돌을 구할 것이니 혹은 천전(千錢)으로 돌 하나, 백전(百錢)으로 꽃 한 그루를 사도 스스로 아끼지 않는다. 그러나 대나무가 그 사이에 있으면 혹은 베 버리며 말하기를 : “이대로 내 꽃과 돌이 있는 땅을 차지하지 마라.”고 한다. 또한 도성 사람들은 대나무 한 그루를 얻고자 툭하면 몇 천전(千錢)을 아끼지 않는다. 그러나 대나무가 조금 눈서리를 맞으면 또한 말라서 죽는다. 이르기가 어렵고 쉬게 말라서 죽어가기 때문에 사람들이 더욱더 그것을 귀하게 여기게 된다. 그러나 강남 사람들이 그것을 몹시 비웃으며 말하기를 : “도성 사람들이 보물로 여긴 것은 우리가 땔감으로 만든다.”고 한다.

오호라! 기이한 꽃과 돌은 참으로 도성과 강남 사람들이 귀하게 여긴 바이다. 그러나 그것들이 나온 땅에 이르러 먼 변경에서 해외까지 거기 사람들이 보기에 나는 또한 그것은 대나무가 강남에 있는 것보다 크게 다르지 않다고 본다. 먼 변경이나 해외 혹은 종래 대나무가 자라나지 않는 곳에는 만약 거기 사람들로 하여금 대나무를 보게 한다면 나는 또한 그것은 꼭 도성 사람들이 대나무를 귀하게 여긴 것보다 더욱 심하다고 본다. 이에 장차 웃음에 견디지 못하겠다.

≪논어(論語)≫에서 이르기를 “사람은 고향을 떠나면 더욱 천해지고, 물건은 고향을 떠나면 더욱 귀해진다.”고 하였다. 이것으로 말하자면 세상에 좋고 나쁨이 또한 어찌 일정하게 존재하겠는가? 내 외삼촌인 임광록(任光祿)[104] 군은 형계(荊溪) 위에서 밭을 다스려서 두루 대나무만 심고 다른 나무를 심지 않았으며 대나무 사이에 작은 누

104) 임광록(任光祿) : 자는 세신(世臣)이고, 호는 죽계(竹溪)이며, 광록사(光祿寺) 서승(署史), 호광도어사(湖廣都御史) 등을 역임했다. 살았던 곳에는 모두 대나무를 심었으므로 호로 죽계를 지었다.

각을 지었고 한가하면 손님과 그 속에서 음소(吟嘯)하였다.

간혹 제게 말하기를: "나는 힘이 있는 자와 연못, 정자, 꽃, 돌 등 좋은 경치를 다투지 못해서 오로지 곳곳이 있는 것만 취하며 애쓰지 않고 온 밭이 우거지게 할 수 있으니 또한 즐길 만하다. 이에 죽계주인(竹溪主人)이라 자칭하며 조카가 나를 위해 이것을 기술해주라." 고 하였다.

제가 말하기를: "그대는 어찌 정말로 힘이 있는 자와 다투지 못하는 것인가? 만연히 곳곳이 있는 바를 취한 것은 어찌 오직 대나무만 깊이 좋아하는 것이 아닌가? 사람들에게 알리고 싶지 않을 뿐이다."고 하였다. 옛 사람들이 대나무를 의논했을 때에 좋을 만한 소리, 빛깔, 냄새와 맛이 절대로 없다고 여겼다. 그러므로 그 정교하고 괴이함에는 돌만 못하고 그 요염하고 작약함에는 꽃보다 못하며 외로이 서 있으면서 마치 오만하고 외롭고 뛰어난 선비와 같아서 세속과 어울리지 않는다. 그리하여 예로부터 대나무를 알고 좋아하는 자가 매우 적었으니 또한 그 도성 사람들도 어찌 그것을 알면서 귀하게 여길 수 있겠는가?

단지 이것으로 기이한 꽃, 돌처럼 부유함을 다툴 뿐이었다. 인하여 도성 사람들이 대나무를 귀하게 여긴 것과 강남 사람들이 대나무를 귀하게 여기지 않는 것은 그들이 대나무를 모른 탓이다. 그대는 분잡하고 화려함 속에 자랐으나 직무에서 빠지지 않고 의복과 거마(車馬), 어린 종, 노복, 노래와 춤 등 무릇 대부분 부자들이 흥겹게 즐긴 바는 모두 배제하였다. 특히 바르고 곧아서 함부로 사람과 사귀지 않으니 늠연해서 오만하고 고결한 기질을 가지고 있다. 이것은 그대가 반드시 대나무에서 스스로 얻은 바가 있다.

무릇 만물 중에 가히 좋아하고 완상하는 것은 종래 사이에 둘 수 없겠는가? 그러나 만약 대나무가 그 땅에 없었으면 그대가 장차 자신의 힘을 다하여 그것을 얻고 그래야만 마음속으로 기뻐했을 것이다. 그대의 힘으로 비록 기이한 꽃과 돌을 얻을 수 있지만 그대의 기호가 원래 거기에 있지 않다. 오호라! 대나무가 굳이 강남을 떠나지 않아도 귀하게 여겨질 수 있구나! 내가 또 다시 느낀 바가 있다.」라 하였다.

【唐順之〈竹溪記〉余嘗遊於京師侯家富人之園, 見其所蓄, 自絶徼海外奇花石無所不致, 而所不能致者惟竹。吾江南人斬竹而薪之, 其爲園亦必購求海外奇花石, 或千錢買一石, 百錢買一花不自惜。然有竹據其間, 或芟而去焉, 曰, "毋以是占我花石地。" 而京師人苟可致一竹, 輒不惜數千錢。然纔遇霜雪, 又槁以死。以其難致而又多槁死, 則人益貴之。而江南人甚或笑之, 曰, "京師人乃寶吾之所薪。" 嗚呼! 奇花石誠爲京師與江南人之所貴。然窮其所生之地, 則絶徼海外之人視之, 吾意其亦無以甚異於竹之在江以南。而絶徼海外或素不産竹之地, 然使其人一旦見竹, 吾意其必又有甚於

그림 76. 오초광吳楚光, 종이에 수묵화

京師人之寶之者。是將不勝笑也。《語》云'人去鄉則益賤, 物去鄉則益貴'。以此言之, 世之好醜, 亦何常之有乎? 余舅光祿 任君, 治園於荊溪之上, 徧植以竹, 不植他木, 竹間作一小樓, 暇則與客吟嘯其中。而間謂予曰: "吾不能與有力者爭池亭花石之勝, 獨此取諸土之所有, 可以不勞力而蓊然滿園, 亦足適也。因自謂竹溪主人, 甥其爲我記之。" 余以謂: "君豈眞不能與有力者爭? 而漫然取諸其土之所有者, 無乃獨有所深好於竹? 而不欲以告人歟。" 昔人論竹, 以爲絕無聲色臭味可好。故其巧怪不如石, 其妖豔綽約不如花, 孑孑然有似乎偃蹇孤特之士, 不可以諧於俗。是以自古以來, 知好竹者絕少, 且彼京師人亦豈能知而貴之? 不過欲以此鬬富與奇花石等耳。故京師人之貴竹, 與江南人之不貴竹, 其爲不知竹一也。君生長於紛華, 而能不溺乎其守, 裘馬童奴歌舞, 凡諸富人所酣嗜, 一切斥去。尤挺挺不妄與人交, 凜然有偃蹇孤特之氣。此其於竹必有自得焉。而擧凡萬物可喜可玩固有不能間也歟? 然則雖使竹非其土之所有, 君猶將極其力以致之, 而後快乎其心。君之力雖使能致奇花石, 而其好固有不存也。嗟乎! 竹固可以不出江南而取貴也哉! 吾重有所感矣。】

| 발跋 |

【증보增補】

송(宋) 진덕수(眞德秀)의 〈발진혜부죽파시고(跋陳慧父竹坡詩稿)〉에 「옛날에 왕자유(王子猷)가 거주한 데에 꼭 대나무를 심었으며 이르기를: "어찌 하루라도 차군(此君, 대나무임)이 없을 수 있겠는가?"

고 하였다. 그러나 왕자유는 행실이 명성과 부합되지 않으므로 품격이 낮다고 불렸다.

그러니 왕자유가 본디 차군을 좋아하였는데 아마도 차군이 왕자유를 틀림없이 좋아하지 않을 것이다. 지금 죽파(竹坡)라는 군은 시냇물을 따라 오두막집을 지었고 수많은 그루 대나무를 심었으며 시 천 편이나 지었고 바람이 좋고 달이 서늘할 때에 그 사이에서 오래 읊조린다. 차군은 안다면 또한 죽파군을 위해 마땅히 웃으리라. 복건성 사람인 진(眞)모 씨가 곡을 쓰며 이렇게 말했다.

그림 77. 위환명魏煥明, 종이에 수묵담채

많은 옥 같은 대나무 우거지고　萬玉兮森森
맑은 바람 숲에 가득 차 있네.　清風兮滿林
그윽한 사람 있어 은거하면서　有幽人兮高蹈
늘 마디를 치고 길게 읊조리네.　時擊節兮長吟
길게 읊조리면 계속하여 끊이지 않고　長吟兮陸續
봉새가 일어나 춤추고 난새가 작곡해 주네.　鳳爲起舞兮鸞爲度曲
아! 이러한 즐거움을 누가 알 수 있겠는가?　羌此樂兮誰知
밥그릇과 바가지만 있으면 넉넉하다네.　簞瓢兮亦足

라 하였다.

【宋·眞德秀〈跋陳慧父竹坡詩稿〉昔王子猷居必種竹, 曰, "何可一日無此君?" 而子猷行不副名, 見謂汙濁。然則子猷固愛此君, 政恐此君不愛子猷耳。今竹坡君並溪而廬, 種竹萬箇, 而有詩千篇, 好風涼月, 長吟其間。此君有知, 亦當欣然爲君一笑也。建人眞某爲作歌曰, "萬玉兮森森, 淸風兮滿林, 有幽人兮高蹈, 時擊節兮長吟, 長吟兮陸續, 鳳爲起舞兮鸞爲度曲, 羌此樂兮誰知, 簞瓢兮亦足。"】

| 잡저雜著 |

【원본原本】

진(晉) 대개지(戴凱之)의 ≪죽보(竹譜)≫에 「식물 중에 죽(竹)이라는 것이 있는데 굳세지도 않고 부드럽지도 않으며 풀도 아니고 나무도 아니다. 속은 비어 있고 꽉 차 있음에 차이가 약간 있으나 마디와 눈은 대체로 비슷하다. 혹은 물가 간석지에 무성하게 자라고 혹은 언덕이나 육지에 꼿꼿하게 우뚝 서 있다. 가지는 우거지고 번다하고 흩어져 있으며 푸르고 엄숙하다. 성질로 비록 겨울에 푸르지만 천성으로는 유달리 추위를 꺼린다. 거의 북방 구하(九河) 평원 지역에 자라지 않으며 남방 오령(五嶺) 지역에는 매우 무성하게 자란다.

죽순은 대껍질에 싸여 있고 여름에는 많고 봄에는 싱싱하다. 뿌리와 줄기가 곧 시들어질 때에 꽃과 열매가[105] 비로소 매달리게 된다. 대나무는 60년마다 꼭 시들어 죽고[106] 또한 6년이 지나가야 다시 되살아난다.

---

105) 열매가 : 원문은 복(箙)이다. 복 : 대나무가 꽃을 피운 후에 맺은 열매이다. 또한 죽실(竹實), 죽미(竹米)라고도 한다.

106) 시들어 죽고 : 원문은 주(葤)이다. 주 : 대나무가 시들어 죽는다는 뜻이다.

종룡죽(鐘籠竹)의 아름다움은 곧 곤륜산(崑崙山)에서 나왔다. 원구(員丘) 제죽(帝竹) 한 마디로는 배를 만들 수 있다고 하였으며 크고 작음이 알려졌으나 모양과 이름이 전해지지 않았다. 계죽(桂竹)은 실로 한 동족으로 이름이 같으나 근원이 다른 두 가지가 있다. 위죽(篱竹)은 매우 굳세고 얇으며 노름하는 화실의 상등 재료이다. 황죽(篁竹)은 상앗대와 피리를 만들 수 있으니 몸통이 매우 굳세고 원만하다.

극죽(棘竹)은 늘어서서 우거지니 한 떨기만으로 숲이 될 수 있으며 뿌리는 밀고 가는 바퀴와 같고 마디는 바늘을 매는 것과 같다. 또한 파죽(笆竹)이라고도 하고 성(城)을 단단하게 하는 데에 쓰이며 대껍질과 죽순을 먹으면 살쩍과 머리털이 빠진다. 단죽(單竹)은 속이 비어 있고 길며 곳곳에 자란다.

고죽(苦竹)은 이름과 부합되며 감죽(甘竹)은 또한 눈이 없다. 궁죽(弓竹)은 덩굴과 같고 그 마디가 갈라져 구부러지며 자라날 때에 대부분 땅에 엎드려 있고, 세워지면 나무에 기대며 높이는 몇 백 순(尋)[107]이나 되고 모양은 서로 이어

그림 78. 박호병, 종이 에 수묵화, 131×32.9cm, 호남지방문헌연구소

그림 79. 청나라 장대천張大千, <죽림칠현도竹林七賢圖>

지는 것과 같으며, 바탕에 비록 무늬가 있지만 꼭 고약을 바르고 불에 그을려야 비로소 번잡한 무늬가 두드러진다.

그 겨레 중에 소마죽(蘇麻竹)은 특별히 기특한데 줄기가 가늘고 길고 마디가 편평하고 잎은 크고 가지가 번다하며 무리에서 우뚝 솟아 있으면서 홀로 뛰어나고, 우거지고 흩어져 어지럽다. 운당죽(篔簹竹), 사통죽(射筒竹), 임어죽(篻箊竹), 도지죽(桃枝竹)은 길고 산뜻하며 잎이 가늘고 줄기는 맑고 겉껍질이 얇으며 서로 뒤엉켜 있으나 크고 가늚에 차이가 난다. 상요(相繇)가 살해된 후에 그 흙은 오로지 비린내만 났다. 대우(大禹)가 세 번이나 댐을 막았다가 심죽(尋竹)은 비로소 자라나게 되었으며 이것이 아주 오래되었으므로 모양을 생략하고 이름만 알린다.

반장죽(般腸竹)은 속이 꽉 차 있고 파죽(笆竹)과 서로 비슷하며 쓰임에 알맞기가 없으나 죽순은 뛰어난 맛이 있다. 근죽(筋竹)은 창으로 쓰이고 날카로움으로 해외에서[108] 이름이 났다. 창의 자루는 곧

107) 순(尋) : 길이의 단위이다. 1심은 8척이다.

108) 해외에서 : 원문은 해표(海表)이다. 해표 : 즉, 해외이다. 옛날에 중국 사방의 변경 외의 외지고 먼 곳을 가리킨다.

그 줄기이고 칼날은 즉 그 가지의 끝부분이며 일남군(日南郡)[109]에 자라나고 별명으로 표죽(篻竹)이라 부른다. 백엽죽(百葉竹)은 가지런하지 않고 들쭉날쭉하며 남쪽 변경에 자라며 사람을 해치면 꼭 죽게 하고 치료해도 고치지 못한다. 또한 방죽(篣竹)이라고도 하고 그 독성이 이것과 같은데 그 같고 다름은 내가 알지 못한다.

박죽(簹竹)과 요아죽(繇衙竹)은 그 체형이 다 크고 둘레가 혹은 여러 자나 되며 박죽은 속이 꽉 차 있으나 요아죽은 속이 비어 있으며 남월(南越) 가옥의 들보와 기둥에 쓰인다. 대나무 중에 지팡이를 만들 만한 것으로서 공죽(筇竹)보다 더 좋은 것이 없다. 마디가 많아서 평범하지 않으며 모양은 사람이 가공한 것과 같다. 꼭 촉지에만 자라는 것이 아니고 또한 다른 지역에서도 나왔으며 일명 부로죽(扶老竹)이라고도 하고 이름과 실상이 부합된다.

요죽([illegible]竹), 예죽(𥫗豐竹)은 두 가지 대나무이지만 또한 매우 비슷하다. 머리털을 묶을 수 있는 고죽(苦竹)이 있는데 마디가 짧고 얇고 무늬가 있으며 죽간이 부드럽고 질겨서 물건을 묶는 데에 거의 삼과 같다. 개죽(蓋竹)이 자란 곳은 대개 강동(江東) 지역이며 위에서는 빽빽해서 이슬이 맺히는 것을 막고 아래서는 드문드문해서 바람이 들어오며, 무리를 지어 언덕이나 물가에 우뚝 솟아 흩어져 있다. 계경죽(雞脛竹)은 황죽(篁竹)과 비슷하니 높고 죽순이 바삭바삭하고 잎은 희소하고 가지가 노란색이고 가는 대나무 종류에 속한다. 구죽(狗竹)은 털이 있고 저 동쪽 변방에서 나왔다. 대나무의 종류가 많고 기이하니 논밭에 종횡으로 교차하는 오솔길[110]과 같아서 기록

109) 일남군(日南郡) : 원문은 일남(日南)이다. 일남 : 즉, 일남군이다. 서한(西漢) 원정(元鼎) 6년(B.C.111)에 설치되었다.

하지 않겠다.

어떤 대나무는 갈대와 같아서 노죽(蘆竹)이라는 이름을 얻었으며 동구(東甌) 각 고을의 연해 지역에 자라난다. 살결은 고르고 깨끗하고 대껍질의 빛깔은 윤이 나고 곧다. 무릇 지금의 호(篪)[111]는 이것으로 만든 것이 아니라면 소리를 내지 못한다. 회계(會稽)의 전죽(箭竹)은 동남쪽의 아름다움으로 옛 사람들이 그것을 칭찬하였으므로 화살이라고 불렀다. 균로죽(箘簬竹)은 서적에 실려 있는데 형주(荊州) 변방의 저명한 진상물이었다.

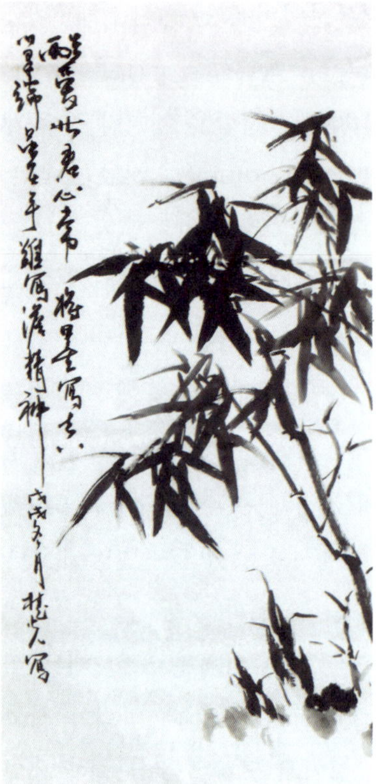

그림 80. 오초광吳楚光, 종이에 수묵화

미죽(篃竹)은 또한 균죽(箘竹) 종류에 속하고 대개 마디가 짧으며 양자강과 한수 사이에서 그것을 죽괘(竹簂)라고 부르고 뿌리는 깊어서 추위를 견딜 수 있고 그 기원(淇苑)[112]에 무성하게 자란다. 혜조죽(篲條竹)은 짙푸르고 무성하니 무리를 지어 대숲을 이루며

110) 논밭에 종횡으로 교차하는 오솔길 : 원문은 천백(千伯)이다. 천백 : 논밭에 종횡으로 교차하는 소솔길이라는 뜻이다.

111) 호(篪) : 피리(악기의 하나)이다.

112) 기원(淇苑) : 즉, 기원(淇園)이다. 고대에 대나무가 나온 것으로 유명하였다. 지금 하남성 기현(淇縣) 서북쪽에 있다.

천성으로 낮은 곳에 자라는 것을 싫어하고 꼭 암벽과 언덕에야 잘 자란다. 화살의 길이를 넘는 것은 큰 것으로 여겨지고 1심(尋)을 넘는 것은 긴 것으로 여겨지며 만물은 각자 용도가 있으니 그것으로 빗자루를 만드는 데에 가장 좋다. 또한 같은 종류가 있어 역양산(嶧陽山)에 높이 솟아 있으며 달아맨 뿌리는 1인(仞)[113]이나 되고 줄기가 성기니 바람에 흔들린다. 통소와 생황을 만드는 데 좋은 재료로 사방에서 널리 알려져 있으며 음질이 맑고 음성이 밝으니 많은 악기들이 이와 겨루지 못한다.

또한 해소죽(海篠竹)이 있어 섬의 산봉우리에 자라난데 마디는 커서 1척을 넘고 줄기는 1심이 되지 않으며 겉모습이 말라서 젓가락과 같고 빛깔은 금 같으니 노란색이다. 헛되이 한 가지의 기이한 것으로 쓰이는 바를 알지 못한다.

적죽(赤竹)과 백죽(白竹)은 그 빛깔에 이름을 얻었다. 백죽은 얇고 구부러지며 적죽은 두껍고 곧다. 원강(沅江), 예수(澧水)에서 무성하게 자라나 다른 지역에서 드물게 심어졌다. 함타죽(䈄䉐竹)은 고요하고 그윽하며 밭을 갈아서 떨기로 심는다. 가을에는 죽순을 뽑고 겨울에는 비로소 대나무가 되며 크고 작은 것을 막론하고 수천만도 길고 곧다. 함타죽은 격막이 흰색이고 겉껍질에 붉은 비단 같은 무늬가 있다. 고수죽(箛【⺮殳】竹)은 마디가 크고 속이 꽉 차 있고 겉은 윤이 나며 어양(漁陽)의 공납품으로 천자 수레의 말채찍에 쓰인다.

부죽(浮竹)은 마디가 적고 살이 유연하고 두꺼우며 시냇물이나 물구덩이 옆에 자라기를 좋아하고 구름 속에 깃들여 다른 나무를 덮어 가린다. 베풀어준 죽순은 맛있고 살지니 맛있는 음식으로 저장할

113) 인(仞) : 길(길이의 단위)이다.

그림 81. 위환명魏煥明, 종이에 수묵화

수 있고 그 성질이 기이하고 마땅해서 각각 지역에서 기르는 바가 있다. 멸죽(篾竹)은 완(宛) 지역에 심어지고, 도죽(筡竹)은 촉 지역에 자란다.

대나무 중에 가는 것은 소(篠), 큰 것은 탕(簜)이라고 불리며 대나무의 서로 통한 명칭이지만 본질은 똑같다. 비유컨대 소가 송아지와 같다. 사람들이 아는 바는 바퀴 자국의 자취에서 생긴 것이니 적현신주(赤縣神州)[114]의 밖을 어찌 상세하게 기록할 수 있겠는가? 주관적인 추측과 붓으로 기록한 것은 발을 내디뎌서 저것을 자세히 보는 것이 아니다.」라 하였다.

【**晉·戴凱之 《竹譜》** 植物之中, 有名曰竹, 不剛不柔, 非草非木。小異空實, 大同節目。或茂沙水, 或挺巖陸。條暢紛敷, 青翠森肅。質雖冬蒨, 性忌殊寒。九河鮮育, 五嶺實繁。萌筍苞籜, 夏多春鮮。根幹將枯, 花復乃縣。筎必六十, 復亦六年。篁簏之美, 爰自崑崙。員丘 帝竹, 一節爲船, 巨細已聞, 形名未傳。桂實一族, 同稱異源。篃尤勁薄, 博矢之賢。篁任篙笛, 體特堅圓。棘竹駢深, 一叢爲林, 根若推輪, 節若束鍼, 亦曰笆竹, 城固是任, 篾筍旣食, 鬢髮則侵。單體虛長, 各有所育。苦實稱名, 甘亦無目。弓竹如藤, 其節郄曲, 生多臥土, 立則依木, 高幾百尋, 狀若相續。質雖含文, 須膏乃縟。厥族之中, 蘇麻特奇, 修幹平節, 大葉繁枝, 凌羣獨秀, 蓊茸紛披。篔簹、射

114) 적현신주(赤縣神州) : 원문은 적현(赤縣)이다. 적현 : 적현신주의 약칭이다. 중국을 가리킨다.

箘、篠箹、桃枝，長爽纖葉，清肌薄皮，千百相亂，大細有差。相繇旣戮，厥土惟腥。三堙斯沮，尋竹乃生，物尤世遠，略狀傳名。般腸實中，與笆相類，於用寡宜，爲筍殊味。筋竹爲矛，稱利海表。槿仍其榦，刃即其杪，生於日南，別名爲篥。百葉參差，生於南垂。傷人則死，醫莫能治。亦曰箣竹，厥毒若斯，彼之同異，余所未知。簹與繇衙，厥體俱洪，圍或累尺，簹實衙空，南越之居，梁柱是供。竹之堪杖，莫尚於笻。磥砢不凡，狀若人功。豈必蜀壤，亦産餘邦，一曰扶老，名實縣同。篛、【⺮豐】二族，亦甚相似。把髮苦竹，促節薄齒，束物體柔，殆同麻枲。蓋竹所生，大抵江東，上密防露，下踈來風，連畝接町，竦散崗潭。雞脛似篁，高而筍脆，稀葉，梢杪類記黃細。狗竹有毛，出諸東裔。物類衆詭，千伯不計。有竹象蘆，因以爲名，東甌諸郡，緣海所生。肌理匀淨，筠色潤貞。几今之篪，匪茲不鳴。會稽之箭，東南之美，古人嘉之，因以命矣。箘簬載籍，貢名荊鄙。篃亦箘徒，概節而短。江、漢之間，謂之竹籯，根深耐寒，茂彼淇苑。篳條蒼蒼，接町連篁，性不卑植，必也巖崗。踰矢稱大，出尋爲長，物各有用，掃之最良。又有族類，爰挺嶧陽，懸根有仞，踈榦風生。簫笙之選，有聲四方，質淸氣亮，衆管莫伉。亦有海篠，生於島岑，節大盈尺，榦不滿尋，

그림 82. 양건도楊建濤, <봄의 운치>, 종이에 수묵담채

形枯若筯，色黃若金。徒爲一異，罔知所任。赤、白二竹，還取其色。白薄而曲，赤厚而直。沅、澧所豐，餘邦鮮植。肅肅箈篃，叒叒攢植。擢筍於秋，冬乃成竹，無大無小，千萬修直。【⺮豐】膜內鬲，繡文外艴。篜【⺮殳】誕節，內實外澤，作貢漁陽，以供輅策。浮竹亞節，虛軟厚肉，臨溪覆潦，栖雲蔭木。供筍滋肥，可爲旨蓄，厥性異宜，各有所育。篾植於宛，篨生於蜀。細篠大簜，竹之通目，互各統體，譬牛於犢。人之所知，事生軌躅，赤縣之外，焉可詳錄，臆之筆之，匪邁伊矚。】